歷史留痕

秦嶺雲等　原著
蔡登山　主編

編輯前言

蔡登山

我曾經將當年蒐集到的有關近代史的文章，擇其最精彩的，試圖依時間為主軸，來加以分類，而編出《晚清遺事》、《晚清遺事續編》、《民初珍史》、《抗戰紀聞》四本書，出版以來，引起海內外諸多迴響，佳評如潮。究其原因，是這些文章的可讀性極高，而且可信度更高，堪稱難得一見的好文章。但由於他們非學術論文，也從未有人加以編纂，或收錄於文史資料庫中，因此成為歷史的「遺珠」。我之所以發現他們的重要，是因為這些作者，雖然大半是姑隱其名，但你整篇文章讀下來，就知道作者是親歷、親聞這些事件，絕非信口開河，大言不慚者流。而這些史料又有其價值，常常會是大事件中的關鍵點，或是見證者。對於我這個有史料癖的人而言，是非常重要的資料，因此我一疊一疊地從無數的老舊雜誌中影印起來，並加以妥善地保存，其間歷經數十寒暑。我時常去翻閱它們，後來我寫文章有時也會參考使用其中的材料，但我引用可能是其中的一小段話，或是一個觀點，為了讓更多讀者能夠一窺全豹，所以這次我把全文錄出，許多有興趣的讀者看過後都拍案叫絕，也證明「英雄所見略同」！

基於前四冊發行以來，叫好叫座，很高興珍貴的史料被重視而不再淹沒於圖書館昏暗的角落中，因此我再次賈其餘勇，再編出《歷史留痕》和《名人餘談》兩冊。這次不同於前例，不是按照時間軸來分類的，而是依照事件來分類。歷史不外乎時間與空間的縱橫交錯，時間是縱的，空間是橫的。因此這兩本書不侷限於時間的縱軸而是偏向跨界的橫軸。將同一類的主題擺放在一起，跨越時間，晚近並存的。

《歷史留痕》首篇談及留日士官系與民國政壇，誠如作者所言，由日本士官學校回來的留學生，後來都成為叱吒風雲的軍政人物，在對內及對外的戰爭歷史上表現過身手。這個「士官系」，後來還是「保定系」、「黃埔系」的老大哥。第一期的著名人物有陳其采、吳錫永、杜淮川、蔣雁行、王廷楨、吳祿貞、唐在禮、陸錦、張紹曾等。第二期的著名人物有：舒清阿、哈漢章、良弼、馮耿光、藍天蔚等。第三期的著名人物有：蔣方震（百里）、許崇智、曲同豐、胡景伊、宮邦鐸、張懷斌、高爾登、蔣百器、蔣鍔、吳光新、傅良佐、陳樂山、孫銘、張瀾等。第四期的著名人物有蔣作賓、石星川、杜錫鈞、何佩鎔、李宣倜、王揖唐、劉嗣榮等。第五第六兩期是合併畢業的，其中著名人物有：何成濬、陳之驥、袁華選、范熙績、陳毅、姜登選、朱先志、危道豐、孫傳芳、莫擎宇、李根源、尹昌衡、劉存厚、閻錫山、盧香亭、張鳳翔、韓麟春、周蔭人、唐蟒、楊揆一、唐繼堯、葛光庭、趙恆惕、李烈均、程潛、黃慕松等。（按：陸光熙、徐樹錚、黃郛、楊宇霆、邢士廉等均為七期以後，不備贅。）自辛亥革命，民國肇建，以迄於北伐成功，南北統一，其間政治組織，或黨或系，名目繁多，魚龍漫衍，變化尤劇。〈北洋軍閥統治時期的政黨〉所述，為自南京臨時參議院起，大小政黨與政團的變化，及其間若干有關的重大的事故。它們雖各制有政綱，發為宣言，洋洋大文，語長心重，實際只是拉攏幾個有名政客，掛上一塊招牌，標門待沽，投機活動，既乏堅定主張，自無固守崗位。儘可忽左忽右，脫黨跨黨，配合現實，唯利是圖。其為甲黨所推戴的領袖，亦可由乙黨奉為魁首，而被推者則對任何一黨，均不關心，分合興衰，任其演變。蔣作賓、廣田弘毅、葛魯是中、日、美三國的外交官，他們涉及當年中日外交的一段秘聞，作者說姑不論功過是非，而以一個「這個時代最痛苦的中國知識份子」來回顧這三位前輩，讀者也許可能看出我們今日國運之蹇劣，實承自當年他們處理之失策。

寫過《汪政權的開場與收場》的朱子家（金雄白），因張志韓寫了〈血淚當年話報壇〉的長文，而談及在抗戰當年，腥風血雨，上海報壇真是充滿了血淚，新聞界卻首當其衝，不少同業，都成為政爭中的犧牲品。他說客窗無俚，回首前塵，也寫一些張志韓那篇鴻文中所牽涉的人與事。真正拆穿西洋鏡，固覺乏味，仍不妨以之對「忠」「奸」之間，揭露一些真相，聊供讀者作為笑談之資料。其他還有談上海《申報》滄桑與史量才死、談上海當年四大報之一：《時報》、談「揚州才子」畢倚虹、談五十五年前的《星光》、談狀元女婿徐枕亞、談三十年代上海「藝社」的活動、談上海的小型報，篇篇都精彩可讀，史料珍貴，堪稱可謂「歷史留痕」之作。

《名人餘談》從維新派淪落為復辟派的沈曾植談起，有談章太炎及其門下的「五個王」：東王汪旭初、天王黃季剛、翼王錢玄同、北王吳承仕、西王朱逖先，而章太炎的師徒三代，則從章太炎、黃季剛說到劉博平。他們年齡的差距都不遠，劉博平和黃季剛，只相差幾歲；黃季剛和章太炎，也只差幾歲。儘管歲數懸殊不大，但對師道尊嚴，卻看得最重；他們師徒之間，最重禮數，逢年過節，或久別乍見，依例都要躬行叩拜之禮；行禮和受禮者，都視為行所當然。最聰明的人，有時不一定記憶力最強！反之，記憶力最強的人，則多屬最聰明之士！湘潭奇士沈鏝若，堪稱縱橫一代，睥睨千秋。自幼即以神童著稱，因資質超越，造詣精湛，不逾弱冠，已成為傳奇一類人物。書畫大家葉恭綽曾是民初交通系掌門人，這是一般人所較不熟悉者。葉恭綽是梁士詒一手提攜的大將，是交通系的要角。尤其是在一九二一年三月在他任交通總長任內將上海工業專門學校、唐山工業專門學校和交通部原先在北平設有的郵電學校及鐵路管理學校四校合併，改為交通大學，增加其預算及設備，並廣延師資，培育不少專業人才。唐紹儀是中國近代歷史上的一位關鍵人物，以民國首任國務總理而為大眾所知。歷史學者經盛鴻說：「關於唐紹儀的死因，多年來一直撲朔迷離，議論紛紛，莫衷一是，成為疑案。直到近年，蔣介石的日記與其他史料陸續公開，就在唐被刺死的第二天，蔣介石在日記中寫道：『此實為革命黨除一大奸。此賊不除，漢奸更多，偽組織與倭寇更無忌憚矣。總理一生在政治上之大敵，我黨革命之障礙，以唐奸為最也。』蔣介石的日記與其他史料，終於使唐紹儀被刺案真相大白於天下。」歷史學者王綱領認為「他卻自稱一生中『對於外間任何謠言，向不聲辯，而以事實為之表現』，而始終未公開表明態度和政見，使國人動搖了對他的信任，亦授『鋤奸』者以把柄。」這位以遜清郵傳部尚書，首膺民國開國第一任國務總理，曾經望重中外，最後卻成了難逃一斧的悲劇人物！

〈趙竹君趙叔雍父子傳奇故事〉和〈名士風流趙叔雍〉談的是趙鳳昌、趙叔雍父子。趙鳳昌被稱為「民國產婆」，當年在「惜陰堂」中相與計議。此後以十七省代表之力，奠定南京臨時參議院的鎡基，建立共和政體，進而設置臨時政府，推舉孫文為臨時總統，推源溯本，固不妨謂此為其胚胎。趙叔雍是詞人，在國學浸衰的今日，可當一代詞宗而無愧。他親炙於大詞家況夔笙之門，得其薰陶而卓然成家。於詩於文，也都冠絕儕輩，他駢文的典麗，古文的樸茂，而且手揮目送，下筆千言，不加雕琢，往往於談笑中成之。論者謂戴季陶在晚清之際，以「天仇」為筆名，為文犀利淋漓，甚具朝氣。一九二一年之前，從事新文化運動，與陳獨秀、沈玄廬輩，大倡社會主義，亦還有維新氣象。迨官居考試院院長，則一變原有之慷慨激昂，反而仗馬寒蟬，唯唯諾諾，只剩長樂老之風。「良弼」、「天仇」、「季陶」、「傳賢」這些名號，正代表戴季陶一生有此數變矣。在中國近代史上，有兩個人獲得「財神」的綽號：一個是梁士詒「梁財神」；一個是孔祥熙「孔財神」。說起來真是無獨有偶，他們兩個人，都先後當過財政部長。梁士詒還是清末民初中國政壇上重要人物，交通銀行和「交通系」的創始人和領導者。宋子文在當財政部長的時候，也曾有人稱呼過他「財神」，不過他在財政部長任上，總共祇有七年時間，而且中間還經過了兩次下野，七年時間，並不是一口氣蟬聯下去的。此外，更加上宋子文擔任財政部長期間，又是國府財政最艱苦階段，所以，他的「財神」綽號，也就沒有以後的孔祥熙那麼響亮。孔祥熙一任十二年的財政部長，在中國歷屆擔任這項職務者而言，他可以算是幹得最久的了，所以他這個「孔財神」的稱呼，也就因此叫得就格外響亮，中外咸知。王正廷與顧維鈞兩人，在民國外交壇坫上久據要津，非但為國人所熟知，而且蜚聲於國際；遠在一九一八年第一次世界大戰結束，次年舉行和平會議於巴黎，北京政府派遣代表團前往參加，由於席次的問題，造成王、顧二人的失和。此一民初政壇秘辛，早已成為談助。王、顧二人對國家社會各有其重大之貢獻，其勳業鴻猷可謂各有千秋，據種種傳聞，王、顧二人自巴黎和會失和後，終王之世未能恢復。說到林長民今人都不識了，但若說起他的女兒才女林徽音，那知道的人可多了。一部《人間四月天》連續劇播出後，可說是「滿城爭說林徽音」。但才女的父親也稱得上是「一代才人」，當年他身死於郭松齡之役，福建耆宿、曾任溥儀老師的陳寶琛輓以聯，就有：「喪身亂世非關命，感舊儒門惜此才」之嘆了。林長民工書法，是由晉唐人入手的，美妙絕倫；中歲參了北碑的態勢，更在雅秀之中，顯出樸茂勁遒的意味，所謂「融碑入帖」。康南海作《廣藝舟雙楫》，以評書家自命，曾和伊峻齋（立勳）說起：「你們福建書家，卻只有兩位……」伊峻齋以為他會是其中一個，那康聖人卻從容地說：「一個是鄭蘇戡（孝胥），一個是林宗孟。」而當年王世澂、黃濬所辦的《星報》，蒲殿俊、劉崇佑所辦的《晨報》，常登林長民的詩。《晨報》是研究系的喉舌，孫伏園、徐志摩先後皆曾任副刊主編。這兩家報紙的編輯校對，一見有林長民送來的詩稿，爭著搶到手，把詩謄錄一過，留起原稿，而以抄件付字房排印。原來林長民的詩稿都用特製的箋紙所寫，書法秀逸如不食人間煙火，見者愛不釋手也。

《歷史留痕》和《名人餘談》兩書的作者雖有些用筆名，一時間難以查考。而如秦翰雲、趙世洵、朱子家（金雄白）、林熙（高伯雨）、傑克（黃天石）、劉豁公都堪稱大名家。秦翰雲、趙世洵、金雄白都是名記者出身，文筆斐然。劉豁公是有名的劇評家，高伯雨、黃天石精於掌故，有名於世。感謝香港掌故家許禮平先生之協助，徵得高伯雨女兒高季子之同意收錄其父親的幾篇文章，以光篇幅，特此致謝！

目次

「揚州才子」畢倚虹傳奇 274

留日士官系與民初政壇

方東瀛

由日本士官學校回來的留學生，後來都成為叱吒風雲的軍政人物，在對內及對外的戰爭歷史上表現過身手。他們這個集團——「士官系」！說來還是「保定系」、「黃埔系」的老大哥呢！

「同學少年多不賤！」

一八九五年（光緒二十一年），即中日戰爭結束後的一年，清政府開始了建軍的工作。除在國內各主要城市設立各級軍事學校，如武備學堂、講武堂、幹部學堂，陸軍小學等以培養新軍幹部和軍事教育人材以外，並分批派送「可靠」青年出洋學習軍事，他們之中大部分又都是被送往日本去深造的。

當時的日本政府為了迎接中國建軍的潮流，特在成武學校以外加設振武學校，這兩個學校都是初級軍事學校。振武學校的主要吸收對象，也就是那班到日本投考軍事學校的中國青年。進入成武或振武的留學生，他們的目的便是能進入日本的中級軍事學校即士官學校。

根據日本軍部的規定，初級軍事學校畢業生必須送入「聯隊」（相當於團），進行下等兵至下士的實習，入伍期由半年至一年不等，日本人稱之為「士官候補生」。實習期滿，以下士資格派入士官學校肄業，肄業期一年至一年半不等。士官畢業後，仍須派回聯隊為士以上的實習，實習期由三個月至六個月不等，期滿後以少尉資格錄用。

從日本士官學校回來的留學生，後來有不少都成為叱吒風雲的軍政人物，在近五十年來的中國對內對外戰爭史上，也都曾現過身手。「同學少年多不賤」，由於彼此推轂，互相提攜的結果，久而久之，他們逐漸形成了一個軍事派別——士官系，在近代中國政治史上，也曾盡過「縱橫排闔」之能事，可說是後來的「保定系」、「黃埔系」的老大哥呢？

當初滿清政府既要派送學生出洋學習軍事，又怕學生學好本事回來鬧革命，因此規定凡投考外國軍事學校的學生，必須由各省督撫保送，否則不得出國。為了防止海外華僑逃避這個規定，又作了一個補充規定，一切非公費生均不得投考日本士官學校。

日本軍部為了配合清政府的這些規定，又作出另一規定，中國新生非由中國駐日使臣簽發證件，一概不得進入士官學校。這是中日兩國政府在處理中國軍事學生問題上互相配合的一種情況。

但是，規定自規定，人的思想是沒有方法加以控制的，絕大部份的中國學生。都具有反滿革命的思想，而且後來其中大多數又都參加了辛亥革命的行列。這，我們可以從初期士官學校的中國學生名單中看出來。

士官學校第一期的中國學生，著名人物有陳其采、吳錫永、杜淮川、蔣雁行、王廷楨、吳祿貞、唐在禮、陸錦、張紹曾等。

第二期的著名人物有：舒清阿、哈漢章、良弼、馮耿光、藍天蔚等。

第三期的著名人物有：蔣方震、許崇智、曲同豐、胡景伊、宮邦鐸、張懷斌、高爾登、蔣百器、蔣鍔、吳光新、傅良佐、陳樂山、孫銘、張瀾等。

第四期的著名人物有蔣作賓、石星川、杜錫鈞、何佩鎔、李宣倜、王揖唐、劉嗣榮等。

第五、第六兩期是合併畢業的，其中著名人物有：何成濬、陳之驥、袁華選、范熙績、陳毅、姜登選、朱先志、危道豐、孫傳芳、莫擎宇、李根源、尹昌衡、劉存厚、閻錫山、盧香亭、張鳳翔、韓麟春、周蔭人、唐蟒、楊揆一、唐繼堯、葛光庭、趙恆惕、李烈均、程潛、黃慕松等。（按陸光熙、徐樹錚、黃郛、楊宇霆、邢士廉等均為七期以後，不備贅。）

這些早期的士官生，不消說，都是熱血奔騰的青年有為之士，他們之不遠千里，負笈東來，除了為自身的出路打算之外，也不無有為國家前途打算的意思。這也可以說是當時的社會風氣使然。由於當時的外侮日亟，棄文習武已成為士大夫時髦的趨勢了。

人才推兩湖江浙

以當時士官學生的籍貫而論，似乎以兩湖（湖南、湖北兩省）的人才最盛，其次要算浙江、江蘇。前者為吳祿貞、蔡鍔、蔣作賓、張孝准、何佩鎔、何成濬、李烈鈞、程潛、楊揆一、唐蟒、趙恆惕等；後者如陳其采、蔣方震、蔣百器等。這也不是沒有原因的，蓋爾時各省督撫中，力求革新者，首數湖廣總督張之洞，也以他所派之學生最多。其次兩江總督端方，也號稱開通，故亦多派遣。

滿清末年，派遣士官學生本來頗有獎勵親貴少年，力圖中興的意思，可是這些愛新覺羅的貴胄子弟實在太不爭氣，除了一個良弼，真正是在士官學成畢業，回國之後且能有所作為的以外，其餘簡直就數不出一個人來。（良弼之事詳後）

士官某期，尚有內蒙古帕拉托王，率內蒙青年四人，華振武學校畢業後，清廷忽照會日方，不准他們入聯隊候充補生，帕拉托王返國，不久便病死了。四位蒙古青年也在日本分別改習農醫。這件事情足以說明當時的大勢，既有外重內輕的傾向，清廷因妬忌而生畏懼，雖在表面上不得不順應潮流，提倡軍事教育，而內心實在是十分顧忌的。凡以留學士官請求者，並不是輕易可以獲其邀准的。

早期士官生，雖則大部分都不是科舉中人物，但亦間有已登兩榜入詞館之清要，連袂三島，棄文就武，以改陸軍於士官學校者，如王揖唐、陸光熙、陳毅均是如此。尤其是王揖唐與陳毅後來都是大名鼎鼎的北洋官僚。

王揖唐原名王賡，安徽合肥人，他在赴日留學之前，已是光緒甲辰科進士，那一科的狀元是劉春霖，榜眼朱汝珍、探花商衍鎏、揖唐是二甲第五名。陳毅是二甲第二十六名，譚延闓是第三十五名，沈鈞儒第七十五名，湯化龍第一〇八名。此公回國以後，曾先後在袁世凱、段祺瑞左右紅極一時，為安福系的巨擘。抗戰時又落水作過「華北政務委員會」的「委員長」，及汪的「考試院長」等職，說起來他還是文武兼資的，他也喜歡做詩，與人唱和常用「逸塘居士」的別號，真是雅得可以！

讀者看到前面名單上「陳毅」的名字，也許以為是目前中共的總理大人，那就大錯而特錯了。這位陳毅進士，在民國初年也是一個有名的人物，他在外蒙古搞過一陣「邊政」，後來被他的士官同學徐樹錚引兵趕出庫倫的。這已是民國八、九年的事情了。

前幾期的士官學生，回國以後，正當孫中山先生醞釀革命漸趨成熟的候時。於是，隱然已分成兩派，不入於北（北洋），即入於南（革命），而屬於最忠於清室的頑固宗社黨，恐怕只有良弼一人而已。其屬於南方革命旗幟之下的，最初似乎為數無幾，後來則愈來愈多了。

第一期的陳其采，字藹士，浙江吳興人，他是先烈陳英士的老弟，果夫立夫的令叔。吳興陳氏對於中國革命是有過相當貢獻的，不過，藹士先生雖然在日本學了陸軍，回國之後似乎並沒有正式馳騁疆場，用其所學。而在國民政府時代所長期擔任的又只是「主計長」一職，不玩槍桿子而玩算盤，也許正是他人家的聰明處。此老和易近人，真是名符其實的一個「靄」然儒「士」也。

自然，真正為革命黨建立了實際的「軍事力量」，成為孫中山下面第一位主將的，還是士官第三期畢業生後任粵軍總司令的許崇智（汝為）將軍。士官第三期人才鼎盛，日本方面的荒木楨夫、小磯國昭等。至於淪陷時期的「香港總督」磯谷廉介，則是遲於許汝為十多期的後輩，他們對許老都很尊敬。

數十年前的孫中山先生知人善任，的確是恢宏大度，有些開國氣象，對於軍事人才，也很重視士官系的。他的麾下除了許汝為之外，歷任其參謀總長的正是「士官」出身的江西湖南軍老李烈鈞（協和）、程潛（頌雲）。

國民黨元老中間，江蘇的鈕惕生先生，入日本士官的資格也是很老的，但他沒有畢業便回國了。那是六十年前日俄戰爭爆發之際，日本籍學生全體提前入伍，因而士官學校停頓一年。惕老便和浙江的留學生湯爾和一同回國，向北洋大臣袁世凱請願不得允許外國軍隊在中國領土上作戰，這是中國留學生派遣回國來從事愛國運動的開端。

湯爾和不久便改行學醫，成為東方研究熱帶病學者之第一人，日人多稱賞其《近世婦人科學》一書，認為他的婦人病科研究最有價值。此君後任北大教授，再由教授而入政界，（曾任王龐惠內閣的教育總長），抗戰後又出任「華北政務委員會」的「教育督辦」，時論頗為惋惜，蓋已無復當年「愛國青年」的面目矣。

「萬里封侯一夢」

在第二期的士官人物中，有一個最具有代表性的革命的建軍人才，他的事績，實在值得大書特書，那便是吳祿貞（綬卿）其人了。此公對中華民國的歷史，大有關係，可惜一般人都不知道！

吳祿貞原籍湖北省雲夢縣，父親是一位茂才公，曾在武昌講學，為時儒宗。祿貞幼承家學，有神童之目，十五入邑庠，未幾補廩膳生。十七歸，捷於鄉闈。那時正值清政不綱，外侵日亟，祿貞即有投筆從戎之願。適張之洞創辦湖北武備學堂，祿貞乃投考入學。旋即以高材生，選送日本留學，入士官學校騎兵科。因而結識了傅慈祥、鈕永建諸志士。他們開始秘密接受中山的革命領導，也就在此時。

公元一九〇〇年（光緒二十六年），滿清政府最頑固的慈禧太后一派，鬧了義和團之亂，造成八國聯軍，攻陷京師，中山先生以為機不可失，乃召集革命志士，在鎌倉秘密會議，公決由同志分赴長江、珠江流域從事革命活動。除珠江地區由中山自任其職外，長江地區則由吳氏主持。後來唐才常在武漢成後立「自立軍」，即由祿貞策動而起（唐氏本來隸於康梁保皇黨，後由祿貞及畢永年之介，加盟興中會）。當時原動計劃，係由唐氏在漢口組織總機關，統籌各路軍事。祿貞本人，則赴安徽大通，指揮發動，以成犄角之勢。不料武漢方面，事機不密，唐才常、傅慈祥等同時殉難。消息傳來，祿貞不得不從大通轉滬東渡。

好一個機警的吳綬卿，回到日本後一聲不響，不但清廷不知道他幹過了這樣驚天動地的事情。連他的同窗好友良弼也被他瞞過了。

學成回國以後的吳祿貞，終於通過了良弼的關係，成為蒙古親貴錫良的得力助手。一九一一年（宣統三年）錫良繼徐世昌調任東三省總督。祿貞也跟他被調到關外來。那時他的職務是第六鎮統制，他的前任統制便是段祺瑞。（按其時有所謂北洋六鎮，其餘的五鎮統制，計第一鎮何宗蓮，第二鎮馬龍標，第三鎮曹錕，第四鎮吳鳳嶙，第五鎮張懷芝。）

這時鐵良也照袁世凱的辦法，在北洋各鎮中各調一部合編為第二十鎮，第一任統制為陳宧，他與吳祿貞，及第二混成協協統藍天蔚都是湖北人，當時被稱為關外的「湖北三傑」。

後來趙爾巽又繼錫良為東三省總督，陳宧早已被派赴德國考察軍事，第二十鎮統制便落到士官第二期畢業生張紹曾手裏。他們的另一同學蔣方震（第三期）也被調來充任督練公署的總參議。吳、蔣、張、藍又正是清一色的「士官系」老同學。

辛亥革命的前夜，吳祿貞率領第六鎮回正太線原防，第二十鎮也調回灤州舉行秋操。剩下一個藍天蔚便在奉天以關東大都督的名義起義響應革命。趙爾巽趕忙調張作霖到省城來應變，張雨帥於一晝夜之間兼程趕到省城，逐走藍大都督，新軍便失去了關外的地盤。

武昌起義後不久，陝西新軍推舉士官出身的管帶張鳳翽為都督，宣佈響應革命軍，接著，山西也宣佈獨立，推舉新軍標統閻錫山（閻是與張鳳翽在士官的同期同學）為都督。這兩省的獨立，使革命勢力伸展到北方地區內，清府政尤為之寢食難安，急忙派了升元署理陝西巡撫，吳祿貞署理山西巡撫。無非是想集中力量，以先除北方的肘腋之患。

石家莊的血案

吳祿貞署理山西巡撫的新任命發表以後，正好他的同學第十鎮統制張紹曾發動所謂「兵諫」，清政府因為他和張紹曾是士官同學，因此派他到灤州進行宣撫工作。其實這是表面文章，清政府真正的意思，是要把他調離他的部隊（第六鎮），以免再生禍患。

他到灤州後，曾向第二十鎮官兵發表了一次動人的演說，又與張紹曾商定兩路會師北京的軍事進攻計劃。在他由灤州回到石家莊的時候，並且單騎到娘子關和起義軍閻錫山見了面，彼此商定了第六鎮、第十二鎮、山西革命軍三路進攻北京，分別截斷京漢、京灤、京浦三路交通的計劃，山西軍推舉他為燕晉聯軍大都督。他並且派他的士官同學王孝真（福建閩侯人）到歲昌去與黎元洪取得聯繫。

各方佈置完畢，吳氏才又匆匆回到石家莊，並向北京清政府謊稱山西革命願意受撫。他做夢也沒有想到他的內部已經有了袁世凱的奸細。他的部下第十二協協統周符麟已受了老袁的收買（代價是二萬兩銀），做了暗殺吳祿貞的劊子手。

那年十一月六日，周把心腹將士秘密地佈置在正太路車站周圍，他自己走進設在車站內的司令部去見吳祿貞，報告軍情。當吳送他走出門時，周便發出暗號指揮伏兵，亂槍齊發，這個年僅三十二歲的新軍統制與參謀張世膺，副官周維楨便同告畢命。

吳祿貞一死，北方革命黨的軍隊失去了重心，以致袁世凱能從容的東山再起，捲土重來，較滿清政府更變本加厲的禍國殃民，這是吳綬卿死不瞑目的！我們可以說，如果吳氏不在石家莊暗殺而死，那麼，民國以來的歷史，也不許是現在這樣子寫法的。

吳祿貞這個名字，在辛亥革命的時代，是曾經震動一時的。下面便是一個最好的例子：

在武昌，黎元洪以新軍第二十一混成協協統被推為革命軍大都督，還在猶豫不決，半推半就，一則以喜，一則以懼的當兒，忽然聽說吳祿貞的代表王孝真被前線士兵當作北軍奸細被捉了來，不禁眉飛色舞地說：「吳綬卿的代表來了。事情就好辦了。快請進來，快請進來！」於是，整個都督府的樂觀空氣，也突然地濃厚了起來！顯然的，這是因為他們知道吳祿貞真有舉足輕重的力量，他的態度表示北方即將發生有利於革命的重大變化，勝利之神，已在向著他們招手。但是，不久又傳來吳氏被刺身死的消息，他們又跟著悲觀、消沉起來。

吳祿貞不但是一個義薄雲天的革命志士，並且還是一位能慷慨悲歌的民族詩人。他的詩，正如其為人，是「雄直悍快，不肯囁嚅作兒女態」。（引廉南湖語）吳氏死後，南湖曾搜集其遺稿，成《西征草》及《戍延草》兩卷。廉夫人吳芝瑛女士，曾將其遺稿手寫影印出來，這是民國初年的事。因為吳烈士的母夫人曾垂淚對芝瑛說：「綬卿在日，最愛芝瑛的詩、書，認為寫作之好，如今海內外一人而已，不知女士可願意為他寫遺稿否？」吳夫人不久便將它寫了出來。但是現在已不容易見到這本「小萬柳堂」（黑底白字本）了。

下面抄錄吳氏遺作「西江月」的小詞（一九〇八、戊申年），也是《戍延草》的最後一首。

> 報道金牌罷戍，空教壯士蓬飛。關心明月滿簾櫳，偏是嫦娥情重，回首鄉關何處？長空幾陣飛鴻。憑將秋信寫江東，萬里封侯一夢！

讀他的這一首詞，覺其字裏行間，自有一種肝膽照人的英氣，而其愛國情深，抱負不凡，也就昭然若揭了。這是可以更增加一些我們對他的了解的。

吳祿貞的死，是近代中國歷史上的疑案之一，（有人說是出於滿清政府，事實上卻是袁世凱的傑作。）由於他從日本學成歸國以後，一方面與他的同學滿清親貴良弼保持著友好關係，另一方面他卻是同盟會的一個秘密會員。

當蔭昌南下「討伐」武漢革命軍時，他自告勇奮地請願清政府調他的部隊開往前方作戰。清政府已經疑心他是個「危險人物」，並且疑心此舉「別有用心」。此時清政府不敢把他逼上梁山，乃用假言假語誇獎他，暗中卻指示蔭昌隨時提防著他。他果然隨即露出馬腳來，在石家莊，截留南運的軍火，並且通電指斥北洋軍將領馮國章燒漢口的罪行。

灤州「兵諫」事件發生，清政府因為吳和張紹曾是士官同學，第六鎮和第二十鎮又有著根同並蒂的歷史關係，因此派他到灤州進行宣撫工作。但這是清政府的表面文章，其真實用意是要把他調離他的部隊，使他興不起風，作不起浪來。

他到灤州時，張紹曾等正好借重他的威望以加強第二十鎮內部的團結。他向第二十鎮官兵發表了一次動人的演說，又與張紹曾商定兩路會師北京的軍事進攻計劃。清政府在接到這些情報後更為吃驚，匆忙地發表命令提升他為巡撫，派他帶兵去打山西的革命軍，這又是一個用地位誘惑人，用「敵人打敵人」的詭計。

吳接這道命令，即由灤州回到石家莊，並且單騎到娘子關和山西軍都督閻錫山見面（閻也是士官出身）。他和閻商定了第二鎮，第二十鎮，山西革命軍三路進攻北京，分別截斷京漢，京灤，京浦三路交通的計劃，同時派人到湖北與武漢，革命軍進行聯繫。山西軍推舉他為燕晉軍大都督。他回到石家莊的時侯，就向清政府謊稱「山西革命軍願意受撫」。他做夢也想不到他的內部已經有了袁世凱的奸細。

是老袁的眼中釘

吳與各方面的關係，無論同盟會方面或良弼方面都是袁的敵人。吳的活動不但對清政府極端不利，同時對袁也是極端不利的。

第二鎮也是內部有兩種不同傾向的一支隊伍，老袁既早已收買了吳的部下第十二協協統周符麟做他的奸細，吳的一舉一動他都知道得很清楚。他早已估計到吳不會帶兵進攻山西，曾經秘密指使周符麟帶領第十二協進攻山西以拆吳的臺。但是吳很快地就由娘子關回到石家莊來，袁的分化政策來不及實現，就進一步地指使周把吳暗殺掉。袁曾許以事成之後升任為第六統制以酬其功。

但是事後周符麟把吳的首領割下來向袁獻功，老袁為了避嫌，並因為這個奸細已失去了作用，就採用拒而不見的態度。周符麟枉作小人，不但沒有坐升第六鎮統制，反而失去了第十二協統的原來地位，第六鎮統制即由李純任升，這是吳祿貞死後第六鎮的情形。

總而言之，老袁刺死吳祿貞的陰謀，是一個極其惡劣的開端，對政治觀點不同的人進行陰謀暗殺，收買別人的部下背叛長官，也由此開始，中國近代政治風氣因此不堪聞問。

至於老袁要消滅吳祿貞的動機也是十分簡單的，第一，他要挽救清廷立刻被人推翻的危機，要留著這個工具來對付南方的革命黨；第二，他以北方唯一的實力派自居，如果革命力量在北方生長和發展起來，他就有失去根據地的危險。

因此，他把消滅北方敵人的工作看得比對付南方的革命軍這個工作更為重要。他在那個時期，幾乎用全副精神來處理這個問題的。

另一方面，像吳祿貞這樣一個門戶洞開，過於豪放，絲毫沒有警惕性的人，不但本身因而喪生於陰謀家的勁敵之手，並使革命事業受到嚴重生損失，這對後來的人也是一個深刻的教訓了。

從吳祿貞來看早期士官留學生，他們具有無上的民族熱情，滿腔熱血，但總不免於勇氣有餘而深沉不足的毛病！

早期的士官學生吳祿貞，在石家莊血案中首先做了一個悲劇的主角，前面提到的灤州兵諫一事，則可說是那一個時期的喜劇；而這一幕喜劇中的主角，就是吳祿貞最要好的同學張紹曾。

原來早兩期的士官學生由日本回國以後，便大受各省總督和巡撫的歡迎。這個時期的士官留學生人數不多，運氣最好的卻是第一期的吳祿貞、張紹曾和第二期的藍天蔚。

張紹曾得意關外

吳祿貞的情形，前面已經說過了，張紹曾回國以後，便受知於東三省總督趙爾巽。趙爾巽在復任東三省總督之前任四川總督，在他以前的東三省總督便是蒙古人錫良了。錫良在東三省總督的任內，曾仿照袁世凱的辦法，在北洋各鎮中各調一部合編為二十鎮，該鎮第一任統制便是他從雲南帶來的青年軍事幕僚陳宧，陳宧以苦學生出身，後來雖然到過德國，與士官系的蔡松坡、蔣百里、吳祿貞、藍天蔚、張紹曾等都有交往，但他本身並沒有進過日本士官學校。

後來趙爾巽復任東三省總督時，陳宧早已被錫良派往德國考察軍事去了。所遺第二十鎮統制一職，便落到張紹曾的頭上來了。此外趙爾巽又叫士官第三期的蔣百里擔任督練公所的總參議，士官第二期的藍天蔚仍任第二混成協協統（即後來的混成旅旅長），這樣一來，在榆關之外的士官系勢力，也就非常蓬勃地發展起來了。並且深為東北方面的舊軍將領張錫鑾及張作霖所忌刻。

辛亥那年，武昌起義的前夕，第二十鎮被調往灤州秋操。張紹曾將這枝軍隊還到灤州的時侯，就得到武昌革命的消息。張紹曾在日本士官時代，已經和吳祿貞站在一條陣線，暗中傾向於同盟會的革命運動的，現在認為時機業已成熟，便突然聯合了第三鎮協統盧永祥，第二混成協協統藍天蔚，第三十九協協統伍祥禎，四十協協統潘榘楹等打電報向滿清政府提出類似最後通牒的十二條，要求在本年內召集國會，由國會起草憲法，選舉責任內閣，皇族不得充當國務大臣。

在這同一天，山西方面也在吳祿貞的暗中策動，透過該省士官留學生的力量，宣佈獨立，並組織革命軍集中娘子關準備出發。

三天完成的憲法

滿清政府接到這兩宗消息以後，真像晴天霹靂一樣，由於大臣的獻計，即刻把京奉路的列車全數開到北京來，以防張紹曾的部隊長驅直入北京。（皇室又預備逃到熱河去暫避。）

同時，清廷又於九月初九日（陽曆十月三十日）迫不及待地命資政院起草憲法；下了一道用以欺騙民眾的「罪己詔」；下令釋放自戊戌政變以來的一切政治犯（包括汪精衛在內）；還下令嘉獎張紹曾，授以侍郎銜，並且派為長江宣撫大臣。

於是，滿清的資政院便用開特別快車的速度，著手起草憲法。三天之後，就把憲法信條十九條奏報上去，當天就公佈起來，並且擇期宣誓太廟以資信守。在滿清政府來說，這不能不說對革命派最大的讓步。因此，有人說，以前他們君主立憲派曾經流過多少的血，多少人亡命到海外，多少改良主義團體作過多少次的和平請願或痛哭陳詞，才爭得來一個表面的緩兵之計——九年或五年的預備立憲期，而此時僅憑張紹曾在灤州的「兵諫」兩個字，就看到憲法的頒佈和實施，就近在眼前了。

這時南方的情形如何呢？

南北兩軍正在漢口、漢陽進行著玄黃血戰。而袁世凱本人卻在故鄉彰德「抱膝長吟」，那是因為老袁所提的出山條件，清政府還沒有給他滿意的答覆。

現在他在彰德聽到張紹曾兵諫的消息，正是又驚又喜。一方面他可以利用這個意外事變作為武器，壓迫清廷向他就範；另一方面他既不能直接去控制張紹曾的二十鎮（這是由於系統的關係），又怕清政府垮臺太快，將使他失去了一個可供利用的工具。

這樣，灤州兵諫反而造成了袁世凱的早日復出，他提前離開彰德到孝感去視師了。

由總長到國務總理

張紹曾（字敬輿）的命運，說起來十分可憐，自從灤州兵變失敗以後，不久他便離開了軍隊，從此一蹶不振。尤其是袁世凱當政的時代，他是一直不得意的。

此後，在民國十一二年間，他才又死灰復燃，在中國政壇露過一次鋒芒。那時已在黎大總統元洪復職以後，原來黎菩薩這次的復職，是由曹錕、吳佩孚兩人一手捧了出來，取代徐世昌的。張紹曾與黎元洪有點舊關係，同時又是吳子玉的兒女親家，和「保派」曹錕下面的人關係也拉得不錯，因此，在那個時期的北京政壇上，是確實紅過一陣的。

也許黎元洪的再度出山，張紹曾也在吳佩孚的面前盡過很大的力量，因為在這以前，張紹曾正追隨在他的親家的左右，替他定謀獻策，解決湖南趙恆惕（也是士官學生出身）的問題。當時吳子玉左右的人才，蔣百里、張一麐、張紹曾都是第一流的清客。事後，吳子玉乘戰勝餘威，又彈「國民會議」的老調，擬定會議的地點廬山，名稱是「國民會議」。這個方案，就是由張紹曾和張一麐合擬的。吳自己又不願出面，便索性叫張紹曾用個人名義發表。

張紹曾打出了這個電報之後，即在漢口成立了廬山會議籌備處，預備轟轟烈烈的大搞一下，吳佩孚、陳光遠、蕭耀南、杜錫珪、孫傳芳、曹錕、張作霖先後通電表示贊成。但是盧永祥首先表示懷疑，陳炯明更通電反對，張作霖雖被列名，但非真心贊成，因此這個倡議仍是「曲高和寡」，並無下文可考。張紹曾也只得不了了之。

張紹曾回到北京以後，不久黎元洪便被擁上臺，發表唐紹儀為國務總理（由王寵惠代理），張紹曾以陸軍總長為重要閣員之一。大家都認為他是直系實力派吳佩孚方面的代表。有名的羅文榦金法郎案便發法在這個內閣中。

當時的直系內部，既有保定派（曹錕）洛陽派（吳佩孚）天津派（曹銳）之分，王寵惠的內閣出於吳佩孚的支持，卻不為曹氏兄弟所喜，尤其和國會中的吳景濂等積不相容。張紹曾是吳子玉支持的人，照理應該和王羅等站在一條陣線才對，不料因有利用矛盾乘機自任閣揆的野心，因此反和保派吳景濂等打成一片。終於引起吳子玉對他的極度不滿。後來他想代理王寵惠離職以後的閣揆，吳子玉便老實不客氣的表示不支持，並且打電報告誡張紹曾：「不可混入政潮，自陷泥沼，熱中權位，為人利用，負罪國家。」

但是，張紹曾又那裏肯聽他的勸阻，於是便和保派、津派串同好了，由黎元洪正式提出來由他擔任內閣總理，沉寂了多年的張紹曾總算有了一次揚眉吐氣的機會，算是士官學生中第一位擔任內閣總理的人。

為了謀取和平統一，張紹曾倒十分重視直系以外各種勢力，派出大批代表到廣東及東北活動。這種情形已深為保津兩派所不喜。在根本上，張紹曾的和平統一方針與保洛兩方面的武力政策都是無法永久協調的。

另一方面，張內閣登臺本來是用政治分贓的諾言取得國會的通過的，後來由於閣員不敷分配，國會各政黨不能染指，他們大感不滿。以上情況，說明張內閣從成立一天起，就是一個風雨飄搖的內閣。

不久，為了內閣討論發出一道告誡孫中山先生勿在廣州組織另一政府的案子的時候，閣員們意見不合，竟演出拍案大罵的怪劇。使張紹曾不能不表示辭職了。各方自亦來電挽留。倒是黎元洪真心不願他下臺。張紹曾也表示願意幫總統的忙，不使政務停頓，每天先在私宅處理公務，副署命令。不久又真的復職了。

據說這位總理先生，本來是一個神經有些問題的人，大家背地裏都叫他「張瘋子」，說他做事有頭無尾。他宣佈辭職後，瘋病發作得更厲害，經常喃喃自語地自稱為九重天宮的古佛下降人間，當代人物係他手下的星君托胎轉世，但也有妖魔鬼怪下凡作祟，必須他念動經文請求仙師賜以神斧來殺盡群魔。

北洋政府的財政問題，在張紹曾內閣時代，正已到了山窮水盡的時候，軍警索餉，更是無法應付。某次，張紹曾為了避免軍警糾纏，想躲到西山大悲寺念經，不料走到西直門就被軍警攔阻，只好折回本宅。

他的父親跑進城來痛罵他名譽掃地，有沾家聲，逼著他辭職下鄉。他又借口忠孝不能兩全拒絕提出辭呈。

但是，最後張紹曾還是由曹錕指使了保派的閣員高凌蔚等硬逼下臺，到天津去做寓公。但在他臨走的時候還將「命令紙」帶去，以免繼任有人，復職無望。

蔣百里曾受日皇賜刀

士官第一期的中國留學生中，成績最好的陳靄士（其采）回國以後，既然一直幹著金融事業，沒有實際從事軍政工作（北伐以後，始以令侄陳果夫的關係，出任主計長，為蔣先生的清客），才氣最縱橫的吳祿貞又成為短命的顏回，運氣較好的張紹曾，又是一個精神不健全的人。數士官人才，那便祗有從第三期中去尋找了。

士官第三期的中國留學生人數較多，其中卻出了不少叱吒風雲的名將以及封疆大吏，如：國民黨的許汝為（崇智）、進步黨（即後來的研究系）的蔡松坡（鍔）、蔣百里（方震），北洋系的曲同豐、吳光新、傅良佐，以及浙江的蔣百器、四川的張瀾（此人即後來貴為民主同盟主席，靠攏了中共，周恩來輩稱之為「表老」的），均為一時之選。到如今這些民國史上的風雲人物固已大半凋謝，其中碩果僅存的，怕只有許汝為一人而已。

我們特別要提到的第一流的士官人才，也是中國第一流的軍事人才，無疑的不能忘記了蔣百里先生的。這位來自浙江硤石的清末秀才，在日本士官學校中，曾以步兵科第一名畢業，日本天皇照例賜刀褒獎，這就是在日本人中間，也引為了不得的光榮。和他同期同省的蔣百器，則是騎兵科中的高材生。

百里回國之後，由於他的老師陳仲恕的推薦、到關外去任趙爾巽的督練公所總參議，但因受制於張作霖這些舊軍人，極不得意，百里只留了三個月，便和寧調元、張季準一同到德國去實習陸軍了。

在德國實習時期，百里列入德國第七軍任實習連長。那時統帥正是興登堡，他們駐防在伊堡司瓦德時，興登堡特地召見這位東方的青年，拍拍他的肩膀說：「拿破崙生前曾說過，東方就要產生偉大的將星了，看來就應在你的身上吧！」

尚武堂前校長自殺

德國的皇帝威廉第二，野心很大，原想訂中德軍事同盟來抵抗英日同盟的，以西太后和滿清親貴洩漏了秘密，事遂擱淺。那時滿人蔭昌正奉命在德，他賞識了蔣百里，兩人絽合了師生的關係。宣統二年，百里隨蔭昌經西伯利亞回國。百里便做了他的禁衛軍管帶。

民國初年，蔣百里出任保定軍官學校校長的一幕，自然也是出於蔭昌所推薦的。那時蔭昌正任袁世凱的侍從武官長。時百里少年英發，意氣豪雄，下車伊始，首先整飭人事，以張承禮為教育長，臧式毅、張翼鵬、韓麟春等，或為科長，或為教官。

在蔣百里之前，第一任保定軍官學校校長，原是段祺瑞一系的趙理泰，是一個庸人，學生們看不起他，正醞釀反校長運動。但袁政府發表了蔣百里長校的命令之後，立刻贏得了全校學生一致的歡迎。

不過，由於袁派百里為保定軍官學校校長，事前沒有和段祺瑞商量，因此後來該校經費便受到陸軍部的多方留難，使蔣百里無法推展校務大計。百里向部中請款，函電頻加，卻沒有回音。他不得已親自到北京去交涉，軍學司（軍學司職權，相當於訓練總監部）司長魏宗瀚，教育科長丁錦，依然對他的要求置之不理。百里至此，始痛感人謀之難臧，辦事之棘手，於是乃向袁世凱辭職，袁又不批准他；再向部中催款，部中還是不理。他知道他已無法達成任務，只好一死以報國家和學校員生了。

民國二年六月十八日黎明，他召集全校員生在尚武堂中，他很悲痛很低沉的說道：「余蒞校之始，即對各位宣言：必須辦到本校為最完備之軍校，學生成最優秀之幹部，將來訓練國軍，為世界最強勁之部隊，今之言軍事者動則艷稱德國與日本，彼德、日亦人也，吾人安得自餒，不能駕日、德而上之？可惜，信誓旦旦，吾志未酬！國人有一習用語曰：合則留，不合則去，其實不合於此，亦必不合於彼，而且，吾中國人也，豈能以其所學求用於外國耶？我自己不能盡責任，是我對不起你們！」

百里說到這裡，稍微頓了一頓，即喝大家「不許動」，而他自己立刻轉身以背對著群眾，說時遲，那時快，他已經拔出身懷手槍在大眾面前自殺了。在這以前，他已寫好一封遺書留給教育長張承禮的，信中寫著：「僕之殉職為國家故。雖輕若鴻毛，而與軍人之風氣有關。乞告老母，不可悲傷。總長處，乞告以軍事非至善之目的不能成功，徒以彼善於此之言，聊以自慰，則軍事永無振興之日。……」

百里舉槍自殺後，同學們乃團團圍住尚武堂大聲號哭不止！一時千餘人的哭聲，震動天地。歷十幾分鐘後，才有頭腦比較清醒教官在後面叫喊道：「快救校長，哭有什麼用！」這時百里已奄奄一息，橫臥血泊中，於是大家把他抬往保定醫院去急救醫治。

接著，北京的袁大總統也接到了報告，立命蔭昌和公府軍事處處員朱慶瀾馳往保定查明真相，著交通總長曹汝霖找日本外科醫生趕往醫治，並派張承禮代理保定軍校校長。接著又派參謀次長陳宧前往慰問。

百里病癒後，也不再回到校長的職位，段祺瑞派了曲同豐繼任，百里先到天津休養了三個月，以後的職務便是公務軍務處的參議，但他的頂頭上司依然是段祺瑞，段是以陸軍總長兼任公府軍事處長的，他對百里似乎已有成見，竟拒絕發給委任狀。直到段解除軍事處長兼職之後，百里才能到公府去辦事。

士官系推倒帝制

百里在日本讀書的時候，即已認織了梁任公，（可能是因蔡松坡的關係而認識的）從此，很受梁任公的契重和獎掖，在任公心目中，百里和蔡松坡、張孝準是所謂士官三傑。後來任公在國內先後領導進步黨，蔡是他們的唯一軍事人材。百里和孝準，實際上也是與他們聲應氣求的。尤其是百里，人們都以為他一定是屬於研究系的大將的了。

袁世凱洪憲帝制自為的一幕，進步黨反對最力，梁任公的一篇〈異哉所謂國體問題者〉，投下了第一顆炸彈，蔡松坡的雲南起義，正式響起了反袁護法之役的號角。百里和張孝準也同時投身於這場偉大的戰鬥的。百里於梁、蔡南下之後，也就離開北京，輾轉入川。松坡在軍中得病，情勢危急，百里便伴他同往日本養病，直到他在日本逝世，百里可說是沒有離開他的左右。

從清末民初的大勢來說，北洋軍閥一直盤踞了整個的東南及華北，革命黨的實力派總算控制了廣東的一省，進步黨要想在國內謀發展，大有「英雄無用武之地」之概，不得已才看中了西南一隅。辛亥革命時，蔡松坡本任雲南都督，百里一度擔任該省的民政廳長。

討袁之役，他們又想在四川方面有所建樹，不料袁氏一死，帝制雖已推翻，而川局一直混亂，任公他們的一番鴻圖，也就化為泡影了。他們的朋友戴戡、張承禮都是死於四川那個混亂的局面中的。這樣一來，百里也看到川局不可為，也只好離開那兒了。

雲南起義推倒袁世凱的帝制，究竟是誰的功勞，這個問題曾引起人們爭論；有人說這是國民黨發動的，有人說是進步黨的梁任公領導的，就我看來，這一役的功臣，是一班留日士官同學們集體幹成的「世界」。試看在雲南省統率三軍的唐繼堯、以及親自指揮作戰的蔡松坡、蔣百里，以及代表國民黨方面的李烈鈞、許崇智，那一個將領不是從日本士官學校出身的？

進步黨的政治生命，在反袁運動中露了鋒芒，隨著蔡松坡的病逝，戴戡的被暗殺，又黯淡下去。任公北返以後，依舊不能在北洋派軍人屋簷下，作著改良中國政治的美夢，但在馮國璋、段祺瑞當權之下，可說是一事無成。百里這時也在北京過著閒散的軍職生活。

那時百里的職銜是將軍府的將軍，月薪二千元，因為財政支絀，開頭還可月支八百，不久又減半為四百元，後來折扣愈大，每月所得不足三百元而已。

振武與成城兩校

在明治時代，東京牛選區原町，有一成城學校，校規嚴肅，注重軍訓，該校畢業學生投考陸士，無不取錄，故留學生之學陸軍者，均先入成城受預備教育，且習日語文，第一、二、三、四期，泰半出身該校。及光緒二十八年，清廷與日本政府商定辦法，即於成城附近，特設一振武學校，凡經清廷派送之陸軍學生，東渡後即進振武，修業期間一年，除日語文普通科學外，並有初步軍事訓練，每月考試不及格者隨時淘汰，故畢業生程度均甚整齊，按過去程序，學生須考試取陸士後方入聯隊（即入伍），聯隊一年然後返東京再進本科。但振武畢業後，因其訓練嚴格，得日本軍官當局信任，不須再經入學試，即直接入各地聯隊為士官候補生。惟留學生中，亦間有振武畢業後改進文科大學者，如王揖唐即其中之一，世人謂王揖唐曾留學日學陸軍，實則僅振武一段，未嘗正式學陸軍也。

振武於辛亥革命後結束，而學校巍然獨存，十期以後之陸士留學生仍以在成城任預備教育者為多。至大正八年（民國八年），有望月軍四郎者，營商，曾赴美遊歷，見美國對中國留學生甚為優遇，爰擧五十萬金，捐助學校，指定為中國留學生教育之用，其後即以此於東京郊外玷村，興建新校舍，闢為中華學生部，設普通科與高等軍政科（普通科收志願投考文科大學者，高等軍政科即等於陸士之預備學校），以伯爵兒玉秀雄（日俄戰時日軍參謀長兒玉源太郎之子）為校長。下走入陸士之前，亦在成城受預備教育。抗戰後該校之情形如何，則不得而知矣。

在振武學校開辦之後，東京又有一東斌學校，乃本黨革命初期所設的地下軍事學校，其事在革命史上頗有歷史價值，不可不記。蓋滿清時，陸軍留學生均係官費，非清廷派送不可，自費生有志學武不得其門而入者，不知凡幾。光緒二十八年吳稚老之大鬧中國公使館，以致被遞解回國，亦由力保自費生九人入成城學陸軍不遂而起。國民黨先總理孫中山先生，為爭取軍事人才儲備革命幹部計，乃於光緒三十年，與日友寺尾亨博士，日野熊藏少校等，創東斌學校於東京青山，設兵學、憲兵、測量、經理四科，日野精研南非波亞人之散兵敗術，總理亦深許此法適於揭竿起事之中國革命軍，並曾搜集資料親自加以研究，該校教授亦特注重此種戰術及以寡敵眾之夜襲等。於是熱心革命之志士，以及自費生之不得進陸士者，均入東斌受訓，先後共辦五年，如熊克武、但懋辛等皆東斌畢業。

當清末革命萌芽時代，黨國先進自　孫中山先生以下，均曾旅居日本很久，其中吳稚老則以學者姿態出現，做事熱心，勇於負責，尤得青年好感，他在海外也的確為中國人爭回不少面子與利益。例如我國派遣留日陸軍士官學校學生制度的確立，未嘗不是由吳稚老率領青年與清廷駐日公使蔡鈞在使館中大吵大鬧得來的。後來他雖因此被日警驅逐回國，但留日學生受了他的鼓舞，從此也就不甘雌伏，要揚起革命的高潮了。

吳稚老大鬧使館

光緒二十八年六月，蘇、浙、皖三省留日自費學生九人，志願入成城學校肄業。因為蔡公使堅決拒絕，不肯咨送，他們便去見吳稚老，託他寫了一封長函給蔡鈞，反覆陳詞，並提出一個由留學生五人互保一人的辦法，在使館出具保證書，藉以消釋公使的疑慮，這時有名的古文大師桐城吳汝綸，正任北京京師大學堂總教習，假暑假的機會奉命到日本來考察日本教育。與吳稚老在留學生會館相遇，於是稚老又將這件事情託他向蔡鈞說項。不久，稚老便得到吳汝綸的信，說：蔡公使對五人環保一節已有允意，盼將保單與名單同時並送。

等到稚老依照他們的要求的手續做好，將留學生對這九個要求入學的新生的保證書分別送交以後，蔡鈞即轉知日本參謀部，而日本參謀部見他未照使館保送學生的向例辦理，卻將留學生的保證書轉去，認為不合手續，便回答蔡鈞說：「應請仍由貴大臣親自保送，以符定章……」因此這九個學生仍舊不能入學。稚老知道這件事顯然是駐日公使虛與委蛇及故弄玄虛的結果，自然很不甘心，便集合了原來要求入學的九個人鈕瑗（鈕錫生之姪公子）、李顯謨、劉鍾英、夏士驤、顧乃珍、陳秉忠、許嘉樹、吳宗椿、吳宗傑，以及保證人章宗祥、胡爾霖、曾澤霖等，同往駐日公使館請命。以及孫揆均、宋紘、沈覲恒、沈覲鼎、吳榮鬯、黃瑞熙、張懋德、閔灝、陸輔。陸爽、沈覲鼎愈亮、沈綱、段彥修等這一群留學生中的優秀份子，也都激於義憤，自願隨往，以壯聲勢。浩浩蕩蕩直奔使館而去。

那一天早晨他們先去吳汝綸處，因談話不得要領，折至使館，蔡公使不肯接見，派文案王雷夏出來周旋。他們二十六人擠坐王文案室內，堅決求見蔡鈞，聲言非見到公使決不離開。雙方僵持到中午以後，天氣十分炎熱，大家雖感腹餓口渴，也仍然堅持不走。一直等到下午六時光景，始有外務省翻譯小林者出來調停，要大家答應不得對蔡公使無禮為條件，蔡使亦可出來和大家見面略談片刻的。七時半，蔡鈞與吳汝綸由侍從如雲，護衛森嚴中，出臨客廳。見到吳稚老及學生群眾，即厲聲問他們：「你們來幹什麼？」稚老即趨蔡鈞的面前，長跪下來說：「承蒙欽使保送九個自費生要入成城學校，已得參謀本部覆文，不過因為手續不符，請欽使更正重行。真不過—舉手之勞。……」不料話沒有說完，蔡鈞便又大聲咆哮起來，並言：「政府已屢次說過，自費生不可再行，你們知道嗎？」於是孫揆均又幫助吳稚老進言：「使臣應為僑民及學生求幸福，現在政府既不肯再保送自費學生，這就是政府的錯誤，公使應以去就力爭，方不愧為折衝樽俎之賢使臣。……」蔡鈞這時似已忍無可忍，拍案逕入。至深夜十一時後，大家精神不免疲憊，然而仍不肯走。大家正倦極欲睡，忽來手執紅白燈籠之警官三、四十人，蜂擁入室，蹴諸人起，縛稚暉及孫揆鈞二人去，大家自然不肯罷休，沈覲鼎在諸人之中年紀最輕，可是也勇氣十足，跟在那些學兄與乃兄之後，同往警署門前，警官只逮捕了吳稚暉與孫揆均兩人，其餘的都不許進去，他們便在門外等待著。不久，吳、孫兩公均以奉內務省命令，限期離開日本國境，遞解回滬。

蔡鈞被調回國

這一件事當時曾傳遍中外，國內人士俱以蔡鈞辱國太甚，有失外交官的風度，輿論為之譁然，滿清政府自己也覺得太不像話，終於將他調回本國，其事始寢。因為這件事情的導火線原來是由於學生們要入成城中學而起，或說成城中學不過是東京一普通中學耳。何以便使我國留學生及外交當局如此重視的呢？據熟悉日本教育制度的某君告訴我，成城中學的歷史悠久，校譽最好，特別注重軍事訓練。凡在該校畢業之青年志願投身陸軍，無有不被錄取者，無形中便變成踏上日本補充士官候補生的終南捷徑。我國自康、梁維新之後，有志青年東渡留學的日眾，其中又以學習陸軍佔半數以上。不但貴胄子弟踵接海外，連已登兩榜的進士大人也都連袂三島，改習陸軍去了，日本為交歡我國起見，乃亦許入成城學校去受預備教育。惟入學之前，照例應由政府核准，否則便不得其門而入。那一次鈕瑗等九人不能入學，顯然是使館方面故意留難，使吳稚老不得不為青年請命，為國家爭取人才。孫揆均他們那時則顯然是受了稚老的精神感召，要替苦悶中的留學生出一口氣。

自從這樣一鬧以後，滿清陸軍部的丞參良弼（字賚臣，留學日本第二期歸國），便和日本參謀本部的福島安正中前及青木宣純少將合商，得到兩國政府同意，設立清國留日陸軍學生委員會，該會成立以後最重要的舉措便是由日本政府在成城學校附近供給一切由清政府自行建築一個振武學校，一切規模與成城完全一樣，專門作為我國陸軍學生入聯隊之前的預備學校。這樣，我國南北各地的留學生又都可以紛紛東渡負笈了。那一期入學的，是五、六兩期，後來知名的人物何成濬、閻錫山、孫傳芳、李烈鈞、唐繼堯、程潛、李根源第都是同一期的，可說人才鼎盛，和第一期的吳祿貞、陳其采、張紹曾；第二期的良弼、藍天蔚、馮耿光（此人就是後來做了銀行家，捧梅蘭芳成癖的馮六爺）；第三期的許崇智、蔣方震、蔡鍔、吳光新；第四期的蔣作賓、王揖唐、李宣倜等先後輝映。

嚴格而富人情味

國人對日本陸軍士官學校之教育中國學生，有一最大的疑念：「日本軍事秘密必不教」，「教到軍事秘密必令中國學生退席」，此說法，其想像力未免過於豐富。蓋無論任何國家，其動員之內容，新兵器之研究，以及對理想敵國之策略，均係當然之秘密，不足為外人道也。至於陸士，乃將校之養成學校，既非講動員謀略之陸軍大學，又非製造兵火發明利器之造兵專門，所談均是原則，所學無非基礎，既非秘密事項，何須命令退席，下走在校三年，所未能一窺真相者，只毒氣與擲彈筒兩物，當參觀兵工廠時，外國學生休息進午餐，日本學生即乘此空隙參觀此兩部門，揆其用心，毒氣為國際公法所禁，不願外人知其準備情形若何，擲彈筒乃第一線近距離武器，且係日人所發明，敝帚自珍，亦人情之常，渠等固不料一九四五年竟有原子彈出現也。

留學生與日本學生所受教育，其唯一不同之點，即日本學生考取陸士後，須先預科二年，進預科畢業後方分兵科，然後進入聯隊，而留學生則入學考取後即逕入聯隊，凡外國學生，其學習過程皆如此。留學生雖欠二年預備功夫，但中國人向來聰明，領悟性記憶力特別良好，經半年聯隊入伍後，均能急起直追，趕上水平。日本教官不甘示弱，對留學生不輕示讚許。術科助教之軍士，則頭腦簡單比較爽直，與予等課餘閒話，常稱道中國人之伶俐聰明，比日本學生好教而易進步。

日本過去，乃有名之帝國主義國家，其軍隊也是帝國主義之軍隊，人或以為其教育內容必尚高壓，甚或野蠻不堪，其實則大謬不然。約言之，其最大特徵，厥惟特別注意精神教育，以涵養軍人德操，造成軍人之基礎條件為第一，而學術科次之。對於學生，先求其態度嚴肅，精紳緊張，動作敏捷，言語明瞭。要求峻烈而均合理化，規定嚴格而富人情味。而不好高，不騖遠，禁虛偽，禁粉飾，表面絕不舖張，專做實在功夫，尤為最難得之點，下文當略舉數例以明之。

樸質不務外觀

陸士大門上校名之榜書，一國訓練之核心，在理應如何富麗堂皇，方足相稱，而事實上乃僅用五六尺長之白木板一塊，毛筆直行書徑寸之「陸軍士官學校」六字而已，既非名家手筆，又不稍加髹漆，樸拙簡陋，懸於校門右側，風吹雨打，古色蒼然，真上海人所謂「派頭奇小」也。（各軍事單位門外榜書，莫不如是），以一堂堂訓練將校之學校，而其質樸無華若是，即此一端，其教育內容之崇尚實際不務外觀可知矣。

校中無論冬夏，例於五時半起床，其規定亦頗別緻，起床號音一動，學生即一躍起身，以最大速度穿上軍褲，抓起軍帽便走，上衣則邊跑邊穿，鈕子則且奔且扣，衝出室外，換上便鞋（室內例穿拖鞋，室外則著便鞋，狀如現在之平價皮鞋，日本軍中謂之營內靴），馳赴廣場，集合點名，一切動作，幾如消防隊之救火，號音一落，隊伍已齊，動作稍緩，立遭痛斥，日日如是，等於每晨舉行緊急集合（寢室內務則在點名解散後整理，先後次序與我國適相反）。予等初入伍時，正值嚴冬，積雪未消，寒威方烈，由熱被窩中躍出，動作既極慌忙，朔風尤難抵禦，齒牙震震有聲，相顧幾無人色，習之既久，遂亦行若無事焉。

一切絕不含糊

日本話本極複雜，男人有男人之語法，女子有女子之語言，推而至於匠人，方外，優伶，娼妓，莫不有其特殊之語法，落耳即能辨其為何種人物（聞某留美出身之達官，曾倡日語三個月可以畢業之說，真胡言也），而軍中語言，更另有一工，自成一家，與眾不同，惟主要在簡單確實，切忌牽混模糊。予等入伍時，常見長官查問學術科小動作等，士兵倘記憶不真，則直捷痛快昂然答曰「忘記了」，亦即不再深究，如強作解人囁嚅搪塞，或自不認錯呶呶申辯，必反遭痛斥。此「忘記了」一語在日本軍中耳熟能詳，予等戲與前清上諭之「知道了，欽此欽遵」可以媲美。猶憶下走一日赴代木練兵坊演習，炮車放列後，教官命率彈藥車赴樹林中隱蔽，下走因一時辨認不清，即揮鞭遙指問曰：

「是那邊那座樹林吧！」不料教官聞之赫然震怒，劈頭痛罵，大喝如雷曰：「教練中許用『吧』字嗎？」下走挨罵，初甚不服，繼而思之，「吧」字有疑似揣摩口吻，既係質問，自莫如「是那座樹林嗎？」之明瞭顯豁。一字之微，吹求若是，亦見言語之明瞭含糊，確有值得研究之處也。

武器被服之愛護，拂拭中之殷勤，亦教育中重點之一，譬如槍枝、刺刀，日日擦拭，皮帶、馬靴、背囊等，三日一小擦，五日一大擦，督促之嚴，從不稍貸。予等所穿之教練皮靴，尤須每日擦拭塗以白色之油，靴製以牛皮，其表裏與普通皮鞋相反，光滑之一面向內（取其長途行軍，磨擦足部，不易引起靴傷），而粗糙之一面向外，雖所擦係白色之鞋油，日久則墨黑光亮，如骨董之刷出包漿者然。惟一頂鋼盔，則絕對禁止上油，同學中之好事者，稍塗油以壯觀瞻，輒遭申斥，認為破壞武器。蓋鋼盔外部有漆，塗油則漆易剝落，且人人冠此油光耀眼之鋼盔以赴戰場，則閃閃有光，目標易被敵人發現也。

校中所發雨衣，附有頭巾式之雨帽，然下走在校三年，用此覆蓋頭部者，至多不過三次，蓋除非傾盆大雨，從不許拉起雨帽，普通小雨，則任其頭面淋漓，不以為意。初次著雨衣時，區隊長即誡予等曰：「軍人以耳目靈敏為要，雨帽拉上，則兩耳聽覺減去一半，左右顧盼亦不便利。小雨雖濕及頭面，但頭上有軍帽遮蔽，面部雨點則拭去即可，亦從未聞因臉上遭雨點而感冒致疾如一至傷寒者。況軍人宜有挺胸堅脊昂藏無畏氣概，一見牛毛細雨，便拉起頭巾，呈聳肩瑟縮之狀，更不雅觀。」予等聞其言亦頗有理，從此遂成習慣，視此威蕤腦後之一帽，幾如廢物焉。

最妙者，初入伍時，人人精神緊張，往往夜不安枕，又不習聞日本軍中之嚴格，惟恐早晨點名動作遲緩，於是不待起床軍號，預先暗中摸索而起，穿好軍服，坐以待旦。值日軍士起床較學生為早，倘見此輩新生提早起床徘徊廊下，必勒令脫去外衣，重新睡下，不聞號音，不許擅起。蓋既係規定之睡眠時間，即必須盡早休息，無需過分緊張。且搶先起床，擾亂秩序，又將妨礙他人鼾睡。而預先著衣準備集合，尤失訓練動作敏捷之意義也。

士官候補生之服裝，帽徽均是篆角金星。日本學生領上釘聯隊番號，予等則綴篆文之「華」字。廿五期起，華生帽徽改為青天白日章，例假外出時，日人見之，均眈眈注視，不知此青天白日是何標識，有時且有人鞠恭相問：「請問是何處部隊？」好事同學輒漫應之曰：「予等乃中國部隊，最近開來三個師團。」問者錯愕，瞠目而退。

天下無如吃飯難

日本菜向來難吃，士官學校之飯菜，則日本菜而又經軍隊化者，其難吃更不待言。試舉例以說明之：炒雞蛋，一尋常之下飯菜也，無論何處人士，愛惡各有不同，當無不能下咽之理，然若炒雞蛋中，調味時加入白糖一大勺，不甜不鹹，亦甜亦鹹，則此味尚堪領教乎？又如，校中週末例為終日教練，拂曉即出，衝風冒雪，日曬雨淋，辛苦一整天，傍晚，返校無不嗷嗷待哺，急迫萬狀。而每星期六之晚飯，刻板的均為白飯一器，上灑黃豆粉一把，菜則鹹魚一塊，闊僅及二指，而另備赤豆甜湯一桶，任添取，（日本極嗜此物，謂之「汁粉」，下走來臺後，雖滿街賣紅豆湯而從未一試，蓋早已吃倒了胃口也），甜點耶？飯菜耶？不得而知矣。先嚴昔亦留日學陸軍，嘗曰：「日本廚子專門糟塌好材料，看他身圍白裙，頭頂白帽，搖頭晃腦，一副能幹萬分的樣子，真叫人生氣！」下走每至此時，則惟赴酒保（軍中販賣部）吃醬油湯下麵條，與二三同學述先公之言痛罵廚子以洩憤耳。

然校中菜味雖劣，材料卻本來不壞，每日照樣有魚有肉，不過一經東洋易牙之手，則令人寧甘餓死耳。其膳食安排，亦頗科學化，每至週末，必預揭菜表於飯廳，將下週七天二十一頓之菜名開出，每一菜一欄，菜名之下，詳列用魚幾兩，肉幾兩，配蔬菜幾兩，以至其中用油若干，鹽若干，料酒醬油各若干，無不清清楚楚，纖屑靡遺，最下格且算出此一份菜能產生「卡路里」（熱量單位）若干，每日照表實施，絲毫不爽，準確異常，所用材料亦從不稍有錯誤，殊不易也。不過，有肴不能下咽，則空具如許「卡路里」，亦不免無從產生之苦矣。下走曾揭此預定表一紙，留為紀念，並集句題一聯於其上曰：「人生惟有讀書好，天下無如吃飯難」，上聯寫予等求學異國之心情，下聯原意本指世上掙飯之不容易，而予等當時則現成有飯擺在面前，而難在如何將它吃下去耳。

熟練種種過節

日本士官學校所收外國學生，向以中國留學生主，因房舍關係，另闢一「中華隊」，設隊長及區隊長轄之。但中有數期人數較少，則與其本國學生混合編組，不分軫域，其後曾收一泰國學生，與日本學生同隊，予等不諗其姓名，惟見其帽徽為白象，知其從暹羅來而已。旋又收一菲律賓學生，名「荷賽・洛勒」（渠父「老洛勒」，曾在菲律賓淪陷期中任總統），則編入中華隊。小洛勒甚安靜守規矩，無菲律賓少年飛揚之氣，日語尚能達意，寫中國字時，則斜其紙，側睨作書，不改寫英文之蟹行姿勢，為狀頗趣。校方對渠極示優容，軍中寢具，枕係圓筒形，中實稻穀，小洛勒偏不習此，乃特准攜其洋式的鴨絨枕來，然置寢室中，則標新立異，與眾不同，不合內務規定，於是晨起即攜赴值星官室寄存，夜間就寢前再往領取。軍中規定極苛細，入長官室，必先叩戶，命進然後進，進則先闔戶，後敬禮，夫然後自己唱名，報告來此目的：「某某候補生，來作何事」（其實校中長官對予等極面熟，可以一一指名無誤，然必須自己唱名，次次如是，蓋以備將來帶兵時，大至一軍一師，對於部下官兵，勢不能個個認識，設此規定，則開門見山，省卻許多廢話），事畢後，則又必須高唱：「回去了。」，然後，敬禮，開門，出，再將門帶攏。凡此種種過節，偶一舛誤，必命其從頭做起，反覆演習，非至熟練不止。予其見小洛勒每晨「寄枕頭來了」，每晚「領枕頭來了」之不憚煩瑣，輒為失笑。

二等兵掃地

軍中每晨掃除，本應自己操作，予等在聯隊時，士官候補生同住一室，因係未來之將校身分，功課又甚繁重，特派二等兵數名，輪流為予等掃除。每晨入室，必大聲報告：「某某二等兵掃地來了」，及其去也，又必高唱「回去了」，然後敬禮而出，日日如是，殊覺不勝其煩。日本軍隊中，從不設勤務兵，每中隊（連）有一「當番」，由戰鬥兵輪值，於中隊營舍進口處，置一小火砵，上置沸水一壺，「當番」兵危坐其側，以備官長呼喚，遞送茶水而已。予等出入經過，當番必起之肅然敬禮，一日之中，出入頻繁，經過一次，即敬禮一次，不稍懈。最妙者，夜間就寢後，每中隊有「不寢番」一名，通宵不眠，來往逡巡，其任務主要在保健防病，見有士兵夢中掀被者，必為輕輕蓋好，防其感冒受涼。予等居室在樓上，夜半起溲，經過樓口，不寢番必迎面肅立，鞠恭敬肅，報告「第二中隊不寢番服務中無異狀」，燈光黯淡中，乍然遇之，不免為之吃一小驚。及由便所返，上樓正欲入室，此不寢番並未交替，仍是原人，但既見予等高階級經過（其實階級亦相差有限，予等入聯隊時為上等兵，三個月後升下士，再三個月升中士，即離開聯隊入校進本科矣），照規定即必須報告其服務期中有無異狀，於是依樣葫蘆，再來一通。予等除答禮外，並須駐足聽取報告，且答之曰：「啊，辛苦！」事雖無關宏旨，然總覺行動出入，受其干擾，於是均視夜間上廁所為畏途焉。

筆者初到日本時，一日，在東京車站候車室中，見一軍官，面向室內而坐，背對通路，先後約半小時，士兵出入車站由此經過者有七八人，一見此軍官，莫不肅然舉手，遙致敬禮而去。而軍官背向外坐，固不知有人向之敬禮，更絕未還禮，而敬禮者敬禮自若也。昔日日本軍人，敬禮之嚴格勵行有若此。

日本皇族在士官

日本皇族，學陸軍者不少，陸士校規，學生一律寄宿，惟有皇族均係通學，不過並不住在校外，而在校中有獨立之小洋房一所。皇族之十官候補生，悉寓其中，晨出晚歸，不與普通學生同起居，以示金枝玉葉，與眾不同耳。皇族自入軍事學校起，即各配有侍從武官一人，行止相隨，謂之「皇族附武官」，常為中少校階級，右肩佩銀色參謀帶，（普通參謀為金色帶），頗引人注目。校中課程極繁忙，宿題及戰術作業，幾於無日蔑有，值其紛至沓來應接不暇時，予等輒相笑語曰：「吾輩倘係日本皇族，必責令侍從武官代為捉刀也。」

昭和天皇之幼弟三笠宮，學騎兵，與予等同期，三笠宮在校中上課服勤務，與眾無殊，對長官同學之禮節，亦悉守士官候補生體制，惟一至校外，則恢復親王身份，禮節即迥然不同。予等赴各地參觀時，每俟全部官生抵達目的地後，三笠宮方攜其侍從武官乘小汽車至，是時，全體官生須整隊迎親王，先向三笠宮敬禮，渠答禮後，再以士官候補生資格，進入行列，復向所屬之隊長敬禮，然後方隨眾參觀。下走見之，常想起京戲中之國丈進宮，必先叩見娘娘，行君臣之禮，夫然後娘娘再「爹爹請上，受孩兒大禮參拜」，其情與此殆相彷彿。

日本陸軍軍人均不留長髮，自陸時代軍學生起，即一律和尚其頭，雖貴為大將，頭頂上仍濯濯如牛山焉。此事亦並無明文規定，不過相習成風，無人不如此耳。唯一之例外，只有皇族至畢業任官（少尉）後，即可蓄長髮。此外則駐外武官赴任後，因與外賓時有酬酢，且平時不常著軍服，故亦多蓄髮。但一經調職回國，立即披剃為 ，否則眾目睽睽，視為異端矣。

陸士校中設有理髮室，取費至廉，每次十錢（一角），僅及市價四分之一。惟室僅兩座，而全校學生逾千，理髮時間又限於課餘，於是門庭若市，川流不息，兩理髮師乃大忙。因之，為爭取時間發揮效率計，其理髮工作乃不得不如疾風迅雷，以求速戰速決。兩人人手一剪，盛氣以待，應付顧客，幾如處理機器，刨削瓜果。予等一行就座，此頭即非我有，惟有聽其推來搓去，任意擺佈，運剪如風，一揮而就。同學某君曾實地加以記錄，自剪頭髮以至刮鬍子，最快時只需三分鐘，自有理髮舖以來，蓋未聞若是其速者也。而且只將頭髮匆匆剃光，唇頷鬍鬚草草刮去，便已功行圓滿，其餘一概不管，修面根本不談，洗頭則顧客自理。一人甫行離座，候補者又已俯首聽其宰割矣。下走每次光顧，見其不由分說操刀便割之狀，輒憶石達開題剃頭店之聯：「磨礪以須，問天下頭顱幾許？及鋒而試，看老夫手段如何！」深感此聯之吐屬壯闊，豪氣如虹，亦惟此閃電化待詔方足以當云。

三笠宮在校將畢業時，一日，皇太后忽命駕臨幸陸士，名為巡視，實則老太太愛憐幼子，來觀其修學情形耳。車駕之來，全校官生列隊奉迎，太后經行列前時，行「向右看」敬禮，予等頭部既已奉令向右看，當然毫不客氣，作劉楨之平視焉。太后前行，後隨女官有七八人，均少艾，著西服，曳長裙，衣裙綷祭，姍姍而過。

練習喊口令

下走初入陸士本科時，東條英機正在校中任少將幹事（等於吾國之教育長），當予儕操練時，常來觀操。御黑邊眼鏡，蓄小鬚，目光炯炯迫人，其雙唇緊閉而內歛，似甚著力，大有無端咬牙切齒之概，為其相貌上之最大特徵。長官臨場，例致訓詞，或作講評，渠則岸然而來，嘿焉而去，如徐庶之入曹營，一語不發。因心計其人必悍岸驕恣，剛愎自用，然此亦日本軍人常態，初不足怪，不料其後來竟佩相首印綬，而終於「闖下了滔天大禍」也。

校中每晨點名後，及晚餐前，許學生自由「號令調聲」，即練習喊口令是也。屆時全校學生均集廣場，步、騎、炮、工、輜，各就平日所習口令，放開喉嚨，齊聲大吼，聲勢不啻千軍萬馬，幸校舍在高地之巔，遠隔市廛，尚能不相干擾。「調聲」行之既久，頗著功效，雖不及當年燕人張翼德唱斷灞陵橋之威風，然嗓門高亢，中氣充沛，確能一鳴驚人。此舉與京戲伶工之吊嗓子，作用相同，惟此則大花臉居多，間有麒派老生，而絕無小生花旦耳。

校中規定，無論講堂野外，中國同學之間，亦必須使用日語，蓋說中國話則教官瞠目不知所云，無從著手指導也。但同學之中，日語未盡高明，且亦總不如說中國話之直捷便利，於是陽奉陰違，轉背即忘。一日，野外教練，構築通信網，予等為通訊兵，同學某君被派為通信排長，集合予等下達命令，見教官不在當場，大為高興，號召於眾曰：「我們還是講中國話啊！」然此君籍隸閩南，國語生硬異常，鉤輈格磔，佶屈聲牙，吃吃不能達意，予等不能耐，舉手請願曰：「我的天，你還是講日本話吧！」此君後來回國，國語已大有進境，可以暢言無忌矣。

舊戲中之表現法，形容男女好合，皆用左右兩食指反覆相交，以示顛鸞倒鳳之意也。日本亦有此種手勢，惟其意義則表示爭論搏鬥，與兩性關係無涉焉。予等在校時，有戰史教官授歐戰史，講至兩軍接觸時。乃作此手勢，以示激戰，予等見之，皆相顧吃吃笑。教官愕然問故，又不便直言，則飾詞以對，教官既不明真相，而兩軍戰況愈演愈烈，遂仍繼續作此手勢，予等忍俊不禁，幾至哄堂。

如此走馬看「花」

陸士馬術課，初步在校內之柵欄馬場或屋內馬場，地面積浮土寸餘，雖落馬亦不受傷。及漸漸嫻熟，則移至大馬場，練快步，跑步跳障礙，技再進，則赴校外馬場練習，或作「遠乘」，繞銀座新宿市而返。校外馬場有數處，最近者即在校旁河田町，馬場對面有女子醫科專門學校，校生出入常經馬場之側，類皆娟好，制服短裙，婀娜多姿，予等據鞍顧盼，頗有走馬觀花遊目騁懷之樂。惟倘為助教軍士所見，必大喝曰：「看什麼！當心落馬！」

校中日本同學，全係未婚青年，中國同學雖已婚未婚不一，大抵皆單身赴日，但間亦有一二人攜眷東渡者。陸士例須住校，平時不許逾校門一步，攜眷同學惟俟星期例假外出，共敘天倫之樂。校中每星期一下午，均列為馬術時間，各兵科學生同時出場，馬匹皆高大，且多頑劣成癖，悉由各部隊剔削而來，以供學生練習，蓋能御劣馬，則常馬更可控制自如矣。馬術初步入門後，動輒實施「鐙揚」（將腳鐙提起擱鞍前不用，專憑兩腿夾持，如此練習，更可使騎坐確穩），常步猶易應付，快步則顛頓不能自持。有眷同學先一日方效于飛，腰胯鬆懈，於是無不落馬者。予等每至星期一午飯後，輒戲作落馬預測表，如響斯應。

張效坤智魯時，曾於千佛山列炮，轟天祈雨，一時傳為笑柄，無不誚其草寇成性，不學無術。筆之於書者，甚且擬之為張獻忠。其實炮兵之實彈射擊，如發彈太多，往往鼓動氣壓，沛然致雨。下走在校學炮兵，每年必赴富士山麓，舉行野營演習數週，每次實彈射擊，常致淋漓盡致，狼狽而歸。某次，雨尤大，遍體皆濡。貼肉衫褲亦濕逸，教練班長已下令撤炮，準備回營矣，雨適止，烈日杲杲出，於是射擊再興，繼續演習，及傍晚歸，濕衣經內蒸外曝，又已完全烘乾矣，據是以觀，狗肉將軍之架炮轟天，或亦根據經驗為之，固未可一概抹煞也。

日本民族好武，極敬軍人，予等在校時，每次赴郊外演習，教練班長輒派助教軍士先赴附近民家，託其燒沸水一壺，供學生吃午飯時飲用便當。軍中定例燒開水一次，致酬銀幣半元，然各處民家主婦，多不肯受，有時且出家藏酸菜，供予等佐餐，以示地主之誼。一日，下走與二三同學在多摩川畔偵察地形，小息於一民家門首，未幾，主婦忽啟戶，鞠躬肅客，請入室內休息，謝以正在演習，未便奉擾，旋即捧多摩名產廿世紀梨一大盤出，殷殷勸食，予等因演習中規定不許飲食，謝之。則謙稱梨本不佳，請試嘗一枚，聊表敬意，遂置門側，罄折而退。予等無奈，乃悄悄為之放進門內，曳上大門而去。每赴鄉村演習，途遇商人農民，雖匆匆交臂而過，亦必掀帽向予等道「辛苦」，假地休息，或借用物件，無不有求必應，親若家人，軍愛民，民敬軍，於此乃親身體味及之。

士官不禁打架

校中對於學生打架互毆一事，不甚干擾，有往訴者，不過將理曲者申斥一番而已。日本軍事教育，甚重視攻擊精神之涵養，亦即培養鬥志也不禁其打架，或恐挫損鬥志歟。事實上校中生活，實在太忙，學術兩科，同時並進，宿題極多，考試頻繁，既耗力，又費腦，於是人人肝火特旺，一觸即發。今日思之，有統軍之職者，倘能因勢而加以利導，對於這種情感，平時調和之以保軍中和睦，戰時則激發之以提高攻擊精神，或亦一值得研究之問題也。民國十八年雙十節，留日各界假座東京《時事新報》社大講堂，集會慶祝國慶。時值中原用兵，討伐馮玉祥，海外黨部乃於會場中張貼標語，其中有「打倒叛逆馮玉祥」等條，適馮所送之陸士學生數人，亦來參加開會，（校中逢雙十節對中國學生特別放假一天），一見標語，怒不可遏，即一一動手加以撕毀，在場者有人起而阻止，陸士學生外出皆佩刺刀，學騎兵者且掛長刀，彼等又均久歷戎行，孔武有力，撕標語不遂，則拔刀便砍，當頭一攄，阻者立即倒地，釁端既開，秩序大亂。警察趕來，見是軍人動手，亦不敢遽行拘捕，彼等打完，即赴憲兵隊自首，返校報告，罰重檢束而已。但報社則椅子被搗毀許多，真無妄之災也。是役之後，陸士生威名大震，直至予等入學時，例假外出，文科留日同學及僑胞等，對予等均執禮甚恭，且神情大有「君子避酒客」之意，其實予等當時毫無政治背景，且缺乏打架興趣，而人人憚之如此，殆所謂「老虎不吃人，惡名在外」了。

日本的國寶技工

雙十第一案之後，不久，馮所派學生中，忽有一人接受他系津貼，被發覺後，群起詰責，一言不合，拔刀而起，結果，受津貼者負重傷。案經軍法裁判，刺人者受傷者，兩造皆被開除學籍。二十六年抗戰起，舉國團結，合作抗日，其時下走與此案主動者數人同事，曾談及此案經過，彼等亦縷舉相告，並不諱言，惟均搖首笑曰：「那時太年輕了。」

校中課程每屆一段落，輒舉行演習或參觀，以資練習觀摩。某次，參觀一兵工廠，廠專製步槍，兼司修理。廠中有一老工人，終日坐靶場中，新造之槍完工，以及各處送來修理槍枝修竣後，均交此老工人試射。老人御近視眼鏡，右肩縛棉墊，以禦槍枝發射時之反撞力，座前有一木案，案上置一打靶槍架，案前則一長隧道，約百公尺，隧道盡處設靶，靶後有電燈照明，甚清晰。各處送來新舊槍枝，均置其座旁竹籠中，老人隨手抽其一，安放架上，實彈五發，略事瞄準，即一一扳機擊發，倘五發中有一彈稍有偏差，必此槍有病，或修理尚未盡善，即擲另一籠中，發回更修。蓋老人槍擊之準確，有甚於精密機器之科學測定也。予等立老人身後，觀其連試數槍，果然彈不虛發，精確無比，且其射擊動作信手拈來，如不經意，益信陳堯咨所遇賣油翁之「但手熟耳」一語，確有至理。日人稱此老人為「國寶技工」，良有以也。老人終年開槍，耳已霍聾，與之語，不甚了了，厥貌尤不揚，樸訥之態可拘，惟其態度安詳，神閑氣定，則頗具藝術家風度焉。

國人之足跡未履扶桑者，聞彼邦男女共浴之風，無不視為怪習，歎為奇觀。顧若身歷其境，則司空見慣，亦殊覺稀鬆平常。身體髮膚，等是人耳，雖袒裼裸裎於我側，爾焉能挽我哉！且共浴之風，僅溫泉地帶有之，餘則各地旅館中之主婦下女，照例於晚間俟旅客浴畢，然後入浴，其時倘有遲歸之客，則亦不妨入室同浴耳。筆者在校將畢業之一年，曾赴鄰縣，實施現地戰術，學生皆投宿旅館，一夕，因做戰術問題耽擱，遲至九時始獨往浴室。方坐浴室中，拍浮正適，逆旅主婦忽啟戶入，見有客在，躊躇不進，囁嚅似欲有所言，筆者知其急於入浴也，乃謂之曰：「倘無不便，何妨共浴」。主婦聞之色喜，鞠躬道「失禮」，匆匆解衣，轉瞬即赤條條跨進池來，池又極狹，面積只有一方桌大，兩人局促其中，膝相接，臂相摩也。主婦年甫逾花信，頗風致，然其舉止落落大方，不作嬌羞逗人之態，遂令人如同性朋友，了無異處。且障身之具，一旦脫卸無餘，則開門見山毫無蘊蓄，如視石膏像，只覺玉潔冰清，反不稍萌雜念，故主婦夷然不以為忤，筆者亦坦然若無其事。店主東旋亦來浴，見筆者與其婦赤裸裸同浸池中，亦視若無睹，毫不為怪，照常解衣入浴，且與筆者寒暄，道演習辛苦，頻致慰藉。此情此景，倘在我國，其不鬧成風化案者幾希。

溥侊夫婦是同學

往昔梨園界，認為坤伶賣色不賣藝，素極貌視。自名女伶雪艷琴嶄然露頭角，觀念方為之一變。雪真姓名為黃詠霓，在民國十七年左右負一時盛譽，捧之者為上封號曰雪豔親王，雪長身玉立，扮相美，演全本《玉堂春》，自〈入院〉至〈探監〉〈團圓〉，一人到底，始終不懈，一掃坤角不能真唱戲之譏。筆者未入陸士前，在東京砧村成城學校上學，入校未久，同學即相告曰：「君亦知雪艷親王與吾輩同學乎？」下走甚訝，不之信。

往視教務處之名牌，則果赫然有黃詠霓在焉。蓋雪輟演嫁遜清宗室溥侊，相攜東渡，卜居砧村，時正在成城普通科補習日語也。是年新正，校方置酒招全體學生，為聯歡之宴，溥夫婦亦來參加，酒酣放歌，眾鼓掌請雪清唱，雪力謝，謂不彈此調已久，嗓子不復能唱矣。溥侊促之，亦不應，予等以為雪既嫁作溥侊為良家婦，斯亦應有之羞澀，未便過分相強，乃由溥侊代唱〈盜御馬〉一段而罷。雪平居並不傅粉塗脂，面如黃蠟，身體似不甚佳，或由是粉墨生涯，受鉛毒侵蝕所致歟。溥侊於雪，愛護備至，雪入室脫外套，為之捧持，出外時又助其穿著，頗示殷勤。雪本天方教徒，溥侊居至為家之戒食猪肉。兩人課餘常雙攜手散步街衢，形影不離，惟雪母常同行，作三河老媽裝束，著藍布襖褲，纖足伶仃，彳亍隨兩人後，相形之下，頗不雅觀。日人好奇，輒指點以為談論之資焉。下走素有皮黃之嗜，但不參加票房，亦不請說戲師傅，偶或粉墨登場，以意為之，遣興而已，人有問及師承者，則笑而答之曰：「不才當年，與雪艷親王有同門之雅。」

北洋軍閥統治時期的政黨

秦嶺雲

兩黨對立演變為四黨並存

劉叔雅（文典）先生有言：「士大夫被流氓所用，國家必會發生變亂，因為流氓如有造反野心，每苦有胆無識，士大夫如有造反野心，則又苦有識無胆，如使這兩種人結為一體，有了魄力，又有了計劃，天下決難太平。」這番說法，倘用以衡量北洋政府統治時期，政黨和軍閥相互勾結，竊權篡國，俶擾無休，恰為一個極好的例證。軍閥誠為亂源，而政黨則為幫兇。

溯自辛亥革命，民國肇建，以迄於北伐成功，南北統一，其間政治組織，或黨或系，名目繁多，魚龍漫衍，變化尤劇。雖各制有政綱，發為宣言，洋洋大文，語長心重，實際只是拉攏幾個有名政客，掛上一塊招牌，標門待沽，投機活動，既乏堅定主張，自無固守崗位。儘可忽左忽右，脫黨跨黨，配合現實，唯利是圖。其為甲黨所推戴的領袖，亦可由乙黨奉為魁首，而被推者則對任何一黨，均不關心，分合興衰，任其演變。雖具有革命歷史的同盟會，及由同盟會改組的最初國民黨，亦未能免此。

本文所述，為自南京臨時參議院起，大小政黨與政團的變化，及其間若干有關的重大的事故。但為涯略，不足以言全豹。惟有一點必先指出的，即這些政黨政團均從清末君主立憲派及以革命為號召的同盟會胚胎而來。

統一黨與同盟會對立

南京臨時政府成立後，臨時參議院於民元年一月二十八日成立，由各革命省區推派參議員三人組織之，議長林森，副議長陳陶遺。由此而產生的新政黨，紛紛林立，即革命原動力的中國同盟會，亦由秘密結社進為公開組織，將其本部由東京移到上海，繼移南京。

同盟會的黨員原由狹義的民族觀念相結合，其入會誓書雖有「創立民國，平均地權」之句，而在革命成功之後，一部份黨員已自滿於誓書中的「驅除韃虜，恢復中華」，認為「排滿」目的，圓滿完成，原由民族觀念而結合的因素業經消失，於是發生分化作用，章炳麟一派的光復會即由此首先脫離同盟會，另起爐灶，組織中華民國聯合會，遇有重大問題，每向同盟會施以抨擊。

其由各革命省區推派的參議員，多數為前此各革命省區所派的代表，蟬聯供職。這些份子，大半與清末各省諮議局有關，亦即與君主立憲派有關，其所代表的自屬封建制度下的官僚、紳士、地主和資產階級，而以江浙人士為中心，因與章太炎的中華民國聯合會攜手，共同組織統一黨。

以是，南京臨時參議院時期，其內部對立的政黨，主要的即為同盟會及以江浙人士章炳麟、張謇為中心的統一黨。

同盟會總理為孫文，協理為黃興、黎元洪，幹事為宋教仁、胡漢民、馬君武、劉揆一、平剛、張繼、李肇甫、汪兆銘、居正、田桐。支部代表：安慶趙宋卿、段雲，潮州許唯心、陳少白，廣東馮自由、林直勉，嘉興陳以義、吳文禧，處州吳逢樵、關麟書，武昌田桐、丁仁源，上海張同伯，杭州朱瑞、張伯歧、黃驥、張浩、周鈺，京津黃復生，南昌鍾震川，福州陳子範、史家麟，紹興余冠潔、童杭時，寧波胡朝陽，金華陳豪，湖州蔣介石。黎元洪與同盟會向無淵源，推為協理，實於黨綱有背。

政團政黨如雨後春筍

統一黨的幹部人物：理事為章炳麟、程德全、張謇、熊希齡。參事為唐文治、湯壽潛、蔣尊簋、唐紹儀、湯化龍、莊蘊寬、趙鳳昌、應德閎、葉景葵、王清穆、溫宗堯、鄧實、陳榮昌。幹事為黃雲鵬、孟森、康寶忠、劉瑩澤、王樸、馬質、錢芥塵、易宗周、黃理中、張弧、王印川、林長民、王觀銘、龔煥辰、楊澤、王紹、章駕時等。

統一黨主張漸進，與袁世凱接近。及南北統一，政府成立，參議院移（北）京開會後，袁氏所以對同盟會漸採強硬手段，即由於統一黨可供運用之故。張謇有言：「余以為革命有聖賢權奸盜賊之異，聖賢曠世不可得；權奸今亦無其人；盜賊為之，則六朝五代可鑒。而今世尤有外交之關係，與昔不同。不若立憲可以安上全下，國猶可國。然革命者讎視立憲甚，此殆種族之說為之也。」這番話見於嗇翁年譜，是在光緒三十一年說的。辛亥以後，時移勢異，其於革命觀感容有改變，而態度保守，不易徹底解放，則無疑問。他所領導的統一黨，其性質已可概見了。

此一時期，南京臨時政府的政權，全為同盟會所操縱。所制《臨時約法》於二月八日起草，三月八日通過，三月十一日公佈，其實只是臨時政府組織大綱的修正本，所區別的僅為後者採用總統制，前者採用責任內閣制而已。此中變化，初因二月十三日中山實踐諾言，向臨時參議院提出咨文。請辭臨時總統職位，並推袁世凱繼任；繼因二月廿九日袁氏指使京津駐軍（第三鎮曹錕所部）實行兵變，製造口實，粉碎臨時參議院所訂建都南京、新總統南下就職的謀略。同盟會鑒於此後政權，移落人手，而調虎離山之計又皆破產。因此企圖利用約法，另築防線，將總統制改為責任內閣制，以限制袁氏野心之發展，與權力之濫用。而不知一紙空文，即使其為緊箍咒，以袁氏之奸雄，豈無自脫之道。策動兵變，破壞法紀，事猶歷歷在目，乃竟過眼便忘，猶視約法為一靈符，實屬可笑。反之，大法之行，無信不在，詎墨瀋未乾，因人改制，適見感情用事，態度不夠嚴肅，謂為玩法，亦不為過。

民元四月二日，臨時參議院議決遷往北京，廿九日舉行開院典禮。又於五月一日改選吳景濂為議長，湯化龍為副議長。

此時成立的大小政黨政團，繁如春筍，有如下列：

民社：為湖北人以地區關係而組織的政團。其重要份子為張伯烈、饒漢祥等，及由同盟會轉向而來的孫武、藍天蔚、劉成禺等，擁護黎元洪為首領。

共和建設討論會：這是有歷史性的組織，由清末資政院時代的憲友會分化而來。前期的代表人物為湯化龍、林長民，後期為孫洪伊。

統一共和黨：由谷鍾秀、殷汝驪、彭允彝、吳景濂等組織而成。此派在南方時，以蔡鍔、王其祥為總幹事，彭允彝、殷汝驪、歐陽振聲為常務幹事。雖有支部，其勢甚微。至北京後與東三省參議員吳景濂等結合，稍見振作。後與國民黨合作，蔡鍔即行脫離。

國民協進會：為君主立憲派份子籍忠寅、周大烈等所組合。

國民共進會：為陳錦濤、徐謙、許世英、林志鈞、牟琳、陳籙、江幸等所組合，以伍廷芳為會長，王寵惠為副會長。

國民公黨：為王人文、溫宗堯等在上海所組合。

共和實進會：為董之雲等在上海所組合。

民國公會：為張國維等所組合。

國民黨：此派為溫宗堯、潘洪鼎等結合而成的親美派，與由同盟會改組而成之國民黨截然為二。

自由黨：為激進主義者所組合，屬於同盟會的別派，以上海《天鐸報》社長李懷霜、《民權報》主筆周浩及該報記者戴天仇為中心。

社會黨：江亢虎首先倡導。

此外尚有小政團為共和統一黨、共和促進會、共和俱進會、國民新政社。共和統一黨的領袖則為孫洪伊。

右述各政團，有的旋為同盟會所吸收，歸納於其改組後的國民黨。有的則與同盟會保持對峙，而匯集於旨趣相同的共和黨。

此項變化，發生於參議院遷往北京的同一時期，以故五月以後的參議院，壁壘分明，國民黨與共和黨並峙議壇，互爭雄長。至於兩黨蛻變經過，則又有如下述。

由國權黨說到民權黨

共和黨以統一黨與民社為中心，更合併潘鴻鼎所組織的國民黨與國民協進會、民國公會三政團而形成。它和清末君主立憲派有其一脈相承的歷史，武昌首義時，該派人士如湖北湯化龍、湖南譚延闓、浙江湯壽潛、四川蒲殿俊、直隸孫洪伊等多與同盟會同流，但仍保持其原來的系統，所以他們由參加革命各省代表會議，進而轉為臨時參議員的歷程中，得以因利乘便，爭取若干由同盟會分化而來的小政團，而為此時的共和黨奠其基礎。它所代表的當然是百分之百的舊官僚和舊勢力，恰與袁世凱所代表的完全相同，所以該黨即為袁世凱的御用黨。由於配合袁氏的中央集權，故該黨又號為國權黨。

民元五月五日，共和黨開成立大會，推黎元洪為理事長。理事為張謇、那彥圖、章炳麟、程德全、伍廷芳等，幹事為林長民、湯化龍、劉成禺、王揖唐、王印川、范源濂、王家襄、張伯烈、潘鴻鼎、龔煥辰、唐文治、楊廷棟、劉瑩澤、黃雲鵬、蹇念益、黃群、籍宗寅、陳懋鼎、孫發緒、林志鈞等。

黎元洪既非北洋派，又非同盟會，本身是孤立的。其秘書饒漢祥則擅寫「垂涕而道」、「泥首謹謝」一類的文章，駢四儷六，悲天憫人，恰合君主立憲派以妥協應付現實的心理。因此他們把黎氏捧了出來，作為傀儡，而黎氏為謀有所倚藉，亦巴不得如此，正是互相利用，各得其所。

其在同盟會方面，則由於共和黨之聲勢頓壯，相形見絀，於是宋教仁急起直追，欲以政治手腕制勝對方，力主聯合他黨成為大黨。他通過私人關系先與統一共和黨建立密切的聯系，再與國民共進會、國民公黨、共和實進會連成一線。其後又進一步，由統一共和黨的馬麟翼、彭允彝、王樹聲、張壽森、谷鍾秀、殷汝驪，國民共進會的王寵惠、徐謙、陸定、沈其昌、王善荃、蔣邦彥、馬振憲、姚憾，共和實進會的董之雲、許廉、夏仁樹、晏起及國民公黨的虞熙等聯合一致，與同盟會推出的宋教仁、仇亮、劉彥、湯漪、李肇甫、張耀曾等協議合併，定名為國民黨，仍以爭取民權為其政綱，故又號為民權黨。

臨時參議院四黨並存

孫中山是於八月廿四日到北京的，國民黨的成立大會即於其到京後的次日舉行，中山曾出席演說。本部設理事九人，孫文、黃興、宋教仁、王寵惠、王芝祥、王人文、吳景濂、張鳳翽、貢桑諾爾布等均為理事，又公推孫文為理事長。另設參議三十人，為閻錫山、譚延闓、張繼、李烈鈞、于右任、馬君武、溫宗堯、胡瑛、徐謙、沈秉堃、陳錦濤、陳道一、莫永貞、褚輔成、松毓、楊增新、田桐、張培爵、王善荃、張琴、姚錫光、趙炳麟、柏文蔚、孫毓筠、景耀月、虞汝鈞、王傅炯、曾昭文、蔣翊武、陳明達。設候補參議十人，為胡漢民、唐紹儀、尹昌衡、唐文治、袁家普、王紹祖、高金釗、許廉、夏仁樹、賀國昌。黨名既更，黨旨亦變，以前揭櫫的政綱，統束高閣，無暇顧及。所謂黨務，僅為羅致政客官僚，擴大組織，企圖於將來國會選舉時能佔多數議席，以實現政黨內閣而已。

按南京臨時政府結束時，中山曾主張同盟會退為在野黨，而宋教仁則所見不同，堅持「毀黨造黨」，利用同盟會的組織，擴展為一大政黨，於未來的國會內閣兩方面取得優越地位，從而掌握政權。此項見解，恰合黨員中醉心利祿者的願望，故於宋氏主張熱烈支持。中山鑒於形勢所趨，非如此不足以資維繫，只得退讓。但在改組過程中，仍有少數老黨員感於革命成功，其原動力的同盟會，反不能保存名義，無異自毀光榮歷史，非心所甘，表示反對，甚至有痛哭流涕者。宋氏為安撫此輩，因有另設同盟會俱樂部於上海之議，藉以保存革命價值，並示其與普通政黨不同之意。

然而天下事往往出人意料，即在兩大政黨旗鼓相當分庭抗禮之際，那位首先脫離同盟會的章炳麟先生，此時忽又辭去共和黨理事之職，復發宣言，仍舊維持其所領導的統一黨。

繼此而來的。共和建設討論會的湯化龍、林長民，鑒於議場形勢，國民黨與共和黨的議席均不能超過半數，議案能否通過，須視所餘廿餘席之向背以為轉移，因是食指大動，亦退出共和黨而組織第三黨。其時已是元年十月，梁啟超適從日本歸國，謀於政界活動，與袁世凱妥協。湯等見時機已到，而梁又為領袖人才，乃與孫洪伊之共和統一黨及共和俱進會、共和促進會、國民新政社四政團相合併，即於是月開成立會，定名為民主黨，其與共和黨的關係則為兄弟黨。

以是，北京臨時參議院的後期，與第一屆國會的最初期，議場中又變為國民、共和、統一、民主四黨並存的局面。

袁世凱的御用黨——進步黨內貌

按照《臨時約法》，臨時參議院成立後十個月內，臨時總統應根據臨參院制定的國會選舉法與組織法，進行國會選舉與召集，再由國會制定憲法，然後根據憲法產生正式總統與政府。袁世凱是於民元三月一日在北京宣誓就任臨時總統的，及臨參院由南京遷往北京，制訂了國會組織法與參議院眾議院議員選舉法，即經咨由臨時政府於八月十日公佈，並通令各省辦理兩院議員選舉事宜。

國會選舉國民黨大勝

關於參眾兩院議員選舉，旋於民元十二月中旬完成初選，民二年二月完成複選，經過明令召集，中華民國第一屆國會乃於四月八日成立，計參議院議員二百七十四名，眾議院議員五百六十九名，合共八百四十三名，其後「八百羅漢」之稱即由此而起。參院選出議長張繼、副議長王正廷。眾院選出議長湯化龍、副議長陳國祥。

本屆國會的主要任務，為制定憲法與選舉總統。袁世凱所關切的則為後項，明知無人競選，非己莫屬，但未確切到手前，總不免有所顧慮。國民黨所重視的則為前項，企圖於兩院議席中能佔絕對多數，發揮決定性作用，以完成合於理想的憲法，由此產生國民黨的政黨內閣，掌握大權，使袁氏的野心受到限制。

因此國民黨在國會選舉中，競選最烈，以全副精神與非國民黨派相爭，其結果確獲勝利，在參眾兩院共得三九二席，為絕對的多數。共和黨次之，為一七五席。統一黨和民主黨則顯居劣勢，僅各得二十四席，此外跨黨者一八五席，無所屬者七十席。

袁氏因根本不把立法機關放在眼裡，故於組黨工作漫不置意，直待國民黨在國會中成為第一大政黨，才感恐慌，急圖補救，乃策動共和黨、統一黨、民主黨的大聯合，組成進步黨，作為政府與黨，而與國民黨相對抗。

帝黨與后黨狼狽相依

按之「共和」、「統一」、「民主」三黨的主要人物，多屬於清末君主立憲派，亦即所謂帝（光緒）黨；而當時的袁世凱則為君主立憲派的政敵，屬於后（慈禧）黨；彼此原是水火不能相容的。但在此時，形移勢易，兩方有其共同的利害，各欲利用舊政敵以打擊新政敵（國民黨），故不惜狼狽相依，結為連雞之勢。由此，議場中的壁壘又異於前，由四黨並存轉為兩黨——國民黨和進步黨——對峙。

進步黨的幹部人物：理事長黎元洪，理事梁啟超、張謇、伍廷芳、孫武、那彥圖、湯化龍、王揖唐、蒲殿俊、王印川。其下分有政務黨務兩部。

政務部長林長民，副部長時功玖、王蔭棠。其下又設法制主任汪榮寶，副主任汪有齡、饒孟莊；財政主任吳鼎晶，副主任解樹強、褚翔；外交主任林志鈞，副主任趙管侯、克希克圖；軍政主任羅綸，副主任王傅炯、管雲臣；教育主任狄臻顯，副主任陳廷策、蕭湘；實業主任張善興，副主任李素、王湘；地方自治主任汪彭年，副主任于元芳、董鼎瀛；庶政主任張嘉璈，副主任胡源匯、戴聲教。

黨務部長丁世嶧，副部長孫洪伊、胡汝麟。其下又設文牘主任王家襄，副主任凌文淵、祁桂芬；會計主任金還，副主任胡瑞霖、張開屏；交際主任黃遠庸，副主任李文熙、李俊；地方主任梁善濟，副主任鄭萬瞻、孫熙澤；庶務主任張協燦，副主任虞廷愷、于邦華。

刺宋案與五國大借款

其在國民黨方面，既於國會選舉取得勝利，自是志得意滿，以故在國會未經成立以前，國民黨組織政黨內閣及以宋教仁為國務總理的呼聲，甚囂塵上，傳佈已廣。這是袁氏深惡痛恨的，因而發生民國政黨史上第一次的慘案——宋教仁於三月二十日被刺殺於上海北火車站。行刺者武士英，策劃者應桂馨與洪念祖，而主使者則為袁世凱與趙秉鈞。其中曲折甚多，本文不擬加以敘述。

自宋案發生後，國民黨人憤恨交集，自不待言。國會成立後，適逢政府簽訂五國大借款一案，國民黨的議員當然集中火力，大施攻擊。所謂五國大借款者，為袁氏就任臨時總統後向英、法、德、日、俄五國聯合銀團簽訂的第一批大借款，總額為英金二千五百萬鎊，利息五厘，八四折實收，以鹽餘、關稅及直、魯、豫、蘇四省的中央稅為担保品。借款用途，則因袁氏與國民黨的關係日益惡化，此一政敵在南方各省的勢力必須及早解決，免留後患，故特舉借外債以供軍費。

段祺瑞鎮懾八百羅漢

四月廿六日為借款合同簽訂之期，內閣總理趙秉鈞、外交總長陸徵祥、財政總長周學熙，均已偷偷摸摸的溜進了匯豐銀行，辦理簽字手續。不意國民黨籍的參議院副議長王正廷已先接獲消息，當即帶領一批國民黨的議員守候在東交民巷口，準備加以攔阻。可是趙秉鈞等十分機警，已先設防，以致王正廷等甫經到達，即被武裝警察趕跑攆走，否則兩方見面，勢必爭持，不難演出全武行的局面。

然而合同雖倖簽字，在形式上究不能不虛應故事，提交國會通過，否則在法律上失去效力。那知袁世凱確夠精明，就在該項借款咨文送達參眾兩院的頭一天（五月一日），批准了國務總理趙秉鈞的辭職，派段祺瑞以陸軍總長代理內閣總理。此項人事更遞，其主要作用雖為準備對南用兵，應組戰時內閣，而先把它利用一下，由一個蠻不講理的軍人，對付國會中的反對派，豈非省事不少。果然，在眾院集會質詢的那一天，段祺瑞帶領大批衛士出席答覆，在聲勢洶洶之下，胆壯的議員發言難盡其詞，胆小的議員簡直不敢開口，滿堂羅漢，幾如入定參禪，段祺瑞反而像是世尊一般，降下佛旨，以「木已成舟，毋庸再議」八個大字了卻這重公案，大借款案便算國會正式通過了。

如今再說進步黨與國民黨的情形，它倆在國會中雖仍能維持其為大黨，但內部已發生變化。

無利可圖出現第三黨

進步黨以袁氏為幕後的中心，在五國大借款上支持政府，在以後對南方用兵上亦支持政府，固為十足的御用黨。無如其所包含的「共和」、「統一」、「民主」三黨，結集之初，原以利合。此中具有野心的政客，滿擬借此作為橋樑，獵官攬權，縱不入閣，亦須獨當一面，方稱心願。不料合併之後，故我依然，並無寸進，自是滿懷失望，大不快意。又因民主黨中梁啟超、湯化龍、林長民、孫洪伊、蒲殿俊、梁善濟諸人，把持黨務，形同壟斷。共和黨原有基金四萬元，亦被這些人以進步黨名義挪用淨盡，因更認為被人擺布，益增反感。以一團結自始即不堅強的政黨，各懷鬼胎，重以磨擦，其不易釋怨捐嫌，繼續維持其為整體，自屬意中之事。於是共和黨中民社派的張伯烈、鄭萬瞻、彭介石、胡鄂公等與統一黨中的黃雲鵬、吳宗慈、王湘等四十餘人，聯名發難，反對民主黨的專橫，宣告脫離進步黨，另組新共和黨，以第三黨自居。此一行動，對於進步黨的實力固多影響，所幸主張尚能從同，仍以袁世凱為擁護對象。

國民黨內部四分五裂

國民黨的變化，則除以妥協應付現實而形成的穩健派外，又因進步黨及袁世凱的不斷挑撥，利誘分化，亦分裂成為五個小政黨。

一、相友會：這是劉揆一首先被袁世凱軟化而成立的政團，自任會長，副會長為陳쒵宸，幹事為孫鐘、黃贊元、張國溶等，約三十人。

二、政友會：首創者為曾任南京臨時政府教育部次長的景耀月，與民元曾任安徽都督後又為籌安會重要份子的孫毓筠。以鞏固共和，發展國力，實行世界的國家主義為政綱。有會員六七十人，其中由國民黨轉向者佔六分之三，由進步黨轉向者佔五分之二。據說袁世凱曾與該會約定，年給維持費五十萬。

三、超然社：由湖南議員郭人漳及夏同龢等發動組織，有社員三十餘人。

四、集益社：這是由廣東人結合的政團，主要人物為朱兆莘，有社員二十餘人。

五、癸丑同志會：組織人為湖南眾議院議員陳家鼎等，有會員十餘人，張我華、馬小進、韓玉宸等均為幹事。陳家鼎曾競選眾議院院長，但失敗於吳景濂之手。該會性質與上述四個小政黨不同，雖由國民黨分化而來，但不反對國民黨。

袁世凱以武力征服國民黨在南方的勢力，是以罷免江西都督李烈鈞、廣東都督胡漢民、安徽都督柏文蔚為開端。迄七月十二日，李烈鈞踞江西湖口獨立，組織討袁軍，自任總司令，戰事始告爆發。李氏討袁的檄文有云：「袁世凱乘時竊柄，帝制自為，滅絕人道，而暗殺元勳；弁髦約法，而擅借鉅款。金錢有靈，即輿論公道可收買！祿位無限，任腹心爪牙之把持……。」

這些話，對袁氏可說是一針見血之談。即在今日，似亦切中時弊。此一歷史上被稱為二次革命之役，過程甚短，僅經兩個半月，所有獨立省份均被袁氏先後擊破，歸於消滅。

因黨遭難章太炎被拘

上述政黨的變化，即發生於二次革命的前後。及袁氏憑藉武力，統一南北，政黨的縱橫捭闔，花樣仍繁，有應運而生的公民黨，又有明哲保身的民憲黨，所惜好景無多，過眼便成泡影，這是後話，下文再談，茲先一述因黨遭難的章太炎先生。

這位樸學大師，初以光復會的一派加入同盟會，嗣又脫離同盟會而組統一黨。最後則竟主張袁（世凱）黎（元洪）合作，抵制孫（文）黃（興），將他的統一黨歸併於御用黨的進步黨。由極左轉為極右，變化甚大。

袁世凱震於他的大名，以誘惑為手段，以利用為目的，先授以「勛二位」，繼又授以籌邊使。全是有名無實的。他卻官興甚濃，居然跑到勤政殿受勛，又居然走馬上任，跑到吉林溜了一轉。在受恩深重之餘，既吐出袁黎合作的論調，又倡言「以項城之雄略，黃陂之果毅，左提右挈，中國宜無滅亡之道。」雖為獻媚之詞，但亦不無效用，能使袁氏增光不少。

章氏於受勳後，回到上海與湯國黎，女士結婚此時中山先生黃興適在上海，也都參加婚禮，以後並有往還。及至七月間，他又跑回北京去，時正對南用兵，袁氏因而啟疑，以為他在上海既與孫黃接觸，此來未必懷有好意，陡翻臉孔，予以拘縶，軟禁於龍泉寺，由軍政執法處長陸建章派遣密探，嚴加監視。章有瘋子之稱，而在秀才遇著兵之際也會頫首低頭，上書乞憐，請求解禁。如是七日，陸並不加理睬，因又寫信給袁，內有「如可隱忍，以導出疆，雖在異國，至死不敢謀燕」之語。降心辱志，直類降表，卻仍石沉大海，沒有得到答覆。他可氣極了，冒冒失失的跑往車站，想買南下車票，不意跟踪的密探，絕不放鬆，像鷹抓小雞般押解回來。嗣又佩了勳章，跑進總統府，要想和袁講理，不料坐候好久，無人招答，自討沒趣，結果還是送回龍泉寺監禁。直待袁氏死後他才恢復自由，活生生的被拘三年之久。

這不過是一個例子罷了，由於章氏名重天下，所以這樁故事，今尚流傳。其實當時以黨禍而被囚被殺的大有其人，太炎先生所身受的還算是特別優待呢！

袁梟雄玩弄下的所謂「國會」

二次革命前後，國會中反政府黨頗欲憑藉制憲與選舉總統兩項，向袁世凱進行鬥爭，但在環境壓迫下，形勢顯屬不利。及袁氏取得正式總統，進而企圖獨裁，由取締國民黨以迄於解散國會，造成民國政黨史的黑暗時期，以其凶狡殘暴，自為必然發展，殊無足異；如使仍守誓言，尊重法統，那反成為怪事了。茲就其時政黨、國會、以及袁氏的動態，分述如左，以期明晰。

梁士詒任公民黨黨魁

先說政黨：二次革命失敗後，國民黨的穩健派頗能捐棄前嫌，與進步黨攜手；而進步黨亦感有此必要，於可能範圍內相互合作。袁氏睹此情形，知進步黨已漸變質，不是百分之百的御用黨，恐將不利於己，乃囑其秘書長梁士詒別組御用黨以壓抑之，這就是臭名昭彰、與後來安福系不相上下的公民黨。

公民黨的組合，包括三個小政團：

一、潛社。為梁士詒的私黨，司徒穎、黃霄九等均列名其中，國會成立後即已有此組織。

二、集益社。其沿革略見前文，為廣東人的結合而由朱兆莘領導的團體，社員皆由國民黨分裂而來。但朱氏本人並未加入公民黨。

三、議員同志會，為舊隸民主黨的山西議員李慶芳所組織，因反對民主黨與共和、統一兩黨合併而另樹一幟。

民二年九月十八日，公民黨宣告成立，梁士詒以黨魁地位發表黨綱，略云：「本黨的黨綱，係以國家的權力，實行政治的統一，且謀增進國民之幸福。國家權力的樹立，須以整頓財政為急務；國民幸福的增進，則應就實業著眼。希望本黨黨員，勿發政治上難以實行的空論，當以政務如何付之實施為前提，然後始有國利民福之一日。」

此一黨綱的涵義，不待詮釋，明眼人已能窺其真意。該黨幹事旋於成立會後開談話會，一致主張以選舉正式總統為本黨政策之第一步，對於梁氏所揭櫫的黨綱而言，顯有畫龍點睛的作用，故該黨可說是應運而生的十足御用黨。其幹事為李慶芳、梅光遠、權量、陸夢熊等。令人詫異的，如此大事，鳳岡及門弟子所編《三水梁燕孫（士詒）先生年譜》中竟無隻字道及。

有人主張解散國民黨

其後選舉總統時，眾議院為「公民團」所包圍，叫囂咆哮，以選出袁世凱為正式總統始放議員出院為威脅。這便是梁士詒的傑作和公民黨政綱的實現，事詳後文。

及正式總統選出後，國民黨黨員張耀曾、谷鍾秀、孫潤宇、沈鈞儒等，鑒於久隸國民黨而與袁氏作對，恐遭意外，為了明哲保身，不如及早脫黨以免後患，因脫離國民黨籍而與進步黨之脫黨黨員李國珍、藍公武、丁世峯、汪彭年、劉崇佑等相結合，組織民憲黨，於民二年十月二十一日成立。當時國民黨中，有主張索性解散本黨而完全合併於民憲黨者；亦有硜硜自守、不忍拋棄向有光榮歷史的國民黨名義者；嗣經吳景濂、李肇甫諸人的折衷，決定維持國民黨之名而與民憲黨聯絡。

以故第一屆國會末期政黨的分野，御用黨為公民黨與進步黨；反對政府黨為國民黨與民憲黨。前者的特色以公民黨為最鮮明；後者的意氣則藉民憲黨而發揮，因其反對政府的色彩尚不過份濃烈，頗能保留迴旋餘地也。此外尚有一個大中黨，為集益社中不肯參加公民黨之朱兆莘、江天鐸一派，與超然社、相友會合併而成。

老梁安排妙計選總統

次說國會：關於憲法問題，國會尚未正式成立前，各政黨於憲法的起草，意見殊不一致，有主張由政府組織憲法起草機關者；有主張由總統直頒憲法起草命令為變相的「欽定憲法論」者；國民黨則認為憲法的起草及制定，國家主權攸關，必須納諸代表人民的國會，而依約法所規定於國會成立後由國會選出起草員編定，經兩院議決通過，然後咨由政府公佈。在此三項主張中，自以國民黨的主張為正確，故於國會成立後，依照國會組織法之規定，由參眾兩院各於議員內選出同數的議員為民國憲法起草員。選舉結果，參院中國民黨佔十四人，進步黨佔十人，政友會佔四人，共和黨佔二人，共三十人；眾院中國民黨佔十四人，進步黨佔九人，政友會佔四人，共和黨佔三人，亦三十人。就政治立場言，反對政府黨自居優勢。

二次革命失敗後，袁氏既以武力造成南北表面的統一，即急於鞏固政權，由臨時總統化為正式總統。這是需要法律根據的，反對政府黨在國會佔有優勢，原可依法與之周旋，但這又牽涉實力問題，依理揆法的優勢並不能發生多大作用，只得依順袁氏的倒裝辦法，參眾兩院拋棄制憲程序，於九月五日通過先選總統案；十月四日公布急就章的總統選舉法；並為迎合袁氏預定十月十日就任正式總統之期，特開快車，於十月六日進行選舉總統。

是日，兩院議員共到七五九人，於晨八時開始選舉，兩次投票，袁氏得票最多，但終不滿票數四分之三，不能當選。第三次投票，就第二次得票較多之袁世凱、黎元洪二人進行決選，袁氏才能以得票過半數而當選。

其時有自稱公民團者數千人，裝束整齊，態度嚴肅，其實是由一軍警偵探、地痞流氓，喬裝改扮的。他們將眾議院包圍數十匝，迫脅議員即日選出袁世凱為總統，否則不准出院，聲勢洶洶，如臨大敵。直至袁世凱當選之聲傳出，公民團乃高呼大總統萬歲，紛紛作鳥獸散，議員們忍飢終日，離院時已是夜間十點鐘了。曹汝霖所著回憶錄有云：「這妙計是梁燕孫秘書長的傑作，他早料到選舉必出問題，故組織了所謂公民團，真不愧為智囊。但總脫不了軍閥氣息，甚至可說是流氓辦法……既不收買議員，還可說是人民公意，真是妙計。」當時曹氏為眾議院議員，上所云云，是他親身經歷之事。

袁世凱終於解散國會

袁氏於十月十日就任正式總統後，便開始其對於國會威信的破壞，指出總統選舉法由憲法會議逕行公布為國會違反臨時約法的規定。就事論事，法律不咨政府公布，國會確屬違法。但袁氏脅制國會，先選總統，後制憲法，已先違法，卻不自我檢討了。迹其用意，無非借此口實，以為干涉制憲、解散國會的張本而已。果然，繼此而來的，他又咨文國會，提出「增修臨時約法」案，要把總統權力擴眾到無限大，又要國會承認總統的教令與法律具有同等的效力。

此時憲法草案早經脫稿，全文計十一章一百十三條，正由國會進行三讀中，臨時約法即將失效。而袁氏反提出「增修臨時約法」案，顯見其為無理取鬧，干涉制憲。在國會未予答覆前，袁氏又突派施愚、顧鼇、饒孟任、黎淵、方樞、程樹德、孔昭焱、余棨昌等八人，出席國會的憲法會議，作為總統對於議法表達意見的代表。這可把國會僅存的面子也剝光了，連御用黨的進步黨也覺難堪，因此兩院議員不分黨派，對八代表同致憤慨，拒不接納。袁氏自亦不肯放鬆半步，於是變本加厲，採取另一步驟，由取締國民黨進而解散國會。

袁氏於十一月四日下令解散國民黨後，又指使各省當局不得辦理遞補手續，直使國會始終不足法定人數，成為癱瘓狀態，乃據此作為理由，先後召集所謂「政治會議」及「約法會議」以篡奪國會的職權；旋根據所謂「救國大計」一案，於民三年一月十日悍然下令解散國會。

袁世凱確為天下梟。他早視國民黨為亂黨，不去不快。但在二次革命後，他於國民黨的處理卻是很有分寸，並不胡來，一面發表命令，將該黨領袖黃興、陳其美、柏文蔚等目為「叛逆」，通緝歸案；一面則於該黨留京的議員，予以寬假，以免影響正式總統的選舉。事因國民黨究屬大黨，如使一網打盡，國會必因不足法定人數，無法開成，而總統也就無法選舉，那是小不忍而亂大謀了。

用急計難為了吳大頭

話說回來，他於國民黨的議員也非一味懷柔，有時仍臨之以威，忽撫忽虐，令人莫測。其時眾議院議長吳景濂為國民黨北京支部部長，袁氏故意給他一個難題做，指使總檢察廳傳他到案，質詢他：黃興是否國民黨的領袖？限三天答覆。這可把吳的大頭傷透了（吳頭部特大，有吳大頭之號），如承認黃興是領袖，那麼他的「叛逆」行為，國民黨便應連帶負責；如不承認黃興是領袖，那麼他既發生「叛逆」行為，國民黨為明責任，就應把他除名。是正是反，都非吳大頭所能作主解決的；如須解決，必待開會，也不是三天所能了事的。幸虧吳景濂確不媿為大頭，腦筋充足，在情急事迫之下，居然想出滑頭的辦法來，於限滿前在報上刊登一段啟事，略云：「黃興除名一案，非經大會不能決定。但限期甚迫，不及召開大會，因即遵令除名。」才把袁世凱搪塞過去。而未經大會通過的除名是不生效力的，於黃興亦無所損。

在憲法起草過程中，國民黨籍起草委員初猶堅持根據臨時約法，限制總統權力。袁氏怎能容忍，為了「懲一儆百」，徐秀鈞首先被捕，解往九江槍決。嗣又拘捕該黨的參議員朱念祖、高蔭藻、張我華、趙世鈺、丁象謙五人；眾議員常恆芳、褚輔成、劉恩格三人，內中張、趙、褚、劉均為起草委員。其後褚、朱解往宿縣；常恆芳解往安慶；趙世鈺等五人則羈押於天津，至國會解散後始釋出。褚、朱兩人直至袁死、國會復活後始與常恆芳同時出獄。袁氏如此軟硬兼施，正是告誡他們知所趨避，與其反抗，不如伏伏貼貼的做個政治俘虜。

在壓迫國會先選總統、後制憲法的過程中，袁氏首先製造緊張局面，指使各省軍事長官紛紛通電，提出先選舉後制憲的主張，聲大夾惡，使一般議員未寒先慄。旋又恬不為恥地捏造口實，將各國尚未正式承認中華民國，歸因於民國尚無正式總統。議員們在他所說外審國際、內察輿情的大題目下，便不能不貼然就範了。

連台好戲、等待開場

在袁氏就任總統後，企圖進而獨裁的過程中，國會已被視為贅疣，非割不可。他先以「亂黨首魁與亂黨議員潛相構煽」的理由向國民黨開刀，派出大批軍警包圍該黨黨部及該黨議員的私宅，檢查之嚴，如捉賊搜贓；聲色之厲，如對江洋大盜，計共收繳證書徽章三百餘件。又限制他們的行動自由，出京必須覓保，但仍疑忌重重，徐心鏡、林鍾英等因此均被殺害。

其時進步黨領袖梁啟超，鑒於取締國民黨，勢必影響國會的存在，而該黨本身亦將同歸於盡，利害攸關，因向袁氏面加勸阻。當他跑進公府時，侍衛擋住他，不讓即時進見。及幸見到，袁氏淡然說：「遲了，遲了，命令早發下去了。」如此對待，還算是客氣的。他於湯化龍進見解說時，可就大不相同了，不待詞畢，一瞪眼便將湯嚇得噤聲閉口，狼狽而退。這因御用黨的作用，在黃袍加身後已等於零，當然亦在一腳踢之列了。

在解散國會的過程中，袁氏將政治會議對於「救國大計」案的審查意見，作為停止國會議員職務的根據，避免直接担負毀滅法統的責任，操莽之心，路人皆知，仍自矯揉造作，諸般強致。可鄙而又可憐的為熊希齡，以進步黨領袖出任內閣總理（所謂名流內閣），為了希寵固位，不惜分負惡名，副署此項命令。及至袁氏認為大事已了，此一工具已無牋價值，遂用種種手法，使其不能戀棧，又指使爪牙揭發其在熱河行宮盜寶，出盡醜態。

那麼國會解散後的政黨又如何呢？事實告訴我們，政客有的是玲瓏心、鸚鵡嘴，長手快腳，以後還有不少的連台好戲正待他們粉墨登場呢！

梁士詒與梁啟超「各有千秋」

前文提到的政治會議和本文所提的約法會議及參政院，均為民初政治上的把戲。此中醜類，舞文弄墨，為袁世凱製造遮羞的法律根據，由有任期限制的總統變為終身總統，再由終身總統變為洪憲皇帝。現趁國會解散、政黨消沉的空間，將此經過，分述如次。

資遣回籍可憐國會議員

前文有云：「在解散國會的過程中，袁氏將政治會議對於『救國大計』案的審查意見，作為停止國會議員職務的根據。」這政治會議從何而來的呢？就是出於袁氏左右的策劃，準備在國會解散後用以代替國會的立法機關，議員六十九人，均由總統、國務院，各省當局所指派。袁氏所派的為李經羲、楊度、寶熙、蔡鍔、梁敦彥、樊增祥、趙惟熙、饒漢祥、楊士琦、馬良等十人；以李經羲為議長。

所謂「救國大計」案者，內容包括兩項：一為資遣國會議員回籍案。因國會經袁氏破壞後，人數不足，不能行使職權，袁氏反借為口實，準備資遣議員回籍，以達解散國會的目的。二為增修約法案，即為袁氏所提，國會以憲法草案正在三讀，完成在邇，臨時約法即將失效，因而擱置未議的案件，前文已略述及。

袁氏將「救國大計」案交由政治會議審查的結果，對於第一項，李經羲等願做幫兇，決定建議政府，國會議員應即停職，惟於給資回籍兩點，認為是政府的事和議員本身的事，不加意見。對於第二項，則李經羲等尚不敢過份荒謬，逕以立法者自居，因而推卸責任，建議政府另設議法機關進行討論。

由此，袁氏便根據該會議對於第一項的審查意見，下令解散國會。又根據第二項的審查意見，於民三年一月廿六日召集所謂約法會議。

約法會議議員額定六十人，由選舉產生，實際是袁氏指派或經同意的老古董與新政客。孫毓筠被選為議長，施愚為副議長。孫為國民黨黨員，實已變節，袁氏將他特挑出來，領頭增修國民黨所擁護的臨時約法，正是以子之矛，攻子之盾，手段極為狡獪。

新約法的論據是以「春秋著大一統之文，孟子垂定於一之訓」為基礎。約法會議遵照此項方針，就臨時約法修訂成新約法十章二十八條，規定總統為國家元首，實行總統制，總攬統治權，賦有解散國會的權力，而不受國會的彈劾。質言之，這部新約法即為獨裁的法律根據，於五月一日公布的同時，國務院便由袁氏下令撤銷了。

袁氏旋根據新約法的規定，於六月廿日撤銷政治會議，成立參政院，代行立法院的職權，其實是換湯不換藥，與政治會議同樣為御用的諮詢機關。這批參政全為袁氏所指派，梁啟超、梁士詒、楊度、嚴復、劉師培、孫毓筠等均在其內，連過去的政敵瞿鴻禨亦被羅致，以黎元洪、汪大燮担任正副院長。

立儲辦法行之繼任總統

由於袁氏蓄意由總統化為終身總統，再由總統化為皇帝，參政梁士詒等望風承旨，決定修改民二年十月五日公布的總統選舉法，由約法會議另訂新的總統選舉法，其中規定總統任期為十年，連選連任，不受限制，甚至可以不經選舉而由參政院以政治上的理由議決總統連任。至於繼任總統，則倣前清立儲辦法，由現任總統密定三人，預書於金冊之中，藏於金匱石室，待選舉前開啟取出，交與選舉會，就三人中選出一人繼任。這是中外古今史無前例的創聞，經十二月廿八日公布後，袁氏自可堂而皇之，向變更國體、改稱皇帝的捷徑，邁步跨進矣。

在此一階段中，若干遺老看到官制倣效前清規模，體制也採用前清儀注，一時目眩心迷，不免隔靴搔癢，以為袁氏意存復辟，歸政勝朝，因而有勞乃宣的「共和正續解」，劉廷琛的「復禮制館書」，宋育仁「還政清室」的演說，文字鼓吹，風聲播越，舉國為之騷動。直至民四年六月間日本報紙首先揭露中國行將恢復帝制的消息，袁氏野心，才大暴於天下。不旋踵間，楊度、孫毓筠、嚴復、劉師培、李燮和、胡瑛等所謂「六君子」的籌安會宣言也就於八月十四日出籠了。

表演投票一體贊成君憲

以往專制王朝，篡位之君，往往託名受禪；又故作遜讓，使朝臣上歌功頌德之表，請踐帝祚，美其名曰勸進。籌安會即為包辦帝制運動，推戴袁氏踐祚的總機關，與勸進具有同樣意義。惟在初期，猶以政團風格，用資掩飾。故楊度領銜發表的啟事中，有「本會宗旨，原以研究君主、民主國體，二者以何適於中國；專以學理之是非與事實之利害，為討論之範圍。例如中國數千年來，何以有君主而無民主？又如清末之結果，何以不成君主而為民主？又如共和以後，研究利害孰多，又如世界共和國家，何以有治有亂？諸如此類，皆在應行討論之列。然討論範圍，亦僅以此類為限。至如範圍以外各事，本會概不涉及。」等語。

實則該會成立後的任務，根本無所謂討論研究。工作重點，全為其所自稱範圍以外之事，一方電邀各省軍政長官及重要公團派遣代表到京開會；一方函促各部院簡任以上官吏報名入會，並代徵募會員。同時印就投票紙，廣送各方，囑就所列「君憲」、「共和」兩項。作一抉擇，如贊成「君憲」，即將「共和」兩字劃去，否則保留「共和」，劃去「君憲」。其時參加的人都已明瞭這齣把戲，暗中是由袁家父子主催，攀龍附鳳，誰無此心，所以投票紙上一面倒的贊成「君憲」。

假造民意悍然變更國體

此是帝制運動的第一回合，籌安會既取得「勝利」，立刻發動第二步，組織公民團向參政院請願變更國體，這可把梁士詒看得眼紅了。他以組織公民團為其拿手好戲，袁氏的正式總統就是由他的公民團催生的，如今袁氏想做皇帝，定策之功，豈容楊度等獨擅，乃另起爐灶，大張旗鼓，於九月十九日在安福胡同成立「全國請願聯合會」，以沈雲霈為會長，那彥圖、張鎮芳為副會長，向參政院舉行變更國體的總請願。梁士詒當時有「財神」之名，勾結中外，魄力雄厚。其所發動的總請願既以全國為名，聲勢之大，自非籌安會臨時湊合各省旅京人士而成的公民團所能比擬。相形之下，其勢甚絀，楊度等只得退讓，將籌安會改為「憲政協進會」，以研究君主制度的憲法作為幌子，在帝制運動中失去其重要性了。

參政院根據這些假造的民意，即建議政府，召集國民會議解決國體問題。梁士詒還嫌手續迂緩，不夠痛快，以資政名義，獨出心裁，改為簡便易行的「國民代表大會」的辦法，使袁氏得以早日黃袍加身，高踞寶座。當即開足快車，如法泡製，果於五十天內，由國民代表大會一致通過「變更國體」一案，並向袁氏發出「承天建極，傳之萬世」的擁戴書。一氣呵成，極盡立竿見影之效。可笑的袁氏猶以一手脫褲，一手遮羞的姿態，經過三揖三讓，乃於民四年十二月十二日承認接受帝位。

從事倒袁國父改組民黨

所謂籌安會「六君子」中，隸籍國民黨者佔其半數，孫毓筠、胡瑛、李燮和均為同盟會老黨員。劉師培雖非國民黨，而早年鼓吹排滿，加入光復會，與國民黨亦曾發生聯繫。此時則因利祿薰心，同為袁氏所收買。於此可見國民黨的素質，良莠不齊，薰蕕同器，與其他政黨殊無二致，馴至今日亦復如此。

二次革命失敗後，該黨黨員留在國內的，多遭袁氏殺戮，其亡命海外的，則多集中於日本，意見紛歧，互相詬誶。孫中山先生鑒於革命精神，將一蹶不振，乃於民三年七月八日在東京筑地精養軒改組國民黨為中華革命黨，以求統一。

中華革命黨的性質，與其前身稍有不同，頗帶秘密結社的意味。黨章規定，黨員須服從黨魁命令，各具誓約，加蓋手印。先後加盟者六百餘人，其資格區分為首義黨員、協助黨員、普通黨員三種。凡在革命軍起義前進黨者為首義黨員；革命軍起義後革命政府成立前進黨者為協助黨員；至革命政府成後進黨者則為普通黨員。其所享受參政權利，即以資格的深淺為準，分別有差，普通黨員僅能享有選舉權利而無被選舉權利。

中華革命黨的組織，公舉總理一人，協助一人，下設總務、黨務、財政、軍事、政治、宣傳各部。本部部長職員，悉由總理任命；各地支部長，由各地黨員推薦，總理委任。當時先後任本部職務者：總理孫中山；協理一席，虛位以待黃興；總務部長陳其美、居正；黨務部長居正、謝持；軍務部長許崇智；財政部長張靜江、廖仲凱、楊庶堪；政治部長胡漢民；宣傳部長張繼。

中華革命黨成立後，曾在東京設法政講習所，培養政治人材；在大森設浩然廬，培養軍事人材；又辦《民國》雜誌，以為宣傳機關。其於國內，則秘密委任各省支部長，從事「倒袁」活動。

然而此次改組，事實上是失敗的，不惟不能團結意志，且使裂痕益見露骨。以黃興為首的多數國民黨員，因對黨員入黨，須蓋手印，又須宣誓服從總理，均起反感，拒絕加入。不久，黃興就由日本到美國去了。從此國民黨形成孫黃兩派，力量分薄，以致在倒袁運動中，不能發揮重大作用。

不甘陪葬梁啟超猛回頭

進步黨原是袁氏的御用黨，自國會解散後，該黨黨人初仍充當袁氏工具，梁啟超即其最著者。及見袁氏竟冒天下之大不韙，進行帝制，而全國人民的反對則如風起雲湧，該黨自不甘心陪葬，於是索性反過頭來，利用人民反袁的力量，自居於領導地位，以洗刷其過去的污點，並創造其未來的新生命。

在護國之役中，進步黨明的吸收國民黨的右翼（即黃興一派），暗的勾結北洋派中反袁的暗流。一面又利用國民黨的右翼對抗國民黨的左翼（指孫中山先生一派），這與辛亥革命時君主立憲派和同盟會合作推翻清室，同為取得政治上較高地位的伎倆，初無二致。由於權術運用，得手應心，以是袁死後，再造共和的美名，幾為進步黨人所獨專；而國會復活後，梁啟超等重整旗鼓，將進步黨改為憲法研究會（即研究系），仍以大黨姿態與原日國民黨的憲政商榷會對立，亦即以此為其機捩。這是後話，下文再說。

抗戰期中，重慶國民政府曾頒佈一道梁啟超的褒揚令。時當國難，大局嚴重。當局忽予關心於下世多年的梁氏，為此非時之舉，使人詫異。此中原委，據聞即因當年進步黨的健將黃群力爭所致，與再造共和有關。其時黃氏面數當局，護國之役，梁氏運籌設策，厥功甚偉，國民政府迄無一字褒揚，且將雲南起義紀念日取消，是以黨見之私，故加淹滯。如仍公道不明，當茲危局，將何以振奮人心，激揚士氣。彼此辯論，幾至面紅耳赤，陳布雷於事後批評黃氏，有「昂頭天外，旁若無人」之語，足見廷爭之烈。其實黃氏本意，無非篤念故交，聊盡人事。梁啟超自有名山大業，縱無榮典，何關得失。及見明令果頒，初亦為之失笑。詎待自首至尾，披閱一過，內容多就梁氏學術立言，而於磨盾草檄，推翻帝制，則著墨無多，一筆帶過。黃氏不禁怫然，自悔多事矣。這些更是後話，以其事相屬，附記於此。

約法爭新舊、政團如牛毛！

民五護國之役，唐繼堯、蔡鍔等於一月一日在雲南首義，組織護國軍，通電全國，一致討袁。五月八日，西南獨立省份在肇慶組軍務院，公推唐繼堯為撫軍長；岑春煊為副撫軍長，代行撫軍長事；陸榮廷、梁啟超、蔡鍔等為撫軍，遙奉黎副總統為民國大總統。南北相持，至六月六日袁世凱病故；七日副總統黎元洪就大總統任；七月二十二日唐繼堯等宣布撤銷軍務院；護國之役才告結束。

新舊約法爭持不下

在這中間，唐繼堯以撫軍長名義於六月十日向北京政府提出解決時局辦法四條：就中與約法、國會有關的第一條恢復民元約法，與第二條恢復民二被非法解散的國會。而黎元洪就任總統首先便觸及法律根據問題。

先是六月六日，段祺瑞（袁死前已任段為國務總理）代擬的袁氏遺令，以黎副總統繼任大總統，所根據的為新約法第二十九條而非為民元的舊約法。國人對於黎的繼任一致贊成，於援引新約法則激烈反對。段氏曾發表通電，以「民三約法（新約法），履行已久，若今日命令復之，明日命令廢之，將視法律為何物？」作為理由；其實漏洞甚多，不堪一駁。如依新約法的規定，無論黎氏不能繼任總統，即段氏本身的國務總理亦站不住腳。因新約法規定大總統出缺時，由副總統代理，其正式總統則須待開啟金匱石室，就前大總統預定的三人名單中，由總統選舉會於三天內選定一人繼任。如今袁氏遺令既以副總統繼任大總統，而非「代理」大總統，豈非自己已將新約法的規定推翻？又新約法根本就沒有國務院這個機構，如果承認新約法為有效，那麼你段祺瑞的國務總理試問從何而來？其為非法，無待辯論。以是唐紹儀、伍廷芳、梁啟超等在向段氏反駁的電文中說：「三年約法絕對不能視為法律；此次宣言恢復（民元約法），絕對不能視為變更。今大總統之繼任及國務院之成立，均根據於元年約法。一法不能兩容，三年約法若為法，則元年約法為非法。然三年約法不特國人均不認其為法，即今大總統及國務院之地位皆必先不認為法而始能存在也。」這番話可說詞嚴義正，鞭辟入裏，已將段氏所持理由駁斥無遺，然而問題並未得到解決。

海軍威脅段氏屈服

這因段氏另有用心，他明瞭約法與國會為一體兩面，如果恢復舊約法，則國會亦應同樣恢復，眼見國民黨仍將以第一大政黨的地位，操縱國會，而使其獨裁政治不易順利推展。以此，他雖認識到恢復舊約法可使其政治地位得到法律根據，屬於有利方面；但由恢復舊約法而恢復國會，使其政治權力受到限制，則為害甚大。兩事相權，他無懼於其政治地位的動搖，惟由此帶來一個監督政府的國會，則不能不加以顧慮。所以他寧可保持新約法而不願恢復舊約法。

卻不料霹靂一聲，海軍總司令李鼎新、第一艦隊司令林葆懌、練習艦隊司令曾兆麟突於六月二十五日在上海發表聯合宣言，加入護國軍，「以擁護今大總統、保障共和目的，非俟恢復元年約法，國會開會，正式內閣成立後，北京海軍部之命令，概不接受。」其時西南護國軍雖在停戰中，大局已見緩和，但尚未恢復和平狀態，如使南方所提解決時局辦法不被接受，兵端再起，大有可能。海軍實力雖非雄厚，而在軍事運輸上可使護國軍取得便利，亦足構成對於北方的威脅。在此情形下，段氏既感理絀詞窮，又感事態轉為嚴重，乃不得不放棄成見，於六月二十九日由北京政府公佈恢復民元約法，至憲法成立為止。同日又發佈命令，定於八月一日召集國會復會。

此次國會復會，為第一屆國會第二次常會，改選議長時，湯化龍、陳國祥當選為眾議院正副議長；王家襄、王正廷當選為參議院正副議長。按國會議員任期規定為三年，從民二年四月八日召集國會起到民四年四月八日止，任期已經屆滿。因袁氏於民三年一月十日以非法手段解散國會，於是主張恢復者認為應補足議員兩年多的任期。但亦有人以國會久未改選，而人民的意志是有時間性的，認為補足任期，無此必要。好在國會既經恢復，問題也就不成為問題，猶之今天的國大代表、立法委員、和監察委員都成為到死方休的職務，誰也不問民意與不民意了。

其時各派政黨重整旗鼓，紛紛活動，回復到民初政黨蓬勃的局面。但是黨派與黨派之間，界限極不分明，為了個人和小集團的利益，化友為敵，化敵為友，儘能朝秦暮楚，拔幟立幟，絕無黨紀可言，較之民初，遠見魚龍曼衍，變化莫測。

趨炎附勢的進步黨

先進進步黨，其領導人物梁啟超，以往除於袁世凱做皇帝堅持反對外，其他都能服從擁護。此時仍本一貫作風搶先向段祺瑞大送秋波，在黎元洪就任大總統的一天，通電各方，表示其於時局的見解，認為「收拾北方，惟段是賴。」勸告「南方宜力予援助，毋令勢孤，更不可懷彼我成見，致生惡感。」並進一步，討好北洋軍閥，聲言「即對袁（世凱）亦不妨表相當之哀悼，以示洪量而攬同情。」投機取巧，十足暴露。

在國會重開後，他與湯化龍採取的組黨策略，為使人民祛除以往對於政黨爭權奪利的不滿，取消進步黨的名義，分化為小政團，以資掩飾。因此進步黨分作兩派：一為以湯化龍、劉崇佑、梁善濟、李國珍等為首的憲法討論會；一為以梁啟超、王家襄、陳國祥、林長民、藍公武、籍忠寅、周大烈為首的憲法研究同志會。經過很短時期，這兩派仍然合併起來，統稱為憲法研究會，簡稱為研究系。

研究系與其前身進步黨，在實質上絕無改變，專以充當實力派的工具為任務。以往附袁，此時附段，而於黎元洪、馮國璋、北洋軍閥、南方軍閥的關係，則視切身利害，以為轉移，有害則離，有利則合。段氏繼承袁的衣缽，蓄意獨裁，所以研究系亦以中央集權為其政綱，於憲法主張一院制，不規定省制。

三分四裂的國民黨

前身為國民黨的中華革命黨，則由東京遷回上海。其於政治活動，因帶有秘密結社性質，未能逕行標出名義進行。為運用國會故，由張繼等在北京以舊國民黨名義暗中召集黨員聚會，初以「張寓」標名。嗣見各派多揭出「研究」、「討論」等名目，遂定名為「憲政商榷會」。

憲政商榷會的組成份子，相當複雜，約分三系：

一、客廬派，以張繼、王正廷、吳景濂、谷鍾秀、張耀曾、彭允彝、歐陽振聲等為主要入物，而以張繼為中心，屬於國民黨的穩健派。

二、丙辰俱樂部，其主要人物為林森、居正、田桐、褚輔成、馬君武、白逾桓諸人，為國民黨急進份子，可代表中華革命黨派。

三、韜園派。此派原為進步黨人，但當帝制發動之初，即南下與國民黨合作，倡言反對。其代表人物為孫洪伊、丁世嶧、溫世霖等，重要份子為王乃昌、蕭晉榮、彭介石、葉夏聲、牟琳、郭同、汪彭年、龔煥辰諸人。

由於憲政商榷會的內容如是複雜，團結為不可能的事，因此不久又由三系分裂而為四派：

一、政學會。由谷鍾秀、張耀曾脫離客廬系而組織。

二、益友社。由商榷會改變而成。

三、民友社。為丙辰俱樂部與韜園派所合組。

四、政餘俱樂部。為王正廷、褚輔成從益友社分出而成的組織。

大體上，這許多由國民黨分化而來的小政團多為擁護黎元洪的。但亦不能一概而論，儘有因個人利益而不一定反對段祺瑞的。又儘有以前隸於進步黨而此時則同化於國民黨的，如上述的韜園派是。至其在政治上的主張，則與研究系恰恰相反，為地方分權主義者，主張採用兩院制，並規定省憲大綱（省長民選）於憲法中。

五花八門的各政團

此外還有不少政團，一時愈分愈多，其較重要者如下：

一、憲政討論會。為江天鐸、孫潤宇、朱兆莘、陸宗輿、克希克圖、馬小進、烏澤聲等所組織，在憲法的主張上與研究系相接近。
二、憲法協議會。為李慶芳、康士鐸、田應璜等的集團，聲勢不振。
三、憲政會。為段祺瑞的御用黨，楊士聰執其牛耳，後以中和俱樂部之形式而結合之御用黨即以此為中心。
四、憲友會。即脫離進步黨之新共和黨中張伯烈、何虔、駱繼漢等一派。
五、友仁社。為四川官僚派劉瑩澤等所組織。
六、平社。其領袖為黃雲鵬、解樹強等，原屬於商榷會的系統，與段派的靳雲鵬等相接近。
七、蘇園。為國民黨中落伍份子景耀月、孫鍾等所組織。
八、衡社。為梅光遠、李兆年等所組織。
九、潛園。為趙連、祺富元等所組織。
十、靜廬。為王人文、李自芳等所組織。

對德宣戰爭訟不決

此次國會復會之初，內閣和國會之間，頗能表現融洽的氣象，對於追認段祺瑞為國務總理案，參眾兩院均能大多數票予以通過。其後則因張勳領頭干涉國會；又因（公）府（國務）院爭權釀為院（國）會衝突；更因研究系議員與益友社（國民黨）議員的政見兩歧演為全武行；以致好戲連場，笑話百出，國會尊嚴為之掃地。國民黨原為最大政黨，但因各組小政團，勢分力薄，以致研究系反能以第二政黨在國會中發揮操縱作用，而處於重要地位。

迄至民六年二月，段內閣為參加歐戰，發生對德國絕交宣戰問題，爭訟不決，政團顯分贊成反對兩派。贊成者為研究系（舊進步黨）及一般官僚；反對者為舊國民黨，其中尤以民友社為最激烈。

如前所述，民友社是由韜園派與丙辰俱樂部結合而成，以純民黨作為標榜而活動於國會，主要入物為丁世嶧、馬君武、溫世霖諸人。其幹部人物有蕭晉榮、吳宗慈、周震鱗、葉夏聲、覃壽公、王乃昌、彭介石、白常潔、張大昕、楊樹潢、王湘、張善興、丁象謙、張書元、李國定、曹振懋、陳嘉會、龔煥辰、陳懋鼎、萬鴻圖、趙時欽、張我華、李有忱、王玉樹、彭漢遺等。

又前述之益友會，張繼、吳景濂等原贊成段內閣的參戰主張，惟王正廷、褚輔成等則以受民友社的影響，起而反對，以致內部分裂，各行其是。此即為上述政餘俱樂部組織之由來，其中除王褚兩人外，尚有胡漢民、彭允彝、陳獨秀等。

此外政學會亦反對段內閣的參戰主張。先是此一政團的谷鍾秀、張耀曾，隸於客廬系（舊國民黨的一派），原為段閣反對派，後因兩入入閣，改變態度，對段閣轉表擁護，致與以破壞段閣為目的之丙辰俱樂部及韜園派不能相容，遂脫離客廬系而組織此會。不謂其後他倆又因受民友社與丙辰俱樂部的影響，對段內閣復採反對態度，二三其德，全是政客的行徑。

至於贊成段閣對德宣戰的政團，則為段閣的與黨研究系，段閣的準與黨憲政討論會，與段閣的御用黨中和俱樂部。

研究系領袖梁啟超以效法意大利的加富爾加入克里米亞戰役，藉以提高國際地位，為贊成段閣主張參加歐戰的論據。這與段祺瑞企圖假借參戰名義，勾結日本軍閥，取得金錢與軍械的接濟，以遂行其增強北洋派勢力，制服國內反對黨的政策，恰為表裏。故在此一重要議案上，梁啟超與其研究系，贊助段閣，極為賣力。

憲政討論會為與研究系相接近的政團，其主要人物為江天鐸等，前已述及。

中和俱樂部即為聯合前述的平社、澄社、憲法協議會、憲政會、蘇園、新民社、衡社、友仁社、靜廬、正社等政團而成的段閣御用黨。其間穿針引線，奔走串合者為李盛鐸、楊士聰、靳雲鵬、李國筠諸人。

各政黨因對德宣戰案所引起的變化略如上述，而由此引起的極大糾紛則為國會第二次被解散的導火線，其間還有人師法梁士詒的故智，鬧出公民請願團的一套，叫囂毆打，出盡醜態。個中情節，後文再談。

黎段成水火、督軍團干政

民國六年六月十二日，黎元洪總統因受張勳的壓迫下令解散國會，由暫代國務總理江朝宗副署。這是國會第二次被解散，其表面理由為所議憲法草案條文不合國情，實際則為政潮激盪所致。當時對德宣戰一案，始則府院會三方面意見紛歧，繼則段祺瑞嗾使督軍團直接干涉，終則為張勳製造機會，迫勒黎元洪為此非法之舉，俾於其後十六天的復辟預先排除一個障礙。

對德絕交、另有所圖

當年我國朝野對於德國，包括段祺瑞、梁啟超等在內，原抱親善與崇拜的態度。所以當第一次大戰發生後，我國由中立國轉為對德絕交時，若干名流、軍閥以及地方團體，多表示不同的意見，黎元洪亦力主慎重，對絕交不予贊同。無如段祺瑞早經走上日本的路線，企圖絕交後再進一步對德宣戰，可以借為口實，取得日本軍事援助，用以發動內戰，實現其武力統一南北的計劃。故其雖為親德之人，而為了個人及北洋派的利益，對德絕交，堅持甚力。梁啟超與其研究系原為依附段氏的，自以主子的利益為前提，故梁氏與其同黨亦皆搖身一變，成為反德份子。

在直接討論對德絕交問題時，府院之間初雖意見不同，表現緊張，但兩方尚能有所節制，未以意氣用事。及後研究系的教育總長范源濂，在公府中（即當時的總統府）居然拍起枱子，面數黎元洪不尊重內閣主張，活像專制時代的皇帝，這才入於短兵相接之境，致有段氏悻悻去津，準備以辭職為幌子，鼓動北洋軍閥向黎氏為難的一幕。所幸馮國璋出面斡旋，挽段回京，黎元洪亦表示並無成見，府院之爭，始告暫時平息。

在國會方面，當時由於反對派的國民黨議員，四分五裂，力量不能集中，故在討論「對德絕交」一案中，除馬君武於政學會議員李肇甫發表意見時大呼「放狗屁」外，並沒有引起激烈的辯論，便於民六年三月十日、十一日分別在參眾兩院通過了。

對德宣戰、意見分歧

繼此而來的自為對德宣戰問題。段祺瑞既在積極策劃之中；梁啟超則更搶先一步，公開鼓吹，發表〈絕交後之緊急問題〉一文，以期造成輿論，使其主張得以貫徹。然而事實適得其反，各方反對空氣，比前格外濃厚，黎元洪更認為絕交已到極盡，不能再進一步。由此府院之爭，又告暴發，為勢之烈，視前尤甚，段固有意驅黎，而黎亦謀倒段，兩不相容，直如冰炭。

在這劇烈的鬥爭下，段氏首先使出老本錢來，召集北洋各省軍閥來北京舉行軍事會議，以討論裁兵為名，而以顯示實力解決對德問題為實，是次各省督軍進京赴會者計有倪嗣冲、張懷芝、曹錕、孟恩遠、王占元、田中玉、趙倜等及其他各省代表。如前所說，這批軍閥原不贊成對德決裂的，但經段氏說明真相後，明瞭宣戰不須打仗，並可借此充實軍備，有利於北洋勢力的擴大，則皆論調一變，紛紛簽名，贊同段總理的對德政策。

然而黎元洪亦不示弱，認為宣戰與媾和是大總統的職權，載在約法，不容侵犯，故於各省督軍擅離職守，來京開會，干預國政，曾經面斥，黎氏曾詰問倪嗣冲：「你是安徽省長，不是軍人，來京參加軍事會議，憑的是什麼資格？」結果，鬧得十分不愉快！

至於國會議員們，則於對德問題，純以個人和黨派利益決定其應取的態度。就中除丙辰俱樂部一派，色彩分明，堅持反對外；研究系議員是完全贊成的；政學會因領導人參加了段祺瑞內閣，是不便反對的；益友會則意見分歧，有贊成亦有反對。

包圍國會、毆打議員

段氏鑒於總的形勢並不能切實掌握，因與督軍團秘密會議，預定鬥爭策略：「總統不同意即驅逐總統；國會不同意即解散國會。」一面又以「武力威脅、偽造民意」為兩大武器，向公府及國會發動鉗形攻勢。

至是年五月七日，對德宣戰案提交國會討論時，張勳（張氏時任長江巡閱使駐軍徐州）於同日來電，聲言國會如不通過，即採最激烈的方法對付。八、九兩日，北京城內發現手持白布小旗的隊伍，自稱「公民請願團」、「五族請願團」、「北京市民主戰請願團」、「軍政商界請願團」等等，在國會附近地方遊行活動。十日下午，眾議院審查此案時，大風暴突然降臨，這批所謂「請願團」竟聚集了三千餘人，包圍國會，毆打議員，高呼國會必須當天通過此案才肯罷休。而派來警戒的警察，對於「請願團」的胡鬧搗亂行動，居然袖手旁觀，不加干涉，反借保護之名，將議員先生們軟禁在院，不許溜走。如此這般，太不成話，所以當時連反對派以外的議員們也被激怒了，大動公憤，索性停止會議，以示抵抗。結果，這一套流氓作風並未將議員嚇倒，國務院反而自受其累，國務員谷鍾秀、張耀曾、伍廷芳、程璧光等為明責任，相率辭職，即擁段甚力的范源濂亦難安於其位，掛冠而去。廟堂之內，只賸下段祺瑞一人，成為光桿總理。

可是段氏並不介意這些，依然每日到院視事，唱其獨腳戲。督軍團為防北洋派解體，亦力勸段氏，堅持下去，並相約大家留在北京，向國會續施壓力。卻不料五月十八日北京《英文日報》揭露中日軍械借款的祕密，其內容為聘用日本軍官訓練中國軍隊，及以日方技術人員管理中國軍火工業，作為中國政府取得日方一億元貸款的交換件。這消息引起全國人的震動，反對電報如雪片飛來，不啻於對德宣戰的反對派注射強心劑，其於搖搖欲墜的段內閣則為一相當沉重的打擊。眾議院即於次日開會，在多數同意下，以「現內閣僅餘段總理一人，不能舉責任內閣之實，本院於此等重大外交案件，應候內閣改組後再議」為由，將對德宣戰案予以擱置。

軍閥蠻幹、政客投機

也就同在一天，督軍團亦舉行臨時緊急會議，決定在必要時聯名呈請總統解散國會，如總統不同意，即對國會和總統作戰到底。以梁啟超為首的研究系政客們，亦曾參加此項會議，附和督軍團的蠻幹作風，並代籌劃破壞國會的策略。該系所以如此墮落是有其原因的：自「請願團」大鬧國會激成各黨派的結合後，該系因擁段的色彩過濃，陷於孤立地位，在國會已難發生作用，不如索性一面倒向軍閥懷抱，猶能維持其政治生命，此為其一。該系又認為國會在督軍團的武力壓迫下，解散是早晚間事，為使它在未來的新國會中取得第一大政黨的地位，必須早著先鞭，與實力派作進一步的勾結，才能在選舉上得到便利，此為其二。因此，該系竟教唆督軍團改變路線，向國會發動另一鬥爭，指摘憲法草案議決條文不合國情，由吉林督軍孟恩遠領銜，聯合其他督軍與都統二十餘人呈請總統轉咨國會修改，「如其不能修改，即將參眾兩院即日解散，另行組織。」此項呈文交由國務院轉遞公府時，國務院居然預先擬妥了解散國會命令一併送去，咄咄迫人，簡直目無總統！

黎元洪看到呈文後的表現，卻很得體，頗能邀譽一時。他指出各省督軍如以國民地位提出憲法上的意見是正常的，但約法並沒有賦予總統干涉制憲和解散國會的權力。如督軍團出以威脅手段，他已抱定不違法、不戀位、不怕死的原則，周旋到底。一面又召見孟恩遠、王占元（湖北督軍）兩督軍，告以當前問題不在國會而在內閣，段總理的獨腳戲是唱不下去的，不如請他早日辭職。至是督軍團知黎氏無意解散國會，乃相率離京，準備回到各人自己的地盤，舉行兵諫，強迫總統就範。據說這也是研究系代出的主意。

總理丟官、督軍造反

反之，黎氏方面，則認為督軍團之出京，正是罷免段祺瑞的機會，乃於是年五月廿三日下令，免去國務總理段祺瑞，特派外交總長伍廷芳暫代總理之職。同日，段氏離京回天津，行前發表通電，則謂該項罷免令，未經本人副署是違法的，不能負責，示意北洋派起而反抗。可是對手方的伍廷芳博士，薑桂之性，老而彌烈，也照樣發出通電，力斥其非，解釋約法第三十四條，總統有權任免官吏；又提出民元陸徵祥、趙秉鈞起代唐紹儀、熊希齡為總理時，任命、罷免，均屬如此，與約法並無抵觸。經此駁復，在理論上段祺瑞顯居下風了。

然而這股逆流，依然洶湧，並未因國會擱置對德宣戰案，與段祺瑞之被罷免而稍煞其勢，狂風駭浪，正在醞釀。當督軍團出京之後，辮帥張勳便以大盟主的姿態，邀各省督軍往徐州開會，利用督軍團對於黎氏與國會的憤懣，秘密討論復辟問題。商洽結果，決定與會督軍回到本省後，宣告獨立，採取自由行動，要挾黎氏解散國會。張勳本人暫不參加，俾便佯充調人，引誘黎氏接受督軍團的要求，使其聲譽掃地，然後加以驅逐，迎接溥儀復位。

由此，倪嗣冲於五月廿九日首先在蚌埠宣佈獨立；曹錕、張懷芝、張作霖、陳樹藩、閻錫山，李厚基、趙倜等亦相繼而起；文電紛馳，向黎交謫，提出解散國會、改正憲法、擯斥僉壬、組織健全內閣四項條件。其中所謂「僉壬」，分有「三策士」、「四凶」、「五鬼」、「十三暴徒」等名目。時至今日，這批人多已下世，早為塚中枯骨，不必列舉。其唯一生存的僅為投老紅朝的章士釗，在所謂「三策士」中與郭同、汪彭年並列。

找錯調人、引狼入室

此時國會已成癱瘓形態。研究系既完全倒在段氏方面，其議員於段赴津後，也就追隨恐後，紛紛辭職離京。湯化龍、王家襄、陳國祥皆為該系巨頭，亦不惜自拆國會之台以取悅段氏，先後辭去眾、參兩院正副議長之職。國民黨的各派議員則鑒於危機四伏，避難為先，或則微服南下，或則遷入六國飯店托庇於洋人護衛下，以免禍生不測。因此國會雖尚未遭解散，卻已捲堂大散，虛有其名矣。

黎氏面對此一局勢，深苦孤立，態度開始軟化，但猶設法掙扎，冀解危機，卻又犯上病急誤投醫的錯誤，以為眼前各省獨立，張勳並未參加，諒能借其聲望，出任調停，藉以扭轉現狀。因浼李經羲出任國務總理，企圖通過他與張勳的私人關係，予以拉攏。李在天津，接受任命，但以速召張勳進京調停為請，遲遲不肯就職。其用意則以混亂之際，貿然就職，徒為作繭自縛。不如等待調停以後，局面澄清，然後入都組閣，較為穩妥。因此黎、李兩人，雖各有其所圖，而於張勳寄望之厚，則為一致。恰巧張勳亦有電來，表示擁護元首，願任調人之意。於是黎氏特於六月一日下令，召喚張勳進京調停時局，內有「功高望重，公誠愛國……必能匡濟時艱，挽回大局」之語。不料這般安排，等於引狼入室，正中了徐州會議預定的詭計。

如此總統、不做也罷

六月七日，張勳帶領辮子兵北上，八日抵天津，便立刻翻下臉來，面向黎氏的歡迎代表公府祕書長夏壽康提出嚴厲的要求，請其轉達總統於三天內下令解散國會，否則不負調停之責。繼此復辟問題，亦由祕密轉為公開，由計劃進為行動。黎氏始駭然於請到的不是調人，而是瘟君。當前大事已不是國會之存亡，而為共和政體之存亡。兩害相權，自取其輕，他只得拋棄日前所說的「三不」原則，接受張勳的要求，犧牲國會，希圖政體不致改變。

但又發生了枝節問題，因解散國會的命令依法是須國務總理副署的。此時李經羲因未就職，當然不肯副署。伍廷芳雖為代理總理，則始終堅拒副署，以死自誓。而張勳所定限期，卻又迫在眉睫，辮子兵且經開進北京，劍拔弩張，大有自由行動之勢。可憐黎大總統於此焦頭爛額之際，還得求神拜佛，臨時找出一個國務總理來，解決這個難題。京津大老，為免身冒不韙，引避不遑，誰都不願陷入漩渦。直待百計俱窮，幾瀕絕境，江朝宗這個小子，為謀脫穎而出，乃於人棄我取中，起而受命，以步軍統領躍為代理總理，副署了解散國會的命令，使其「合法化」。論資格，江氏是遠遠不夠的，但此時那管得許多，只要副署有人，已不問其為阿貓阿狗了。

這般國會、成何體統

此項解散國會命令是於六月十二日公佈的。十四日，張勳到北京，自黎氏以次無不隆重接待，氣燄之盛達於最高峰，但其走下坡路亦即由此開始。過後十六天，他便因實行復辟而被打垮，結束其政治生命，這是另一件事，無干本文，不須續說。

按此次國會於民五年八月一日復會起，至民六年六月十二日再度解散止，歷時不及十個月。

在此期間，國會曾鬧出一套全武行，深為國人所誹議。事因研究系員與國民黨各派議員對憲法問題發生相反的意見，研究系代表北洋軍閥的利益，主張中央集權；國民黨則與西南各省議會的主張接近，主張地方分權。在民五年十二月八日眾議院討論省制問題時，兩派發生重大爭執，終至互相鬥毆，墨盒椅子均被用為武器，滿場飛舞，受傷多人，紛向法院提出控訴。國會尊嚴，為之掃地！倪嗣冲因發為「中國不亡於真專制之政府，而亡於假共和之國會」的謬論。

又在此時期，張勳先後開過四次徐州會議，每次均以國會、政黨為其攻擊的目標，不斷地提出剷除暴亂分子（指國民黨）、痛減議員歲費、解散國會、廢止舊約法等荒謬主張。段祺瑞曾婉勸他不要干涉，他反以國會的監督者自居，所以此次國會所受侮辱與蹂躪，其來自張勳的已夠受用，最後由他一手迫勒解散，雖其本身旋亦不保，總算是快意的吧。

事隔四十年，按說張勳的時代早過去了。然而不然，承受張勳衣鉢者，今日猶大有其人哩！

議員歪歪倒倒、國父去去來來

民六年六月十二日國會第二次被解散後，七月十七日，孫中山先生率領國會議員及海軍南下，以廣州為根據地，提出「擁護約法、恢復國會、懲辦禍首」三主張，並開非常國會，成立軍政府，以與北京政府對立，此即民國史上所謂護法之役。

陸榮廷欲分享政治贓物

先是北京政府為對德宣戰問題，督軍團起而干政，釀成復辟政變，黎元洪大總統因不能行使職權，於七月二日避入日本使館武官齋藤少將官舍，即命段祺瑞復任國務總理，出兵討逆，又電馮副總統國璋依法代理大總統。及復辟盪平，共和再造，馮、段已將北洋政局恢復常態，而在西南方面，則以陸榮廷為首的桂系，仍以督軍團干政和國會解散兩大問題，繼續前所宣布的自主。此與中山先生南下護法，原可說是志同道合，但在實際上則彼此同床各夢，大異其趣。事因馮陸之間，互有勾結，擬以和平混一南北，分享政治上的贓物；而段則堅持武力統一，欲將西南勢力徹底剷除。桂系為維護本身利益，故仍以自主姿態，執行其聯馮倒段的策略，這與中山先生的實心護法當然背道而馳了。以是桂系於軍政府的成立，始則諸般掣肘，使其不能擁有絲毫權力，終則由於政學系的陰謀，使軍政府根本變質，成為桂系與北方議和的政治資本。由此擾擾攘攘，竟歷十年。茲將此一時期，國會與各黨系在護法旗幟下的活動，分述如後：

舞文弄法國會勉強成立

國會方面——初時到達廣州議員，為數不多，僅有一百三十餘人。六月廿五日，中山宴議員於黃埔公園，決定貫徹護法主張，組織護法政府，通電全國，以「繹主權在民之則，師法人國變之例，特定本月廿五日於廣州開非常會議，以謀統一，以圖應變。」

由是，非常國會於廿五日開幕；三十日通過中華民國軍政府組織大綱；九月一日選舉孫中山為大元帥；二日選舉唐繼堯、陸榮廷為副元帥。

十日，孫中山就軍政府大元帥職。非常國會又於是日舉定唐紹儀、伍延芳、孫洪伊、張開儒、程璧光、胡漢民等為財政、外交、內務、陸軍、海軍、交通六部總長。軍政府遂宣告成立，以黃埔公園為軍政府。唐繼堯、陸榮廷兩人則迄未就副元帥職。

民七年六月十二日，非常國會依同年三月十八日兩院聯席談話會的紀錄，宣告繼續第二屆常會，開正式國會。惟人數仍不足法定名額，因擬將未到會的議員除名，由候補議員遞補。但又格於除名亦須經過半數議員之議決，以致除名之規定亦苦無法適用。好在舞文弄法，削足適履，議員老爺原是行家，乃借用民二年議院法第七條「議員於開會後滿一個月尚未到院者應解其職；但有不得已故障報告到院時，得以院議展期至兩個月為限」的條文，解除未到院的參眾兩院議員三百二十五人，而由候補議員遞補，才將法定人數湊齊足額。

關於參眾兩院正副議長的職務，因王家襄、陳國祥不肯南下，經於九月十六日選舉褚補成為眾議院副議長；十月十九日選舉林森為參議院正議長；以補其缺。至是正式國會遂告成立。

政學系民友系與益友社

黨系方面——以下列三系的聲勢為大。

（一）政學系：領袖為李根源，民五護國之役，他與岑春煊、陸榮廷原有肇慶軍務院的歷史關係，又因軍務院之故與唐繼堯亦相聯絡一致，所以該系雖自視為舊國民黨系的穩健派，而在此時則因其有滇、桂兩大軍閥的靠山，復借岑氏資望以自重，實際已成為桂系的附庸。該系本身又包含兩派：

一為楊永泰出資組織之南關五十號，以章士釗、冷遹、張耀曾、谷鍾秀、金兆棪、歐陽振聲、徐傅霖、彭允彝、韓玉辰、李肇甫、文群、李為綸、李述膺、湯漪、孫光庭諸人為中堅，辦有京、滬、粵三處《中華新報》，以供宣傳。

一為李根源結合而成的石行會館，幹部為劉治洲、徐蘭墅、劉彥、王紹鏊等，以籍隸、川陝、蘇三省人為多。其政治主張與南關五十號互為表裏，但又不受黨議的拘束。

該系與民黨之急進派（民友系）極不相容，後且露骨地成為民黨中的反動派。

（二）民友系：為舊國民黨急進派的丙辰俱樂部與孫洪伊的舊韜園派所合成，機關部設於霞樓，在非常國會中為最硬派，有時則與益友社的主張頗相接近。該系包含三派：

一為同盟會嫡派，以林森、謝持、馬君武、丁象謙、居正、田桐、葉夏聲為中堅。

其前身為中華革命黨，後為丙辰俱樂部，即所謂大孫（中山）派是也。

一為脫離激進黨的份子，即韜園俱樂部派，以王乃昌、彭介石、萬鴻圖、張新吾、蕭晉榮、王湘、溫世霖為中堅，即所謂小孫（洪伊）派是也。

一為共和派，以舊共和黨議員王湘、高振霄為中堅。

此三派以同盟會派的歷史關係，與政學系及桂系積不相能。

（三）益友社：為舊國民黨系的溫和派，在非常國會中佔有正副議長三席——眾議院議長吳景濂，副議長褚輔成；參議院副議長王正廷。其中堅份子有曾彥、羅家衡、張瑞萱、劉奇瑤、易次乾、伍朝樞、劉成禺、王有蘭、呂復、龔政，白逾恒、常恒芳、覃振諸人，在國會中為唯一的多數黨。當洪憲帝制時，該系分為軍務院與革命黨兩派，共和復活後，先合組為憲法商榷會，後分組為政餘俱樂部與益友社。此時機關部設在褚（輔成）寓，對外與唐紹儀及桂系相接近，又與雲南唐繼堯、貴州劉顯世互通款曲。

此外尚有新新俱樂部、蒙古議員俱樂部、廣東議員俱樂部、廣西議員俱樂部、雲南議員俱樂部、及文社等政團。就中新新俱樂部為新補兩院議員的集團，在國會中佔有議席近二百名，以張知本、何陶、尹成福、劉雲昭、趙中鵠、孔昭成等為中堅。其政治主張接近於益友社，但傾向於民友系與政學系者亦有其人。

又有一輩議員，不隸屬於任何派系，臨時以個人利益而決定其從違者，如吳宗慈、汪彭年、郭同等是。人數不多，勢力甚微。

李根源妙計推倒孫中山

此時國會與政黨派系的活動，大致已如上述。惟因軍政實務全為桂系所把持，軍政府絕難有所展布，甚至各部總長亦存觀望，迄未到職，故所謂護法云云，虛有其表，對於北洋軍閥殊無影響可言。反之，桂系屢欲犧牲護法，與北方媾和，以期取得政治上的贓物，則軍政府適為一個障礙。因此滇、桂兩系軍閥，逞其私圖，從事拆台工作，於民七年一月二十日在廣州督署成立「護法各省聯合會」，唐、陸等均被推為代表，企圖逐步推展，一待時機成熟，即取軍政府而代之。但又因軍政府是由非常國會產生，如假手武裝政變，加以推翻，不惟局面混亂，對本身亦多不利；若由取銷非常國會以否定軍政府的存在，則與北洋軍閥同樣違法，豈非自砍招牌。用是拆台雖抱決心，而方法猶待考慮。

此時以李根源為首的政學系乃起而代籌，認為「護法各省聯合會」的計劃，節外生枝，徒滋紛擾，不如以合法手段，通過國會，由「改組」軍政府代替「取銷」軍政府；由合議制代替元帥制；由岑春煊代替孫中山。其於合議制中，則仍保留中山一席。如此名義既未更張，本質卻全改變，中山實際已被推倒，但又不居倒孫之名。一轉移間，偷龍換鳳，且不過露斧鑿痕，為計之妙，無逾於此。桂系當然言聽計從了。

可是此一陰謀，政學系的議員卻無法一手包辦，必須聯合其他議員，掌握多數，才能實現。好在議員中儘有見利忘義之徒，經過政學系與桂系的拉攏，以吳景濂、褚輔成為首的益民社議員，便忘其為舊國民黨的派系，不顧黨紀與個人操守而將中山出賣了。

阻撓制憲釀成決裂之局

五月四日，國會開會，由湯漪（政學系議員）根據上述陰謀，製為「修正軍政府組織法案」草案，提出討論。政學系與益民社既已勾結穩固，即席得以九十七票的多數議決通過，一舉手間，果將軍政府完全變質。中山自是憤不可遏，當通電辭大元帥職，並指出：「吾國之大患，莫大於武人之爭雄，南與北如一丘之貉，雖號稱護法之省，亦莫肯俯首於法律及民意之下。故軍政府雖成立，而被舉之人多不就職，即對於非常會議亦莫肯明示其尊重之意。」然而他的勳斗是栽定了，故其後又云：「乃者非常會議議決改組軍政府，以應各省之要求……文本匹夫，無拳無勇，所以用其全力以擁護非常會議者……庶乎廑告無罪於國人。茲仍願以匹夫有責之心，立於個人地位，以盡其扶助之職。」旋於五月二十日由廣州轉往上海。

即在同日，國會根據「軍政府組織法修正案」，選出唐紹儀、唐繼堯、陸榮廷、伍廷芳、孫中山、林葆懌、岑春煊七人為總裁。八月廿一日，軍政府舉行政務會議，公推岑春煊為首席總裁。至此，西南政治便由政學系的翻雲覆雨，包辦成功了。

自是以後，無論國會已為政學系所操縱，即在政海中，李根源、楊永泰等亦為熱門人物。各派議員，既已側目而視，又因制憲問題，該系別有用心，屢與民友系、益友社發生衝突，卒致一發不可收拾。先是該兩系的議員主張制定憲法、選舉正副總統、撤銷軍政府、成立正式政府，以期形勢加強，俾與北方作堅決的對抗。而政學系則以此項主張適足妨礙桂系與北京的媾和，將使混成統一之局無由實現，獨持異議，力加反對。及至國會討論民選省長問題，該系議員竟以缺席作為抵制，使憲法會議多次流會，於是反政學系議員林森等五百餘人大為激動，指摘政學系破壞制憲，聯名通電，宣告停止會議，因而釀成決裂之局。

昆明重慶皆非久住之鄉

至於改組後的軍政府，則其組織之不健全與改組前正復相同。七個總裁，除中山拒絕接受外，其餘亦未全部就職。最後僅賸岑春煊一人，在桂系擺佈下唱獨腳戲。其後台兩大支柱的滇、桂軍閥，則因爭奪北江駐軍的統轄權及其他利益發生衝突，復因舊國民黨系的議員倒向滇方而加深其裂痕。岑、陸等鑒於此一局勢，則認為國會在粵終為和議之梗，乃以停發經費及派軍警搜查兩院等嚴厲手段，使議員身感危機，紛紛出走，避往上海、香港兩地。

經此劇變，「護法」虛名，亦已不復存在，孫中山與唐紹儀、伍廷芳、唐繼堯等為貫徹初衷，乃於民九年六月三日聯名通電，否認岑、陸等私與北方議和，將軍政府與國會移設雲南。同年八月，議員先後抵達昆明，開會集議，並擬組織政府。但這與唐繼堯的大雲南主義是大有抵觸的，主客之間，難於妥協，因又決定將府會移往重慶。不料歷盡崎嶇，播遷未定，川省內戰再起，川軍熊克武、劉存厚所部突向袁祖銘的黔軍發動攻擊，以奪回成都、重慶為目標。以致議員們的行裝甫卸，又不得不向川中父老，匆匆告別。

直至陳炯明回師援粵，將桂系軍閥逐出廣州後，這批流離轉徙的國會議員始於民十年一月十二日復回廣州開兩院聯合會議。而此時政學系的議員則因桂系垮台，已早紛紛離去矣。

四月七日，參眾兩院聯合會議，通過中華民國政府組織大綱，選舉孫中山為大總統，取消軍政府，組織正式政府，中山旋於五月五日就職。民十一年四月，孫大總統誓師北伐，所部深入贛境，不意變生肘腋，陳炯明已受吳佩孚的指使，實行叛變，砲轟觀音山總統府，中山在永豐孤艦堅拒五十九天，卒告失敗，於是局勢突變，陳炯明自任粵軍總司令，把持廣東政權，而中山則又離粵去滬。

民十二國父復任大元帥

其時粵省財政，極度困難，陳炯明欲以黃埔抵借外款，粵人大加反對。中山乘此時機，密令進佔閩省之北伐軍許崇智等部回師進剿，別以滇軍張開儒、楊希閔、桂軍沈鴻英、劉震寰等部取道梧州入粵。陳炯明抵抗失敗，許崇智等乃迎中山返粵，復任大元帥職，時在民十二年三月二日。

按之中山於民七年由粵回滬後，即親自主持黨務，將「中華革命黨」改名「中國國民黨」。所以加入「中國」兩字者，即為有別於元年國民黨之故。所有黨員，除原隸中華革命黨者外，入黨仍須加盟。民九年中山回粵，當將黨務在粵公開進行，並修正總章及海外總支部章程，以張繼為廣州辦事處幹事長。迨至此次中山回粵復任，懲前毖後，瞭然於國會份子多屬爭權奪利、投機取巧之徒，不足與議大計，因拋棄護法主張，以黨的力量改造其所控制的軍隊，使能成為打倒南北軍閥的人民武力。這是他從事民主革命以來的重大轉捩點，以後憑此武力，先則消滅陳炯明的殘部，繼則盪平楊（希閔）劉（震寰）的叛變，終則民十五年國民革命軍實行北伐，統一全國，亦由此奠其基礎。本文所述，以北洋軍閥統治時期的政黨為限。關於國民黨以後的發展，係屬南方之事，本文將略而不談了。

安福俱樂部的開張與歇業

自辛亥革命成功，國體共和，三權並立，中國已是民主國家。然按之實情，遠非如此，三權中負有制憲立法與監督政府責任的國會，始終未曾受到尊重，祗為象徵性質，絕難發揮效能。而議員們的操守不正，亦不足以負此莊嚴使命。有人謂國會的地位等於人面上的眉毛，有它不多，缺它不少，但為保持臉面的完整，卻又缺它不得。其言雖謔，卻為閱歷之談，比擬切當。以是北洋政府為了裝點門面，緊接民六年八月廣州非常國會開幕、宣布護法主張之後，另起爐灶，於九月下令內務部籌備新國會的選舉，並先組織參議院以補其缺。

皖直相爭便宜徐世昌

當時南北分家，對台唱戲。關於南方情形，前文已約略言之，茲不再談。其在北方，內部亦不一致，戲中有戲，與南方如出一轍。馮代總統（國璋）與段內閣總理（祺瑞）基於對南政策之不同，前者主和，後者主戰，鈎心鬥角，相互傾軋，於是北洋勢力由此分裂為直、皖兩系。其間徐樹錚為助長段氏的聲威，勾引奉軍入關，在天津成立總部，於是直、皖兩系以外，所謂奉系，又由此醞釀而逐漸形成。馮段鬥爭的結果，兩敗俱傷，同時下野，卻便宜了徐世昌一人，由於段氏的安排，當選總統，不廢吹灰之力。他是一個「活曹操」，在位三年半中，以圓滑手段玩弄政治陰謀，延長政治生命，確有其精到之處。無如權謀術數，固有窮時，以致為吳佩孚節節進迫，不得不悄然引退。這時南方的孫大總統恰正同一命運，也被陳炯明武力迫走。

研究系專捧軍閥大腳

如今回述上文參議院的組織，是由研究系領袖梁啟超所倡議而由段祺瑞加以採納的。先是復辟盪平，段氏再起，其於法統方面，雖未推翻舊約法，而於舊國會則所厭惡，決定不予召集。於是梁啟超以改造國會之說進，所據理由為「中華民國已為張勳復辟滅亡，今國家新造，應倣照第一次革命先例，召集臨時參議院，重定國會組織法及選舉法後，再行召集新國會。」段氏原為迷信武力的人，自不願見不肯聽話的國會；卻又迫於民主國家不能沒有國會，正感兩難，及見梁氏建議，為根據以前參議院的辦法，參議員由選派產生而非由選舉產生，儘可利用權力，操縱指揮，又能由此製造一個可以控制的新國會作為此後政爭的工具，因此欣然同意，於民六年七月廿日國務院由津遷京的第一次國務會議中予以通過（討伐復辟時國務院設在天津，此時才遷回北京）。迨馮國璋北上履行總統職務，即於九月廿九日通令各省當局選派參議員入京組織參議院，旋於十一月十日宣告成立，選出王揖唐為議長、那彥圖為副議長。惟西南各省則未選派參議員到京出席。

按之研究系為慣捧軍閥大腳的政團，梁啟超的建議即為討好段祺瑞的謬說。當民元開國之時，以革命手段奪得政權，建國伊始，凡百草創，其於立法方面，以臨時參議院作為過渡，那是合情合理的。此時民國成立已歷六年，且早有國會的存在，怎能援以為例，謬相比託？若如所云，「民國已由復辟滅亡」，國家屬於新建，則馮國璋的代總統、段祺瑞的國務總理，自皆失去根據，不便繼承，又怎能掌握政權，仍居統治之位？僅舉兩端，已見其所建議，不堪一駁，目為謬說，誠不為過。話說回來，以梁氏的高明，詎致見不及此，其所以明知故昧者，另有用意存焉。討好段氏，固為一事；而企圖由此拉緊北洋軍閥的關係，為研究系在新國會選舉中創造有利條件，俾能取得大政黨的地位，則更為其所憧憬的一事。可惜現實演變，與願望恰巧相反，該系政客梁善濟競選參議院院長，便告失敗。其後新國會選舉，安福系以段氏為背景，著著當先，囊括多數議席，該系僅佔得議席二十餘名，敗得更慘，在新國會中幾於完全失去作用。

可是在這次段內閣中（民六年七月至民七年十一月），該系卻曾出盡風頭，於閣員九席中佔了五席，汪大燮、湯化龍、梁啟超、林長民、范源濂分任外交、內政、財政、司法、教育等部總長，彈冠相慶，盛極一時。尤其是梁啟超的財政總長，在項城時代已是夢寐以求，恨難如願，今竟信手拈來，更屬躊躇滿志。無如好景不常，未及半載，段氏因長沙陷落，征南政策失敗，垮台以去，他們失其所恃，只得同時退出內閣。由此該系亦即改變態度，與安福系處於對立地位。

收買議員費用一千萬

此次參議院的職務，限於修改及議定國會組織及選舉兩種，未賦其他職權，故於成立後即著手修改民元國會組織法，參眾兩院議員選舉法，於民七年二月由王士珍內閣予以公布。旋由內務部籌備國會事務局，依修正法進行國會選舉。此時段氏雖早退出中樞，但已自任為參戰督辦，重兵在握，勢力雄厚，當嗾使徐樹錚組織安福俱樂部，操縱選舉，以便其於重掌鈞衡之日，院會聯為一氣，凡百措施，易於得心應手。

所謂安福俱樂部者，即民六年段派御用黨中和俱樂部的後身，以地點在北京東城安福胡同故名。徐樹錚因為現役軍人，不便出面，由王揖唐、曾雲沛主持其事，其本人則在幕後策劃，而王印川、光雲錦、劉恩格、黃雲鵬、田應璜、克希克圖等均為巨頭。初為參議院中段的與黨；後則成為包辦新國會的政團，由段氏撥出運動費一千萬元，分發各省，著以金錢收買，就圈定名單全部選出。如投票結果仍難如所預期，則又由選區當局，以卑劣手段，製造偽票，納入票匭，務使全榜及第。此外尚有浮報選民的辦法，及利用小學生作走馬燈式的投票，前門進去，後門出來，再回前門重投一票。以是該系當選議員獲得最大多數，計達三百三十餘人。

該系議員當選後，除每人可以預支出席費三百元外，又由段氏斟酌其人身份，分別聘為顧問、諮議不等，按月致送乾薪，少則二百，多則千元，以是安福俱樂部的經常費用，月非十四萬元不辦。好在參戰借款，儘可騰挪，上述運動費與此項豢養費不虞其缺。

參加新國會的各政團

此外尚有舊交通系、新交通系、已未俱樂部等政團，分述如後：

一、舊交通系：梁士詒為中心；朱啟鈐、周自齊、葉恭綽等為領袖；龍建章、任鳳苞、闞鋒鈞、權量、陸夢熊、汪有齡、陳懋鼎、沈雲沛、梁鴻志等為中堅。建章姓龍，恭綽別號譽虎，風頭並健，時人目為「龍虎」二將。洪憲以前，梁氏包辦交通事系，已早有交通系的組織。此時因另有同名的派系，故冠以「舊」字，以資區別。

按安福俱樂部組織之初，王揖唐曾勸梁士詒加入，並以未來的參議院議長相許，梁為所動，當即應允。及後梁取得參議院議長，欲以促成南北和平，提高其政治上的聲譽，乃以原組織角逐其間，而與當選總統的徐世昌互相呼應。

二、新交通系：此一組織成立於洪憲以後，其時梁士詒、朱啟鈐以帝制罪魁，被緝出亡，葉恭綽因利用曹汝霖（時任交通總長）陸宗輿出面，維持固有勢力。曹、陸等亦欲自成局面，乃利用舊的關係，而樹立此一新的派別，幹部人物除曹、陸外，有曾雲沛、丁士源諸人，與段祺瑞均有極密切的關係。而在最初徐、段合作的階段中，徐氏亦為該系所擁護的對象，觀於曹汝霖所著《一生之回憶》中，有「余攝財政十個月，經手借款為一億另五百萬日金……二千萬日金為東海所用」等語，可以覘其梗概。蓋所指二千萬日金，即為徐世昌當選總統的運動費，而由新交通系供給者也。

上述兩系，在新國會佔有議席一百二十餘名。

三、己未俱樂部：此一組織成立於民八年春間，以靳雲鵬、錢能訓為中心，徐世昌為後援。先是徐樹錚、靳雲鵬、傅良佐、曲同豐均為府學胡同段邸四大金剛。嗣因靳、徐之間，積不相能，靳乃從安福系拉出其所接近的議員，參以中立議席及錢能訓派，合組己未俱樂部，意在與安福系對抗。其幹部有于寶軒、黃宗鵬、陳介、易宗夔諸人，在新國會中佔有百餘議席。

吳佩孚通電罵得痛快

上述各系議員及中立議員經政府於七月十二日下令召集，八月一日以前陸續來京報到，旋於十二日解散參議院，成立新國會。二十日眾議院選舉王揖唐為議長、劉恩格為副議長。二十二日參議院選舉梁士詒為議長、朱啟鈐為副議長。其後梁、朱辭職，補選李盛鐸為議長、田應璜為副議長。由於新國會為安福系所包辦成立，故又稱為安福國會，其所辦的第一件大事即為選舉徐世昌為大總統。

按照法統而言，新國會的成立與徐世昌之當選總統，均屬非法，南方軍政府予以反對自在意中。不料吳佩孚亦作露骨表示，則誠令人驚心怵目。當新國會尚未成立時，他已發表陽電，憤慨地指出：「政府以金錢大施運動，……被選議員半皆惡劣，……不但難望良好結果，且必以立法機關受行政指揮而等贅疣，極其流弊，卒以政府不受法律約束，偽造民意，實等專制，釀成全國叛亂。」及選出徐世昌為總統後，他又電覆徐氏，公然抨擊，內有「公若就（總統）職，民國分裂乃由公始，師長等不敢為公賀，且將為民國弔」等語。雖其發為激烈之辭，另有內幕，而能言人所不敢言，則如并剪哀梨，無不稱快。

選舉副總統人數不足

然而就實際情形而言，安福系雖屬氣燄薰天，卻不能完全控制國會，十月九日進行副總統的經過便足說明此一形勢。先是徐世昌登台，對於南方政策，即與段祺瑞背道而馳。段仍堅持武力統一方針，徐則倡為先禮後兵之說，因襲馮國璋的和平混一。因此關於副總統的人選，徐氏主張暫虛此席以待南方領袖，屬意於軍政府主席總裁岑春煊，企圖假此名器，交換南方對於新政府的承認。而段則主張以此席作為釣餌，勾引四省經略使曹錕入彀，藉以阻遏其部屬吳佩孚的倡言和平及於新國會的反對。因此段氏於十月三日致函梁士詒、王揖唐兩議長，推薦曹錕為副總統，內有「曹經略使督戰湘中，功績昭然，維持大局，不為異說所撓，若能當選為副總統，必能翊贊元首，尊重法律，裨益國家」等語。如此推崇，段氏既肯出之於口，滿以為一言之下，國會必能望風承旨，決無異議。

卻不料十月九日兩院聯合選舉副總統時，到會議員始終不足法定人數。王揖唐迫得無法可想，一面從外面拉進議員；一面又將大門緊閉，提防議員溜走，但仍不能湊齊，因大門關閉前已有不少議員匆匆離席而去，以致陷於流會。後又於十月十六日續行選舉，王揖唐預派汽車多輛，分途兜抓議員到會，並派出警察，在會場附近放哨，阻截議員離會，無奈到會人數根本不多，依然以流會終場。

此中原因，即為梁士詒的舊交通系，本屬徐世昌的私黨。徐既有「留此席（副總統）以待南方領袖」的表示，故該系於副總統之選舉一再加以破壞。該系所採用的方法卻是十分有趣，當第一次選舉時，由周自齊出面，將議員邀往萬牲園飲酒看花；第二次續選時，仍由周自齊出面，將議員邀往天津，在窰子裏擺設花酒，予以盛大款待。此就兵法而言，可說「出其不意」，以致安福系一時無從捉摸，拉不到人，無法突破流會的結果。外加研究系議員與安福系已不合作；一般議員又為領到的出席費僅及曹錕納寵所費的五十分之一（時曹以十萬元納劉喜奎為偏房），大為不滿，亦皆為流會的其他因素。

其後安福系仍不罷休，必欲選出曹錕以完成段氏的意願。梁士詒可不客氣了，聲言如再壓迫，將[illegible]　參議院議長以拆國會的台。情勢如此，安福系只得偃旗息鼓，就此了事。

學潮背後的政治鬥爭

民八年五月四日，為了巴黎和會交涉失敗，以北京大學為中心的學生示威大遊行因而發生，即所謂五四運動是。其影響所及，至深且巨，既為北洋統治敲起喪鐘，亦為時代進軍吹起號角。根據曹汝霖的《一生之回憶》，可以看出徐、段兩派皆欲利用學潮，施展政治上的暗鬥，藉以加深對方的危機。同時研究系因與安福系齮齕之故，亦從而推波助瀾，唯恐天下不亂。曹著有云：當時派赴其趙家樓住宅預防學生鬧事的警察，全部是徒手的，連起碼的警棍也不許帶，據說上頭命令如此，要以「文明對付」。同時又於段芝貴（時任北京衛戍司令）的主張派兵彈壓；國務總理錢能訓既以地方事件，應由警察管理，阻撓於先；警察總監吳炳湘亦以如果出兵，他將撤退警察，抵制於後；因是曹氏住宅被燬於火，其本人僅以身免，章宗祥（駐日公使）則被毆傷。輦轂之下，如此風波，事殊罕見。曹氏雖僅為記述之詞，未加意見，而徐派假手學生，打擊段派親信份子，行間字裏，已自隱隱可見。

曹著續云：其後「學潮又起來了，這次似有背景，且像有組織，有名人在街頭演說……竟舁了棺木在旁，大罵親日派，……想出賣山東，連中國都要賣掉。……我拼一條命，跟他鬥到底，故將棺木預備在此……。於是此人幫助派學生到上海聯絡，要求罷市……叫學生向商董磕頭跪求……請求（政府）罷免曹（汝霖）陸（宗輿）章（宗祥）三人，以謝國人。」這位名人，姓甚名誰，曹氏並未明白指出。但他在後文又說：「此君熱中過度，合肥執政時，他又入段系，派為參政。……後投入郭松齡部下，郭敗……死於亂軍之中。」則其人為誰，不待點睛，略悉民國掌故者皆已知其為研究系的林長民了。

反之，安福系亦借學潮為題，對於徐派加以反擊。先由大理院長姚震提出制裁為首滋事的學生，繼由該系閣員提出整頓學風、撤換北京大學校長蔡元培及教育部長傅增湘等要求，逐步迫緊，使錢內閣陷於窘境，不得不辭職引退。卻又不料段氏所抱的親日政策，與其親信經手舉借的鉅額日債，亦因風潮激盪，全盤揭露，遭受國人激烈的反對。以故其對安福系雖仍舞爪張牙、播揚搆煽，而其末日到臨，已不在遠。

原來徐段之間、皖直之間，由於權利衝突，久已不能相容。及至民九年五月，吳佩孚由湘南撤兵北返，通電攻擊安福系；七月三日，徐世昌因曹錕、張作霖的通電聲討，免去段氏心腹大將徐樹錚的本兼各職；八日，徐氏又因段氏提出彈劾，亦將曹吳予以罷免。益使局勢急轉直下，非經火併，無從解決。於是皖直之戰，迅告爆發。自十四日兩軍開始接觸起，至十八日止，僅歷五天，段氏由邊防軍組成的定國軍，主將被俘，一敗塗地，從此皖系勢力雖未完全消滅，卻已一蹶不振。徐世昌乃於八月四日下令解散安福俱樂部，並否認安福系為政黨而指為搆亂機關。安福國會則因徐氏的大總統由此產生，如予解散，反使其本身失去法律根據，經與曹、張、靳（雲鵬、時已復任總理）洽商結果，變通辦法，由兩院議長於三十日自動宣布閉會。此後已是直系的天下，由於政客的奔走、吳佩孚的點頭，北京城內，又演出「法統重光」的一幕。

曹吳耍把戲「舊國會」復活記

民十一年四月，直奉戰爭結果，直勝奉敗。徐世昌的大總統因由非法的「安福國會」選出，復有接近奉系的嫌疑，直系軍閥曹錕、吳佩孚乃以「恢復法統」為名，迫使徐氏宣告解職，於六月二日離開北京。同月，曹錕、吳佩孚及直系的高級將領又通電請黎元洪復任大總統，黎氏因於同月十一日回京執行總統職務。

總統搬位徐世昌放賴

當時直系軍閥，挾戰勝之威風，可以肆行無忌，他們所搞的「恢復法統」、「迎黎復職」，其實全是政治上的把戲。先是吳佩孚戰勝皖系後，曾通電主張召開國民大會，企圖利用此一跳板，恢復舊國會，驅逐徐世昌，而在他的支配下建立一個中央政府。其後民十援鄂戰後，西南軍閥紛紛宣佈自治，主張建立聯省自治政府，吳佩孚又力排眾議，通電發起召集廬山國是會議，用意正與前此主張國民大會相同，製造一個傀儡政權，在他控制下承命畫諾。無奈張作霖和北方軍閥對於他的建議始終不表贊成，因而他的兩次計劃均難實現。

及至此時，吳佩孚成為北方強人，趨炎附勢之徒，環繞左右，黎元洪的策士哈漢章、金永炎等既經常到洛陽有所活動，研究系巨頭梁啟超、熊希齡等亦常暗送秋波，而那位在舊國會慣於興風作浪的吳大頭（景濂）又通過同鄉王承斌（字孝伯，與吳景濂同為奉天興城縣人，當時有「興城二伯」之稱）的關係，投入直系懷抱，在徇謀僉同下，認為當前形勢，以「恢復法統」、「迎黎復位」對直系為最有利，一面既可使南方護法政府失去根據而不能存在；一面又能使北方的非法總統益增其醜而不能不自動滾蛋；待將黎元洪找來復位，讓他幹個一年半載，然後因勢乘便，利用國會選舉曹錕為總統，雖夠不上名正言順，而在法統重光下產生的大總統，比之安福國會的私生子，總要堂皇得多。一舉數利，何樂不為，於是六月一日，以吳景濂、王家襄為首的天津舊國會議員二百〇三人發表宣言，否認民六的解散國會命令。自本日起，完全行使職權。六月二日，曹錕、吳佩孚、齊燮元、田中玉、閻錫山、孫傳芳等紛紛通電，籲請黎元洪進京復職。此時徐世昌還想戀棧，不惜低頭服小，建議提前召集第三屆國會（當時稱舊國會為第一屆國會，安福國會第二屆國會或新國會，直皖戰後正在改選中的國會為第三屆國會或新新國會），選舉曹錕為總統，本人在總統未選舉前，願居虛名，聽命行事，以為緩衝之計。無奈吳佩孚不肯饒他，指使駐京代表錢少卿一再電詢徐氏，行期已否確定，咄咄逼人，不可嚮邇，徐氏臉皮雖老，到此地步，也就老不出來，只好通電辭職，宣稱「謹以此職奉還國會，聽候接收，用尊法統。」悄然離京去了。想來此時徐氏，或因刺激過深，神經未免瞀亂，所用「用尊法統」一語，不啻自下考語，承認其為「非法總統」矣。

六月十三日，黎元洪下令撤銷民六年解散國會命令，十六日參眾兩院咨達總統聲明於本年八月一日繼續開會。其時南方因陳炯明叛變，護法議員離粵集滬，組「法統維持會」，留滬去京，各行其是，因而北京國會復會時，得有半數議員報到，繼續第一屆第二次常會，是為舊國會之第二次恢復。

議員資格一舉定終身

國會恢復後，議員本身又因資格問題發生爭議。事因民六年國會解散後，議員中有南下參加護法、列席於民八年廣州國會者；亦有未經南下而被廣州國會除名並以候補議員遞補者；因此在議員資格上發生「民六」、「民八」之爭，亦即因此發生國會本身的法統問題。如謂此次所恢復者為民六國會，則民八所遞補的議員不能出席參加；反之，如謂所恢復者為民八國會，則民六議員未經出席於民八國會者已喪失其議員資格。此一問題曾經引起激烈辯論和長期爭執，最後始以「民六」定議，其實是荒唐可笑的。按眾議院議員任期三年，由民二年選出起，至此時（民十一）止，已歷九年之久，在法律上根本已無所據，斷斷爭辯，有何意義？不過他們卻已做下一樁「功德」，即今日台灣的國大代表、立法委員、監察委員，正好借以解嘲，以示一舉定終身，有例可援，初非自我作俑。

至於黎元洪的復職，說實話，也是依法無據的。按總統任期為五年，袁世凱於民二年十月十日就職，其任期至民七年十月十日終止。袁死於民五年六月，已做過兩年零八個月的總統，所遺任期為兩年零四個月，依據約法，先由黎元洪代理一年零一月，後由馮國璋代理一年零三月，自頭至尾，恰滿總統任期五年之規定，不多一日，也不少一日。詎於多年之後，猶以補足任期為詞，再把黎元洪捧上寶座，這是站得住腳的麼？無怪後來的人，弁髦法律，一意孤行，抓緊這把交椅，到死不肯放手，而當時那批無恥之徒，還囂然勸進，甘心做他的遮羞布了！

大小政團無非混飯吃

當舊國會復活初期，相約以「國會祇議憲法，緩行其他職權」，故政團組織，不甚熱烈。及至眾議院補選副議長，各派乃出而活動，以便競選，其勢力較大的四政團為：

政學系：重要人物為谷鍾秀、張耀曾、李根源、楊永泰、李肇甫諸人，黎氏身旁的策士韓玉辰、金永炎等亦屬之。他們依靠總統和國會來活動，在國會中佔有相當勢力，因而為吳佩孚所不滿。該系初假北京中華新報社為集合地點，交換意見，後改組為憲政社。

益民社：重要人物為吳景濂、褚輔成、呂復、劉奇瑤、黃贊元諸人，以蔴線胡同吳宅為機關部，佔有議席一百數十人。復改組為民憲同志會。

研究系：梁啟超等的陰魂依然未散，但又劃出新的一系，以蒲伯英、藍公武、李文熙等中堅，機關部設於延旺廟街的實話報社。王家襄一派雖與殊途，但與蒲、藍等則頗接近。後稱為憲法研究會。

討論會：為江天鐸、司徒穎、孫潤宇等所組織。孫又著手聯絡新舊交通系份子併入其中，欲分為固有之適廬與新設之東園兩地，而實為一系。

此外又有下述小政團，其中較著者為：

壬戌俱樂部。設於順治門大街二百號，主要人物為余紹琴、裴廷藩等。民五年的平社份子，民八年的石行會館份子，多在其中。

新民社。設於後孫公園十一　，新共和系張伯烈、鄭人康、鄭江灝、胡祖舜等為其中心，以兩湖人士居多。

石駙馬大街三號。由於寶軒、劉彥、王占鰲等所組織。

西河沿一八二號。由張益芳、王謝家、梅光遠等所組織。

小孫派。為孫洪伊一派之溫世霖等所組織，後稱全民社。

九月十六日，眾議院補選張伯烈為副議長，議長仍為吳景濂。參院方面，以林森為民八國會選出的議長，取銷資格，仍由王家襄任議長。王正廷則因「民六」、「民八」均為該院副議長，資格得以保留。至十月國會開第三期常會，參院第一屆任滿，兩王依法退職，改選議長，以王家襄、楊永泰為最有希望，前者得研究系的支持，後者得政學系的援助，勢均力敵，致無結果，終以組織行政委員會執行院務，議長迄未選出。

患得患失可憐黎元洪

黎元洪為一庸碌無能之輩，卻喜沽名釣譽，擺出一副愛國愛民的嘴臉。但如觸及實質問題，則又骨軟如泥，經不起任何考驗。惟於個人權益，則爭取之間，並不以庸才而疏於計較。此次復職，他明知為「代行總統職權」，並非正式總統，但為「扶正」自己，從不肯放棄機會。八月五日，他於提交國會徵求對唐紹儀內閣同意案的咨文中，附帶提出總統補行辭職問題。其用意為他在民六被迫辭職時，國會已經解散，據法總統辭職必須國會通過才能生效的規定，他的法律手續並未完備。如今舊事重提，並不是想國會通過他的補行辭職，而是想國會否決其事，使他前此辭職，不致構成法律上的效力，而與現在的復職，相互連貫，取得合法地位，成為正式總統，一面又可由此確定馮國璋的代理總統屬於非法，使他得以繼續補足未滿任期。此一取巧手法，設想不謂不佳，卻不料眾議院並不含糊，指出兩事不容并案辦理，即將原咨退回。黎氏討得沒趣，仍圖蒙混，又將單提同意案的咨文送去，以為國會如肯接受，即等於默認他的總統地位。可是國會依然將咨文退轉，其理由為唐紹儀氏本人尚未表示同意，毋庸先行徵求國會的同意。黎氏經過兩次碰壁，雖未達成私圖，而其患得患失之心，已是昭然若揭了。

暗鬥明爭查辦羅文榦

當時直系勢力，盛極一時，儼為長城以南、長江以北的盟主。但其內部並不統一，各成體系，曹錕駐節保定，人稱保派；吳佩孚駐節洛陽，人稱洛派；曹錕之弟曹銳以直隸省長坐鎮天津，人稱津派。洛派、津派，雖皆源出保派，而在權利爭奪上，則三派各以本身利害為前提。尤以在大選舉運動中，津派主急進，洛派主緩進，曹錕始猶惺惺作態，頗以洛派之說為然，終則急起直追，而以津派之說為是，其間明爭暗鬥，幾與對付敵人，同樣激烈。茲舉當年轟動一時的查辦羅文榦案，以概其餘。

此案發生，是由財政總長羅文榦與華義銀行代理人羅森達•格索利於十一月十四日擅自簽訂奧國借款展期合同，換發新債票而起。按之奧國借款早經巴黎和會議決，作為賠償中國的一種債票，萬無簽定新約與換發新債票之理。羅文榦所以冒此不韙，即因吳佩孚屢向內閣索餉所致。當時國庫空虛，而吳大帥的嚴命又不能不應，羅文榦因以整理舊債為幌子，向英美法意四國銀團商借新貸款一萬萬。

不意該項奧國債款早經落在意大利人之手，意國公使於是乘機提出簽定奧款展期合同要求，作為新借款的交換條件。內閣總理王寵惠據報後，認為這是整理舊債的一個開端，亦為中國保持國際信用的一種表示，且可由此得到新的借款，更屬有利，以故未經閣議，便予批准。

其在國會方面，眾議院議長吳景濂、副議長張伯烈，以此案未經閣議通過，呈准總統；又未提交國會討論；並據華義銀行李買辦的證明，該行已秘密付出該項債款補數英金八萬鎊支票，票上有財部印信及羅氏簽字，顯見其中必有受賄情事。當於深夜往見黎總統，要求命令軍警將羅氏拘送法庭處理。黎氏經不起吳等的擺佈與恫嚇，只好照辦，於是引起總統違法、議長違法、國會違法、內閣總理違法、全體閣員違法、司法機關違法的大風波。

到底是怎樣的違法呢？公說公有理，婆說婆有理，但非本文所應討論之事，一概不理。這裡所著重的只是華義銀行補數八萬鎊究竟是誰笑納？事後查明，拿進的是吳佩孚，並不是羅文榦。

原來吳佩孚向內閣索餉時，曹錕亦同時索餉，他倆都是巨頭，王寵惠都得敷衍，所以原議保、洛兩方，就此補數，平分秋色。無奈八萬英鎊，折合中國錢僅有六十餘萬，數目太小，而王寵惠的內閣總理是由吳佩孚支持的，閣員中的交通總長高恩洪、內務總長孫丹林則為吳佩孚的親信，在各為其主之下，顧不到曹三爺了。他們想出一個「飛山過海」的辦法來，不經閣議，由羅文榦將該款逕撥交通部，名為償還鐵路債務之用，實際則由高恩洪過手轉付洛陽。全部過程，異常機密，以為曹三爺是被瞞過了。

不易百密一疏，依然留下漏洞。這全本《西廂記》，不知如何，竟逃不過華義銀行副經理徐世一的耳目。他和保派要人邊守靖有葭莩之親，因向邊某告密，再由邊通過曹銳、吳景濂而入於曹錕之耳，經派人直向交通部查帳，發現該部轉交洛陽軍費半年中竟達五百餘萬之多，而保定僅得二百餘萬元，曹錕自是怒不可遏，咬牙切齒，痛罵吳佩孚為忘恩負義的叛將。由此，對於吳所支持之人，視為眼中之釘，王寵惠固須垮台，即黎元洪亦在驅逐之列。

是年十二月九日，曹錕六十一歲生日，在保定光園大做其壽，自視為曹錕長子的吳佩孚竟不敢親往祝賀。而曹銳則公然表示：「三哥年過六旬，和他同輩的馮國璋、段祺瑞都曾做過總理，三哥有什麼不可以的，做做總統，儘夠資格。」於是大選運動加緊進行，一般議員政客頓時交進鴻運，接上一個大主顧了。

議員多變豬仔、曹錕得償大欲

民十一年冬，因羅文榦簽訂奧國借款展期合同，換發新債票的瀆職案發生，王寵惠內閣因而垮台後，曹錕的態度是巴不得無政府的狀態延續下去，俾利於逼走黎元洪，而實現其身登大寶的美夢。因此黎氏提出的代理內閣總理如汪大燮、王正廷等均經不起津、保兩派的抨擊，五日京兆，知難而退。後來好不容易找出津派同意、保派點頭的張紹曾來，才能組成正式內閣。卻不料張氏一經登台，忽鬧彆氣，竟與津派主張先辦大選的願望背道而馳，而以先謀南北統一為其施政的標榜。黎元洪方面，則為企圖延長其總統任期，接納政學系閣員李根源的獻議，拉緊張氏，實現府院合作，藉以阻遏大選的趨勢。以是張閣雖倖組成，而津、保兩派，疊施壓力，始終在風雨飄搖之中。黎元洪這尊菩薩，即在張閣總辭職後，面臨政變，遭遇到一連串有計劃的軍警罷崗索餉，市民請願團、國民大會等代表要求「總統退位」的示威運動，不得不於民十二年六月十三日狼狽出京。雖其臨行之前，發出通電，聲稱政府遷往天津，並派李根源兼署內閣總理，然而津、保兩派，驅黎已告收功，豬仔議員，不日即將曹錕捧登寶座；大勢早去，黎元洪已無法延續其政治生命矣。

津貼人人愛群狗爭骨

關於大選問題，當時吳佩孚主張先制憲、後大選。自經羅文榦瀆職案引起糾紛，曹錕指吳氏為叛將後，吳已裝聾作啞，不敢說話。因此津派曹銳、王毓芝等先辦大選的主張佔盡上風，於民十二年一月起，對於議員，廣事收買，由京兆尹劉夢庚開出名單，一律聘為曹錕的直魯豫巡閱使署的顧問，每人按月貼津二百元，在發放津貼時，每張支票上一色蓋有「檀芬堂」的朱紅印鑑，共計三千四百五十名。

按之國會議員，拉拉雜雜總數也不過七百餘人，劉夢庚所開名單，多出四倍，即因國會中政黨林立，一名議員掛名七八個黨籍者比比皆是。劉氏只求盡量羅致，照單全收，以致溢額過巨。後經高凌蔚核對兩院議員名冊，將重複者刪除，始能有所撙節。但這類短人財路的勾當，議員老爺們是大不開心的，以故當時高府之內，齗齗爭辯，大不寧貼。後來總算理出頭緒，領取津貼的議員，實數為三百八十餘名。

曹錕辦大選之時，適為農曆年底，任誰都需錢應用，借此機會，曹錕對於議長吳景濂、副議長張伯烈特別籠絡，送給吳氏炭敬三萬元，張氏一萬元。萬不料張副議長大為不平。認為議長值三萬，副議長起碼也值兩萬，不應只給三分之一，中申其詈，消息由此漏洩了，議員們得知秘密，人人眼紅，以為議長三萬，議員只收二百，厚薄如此懸殊，直如冬季大減價，是可忍孰不可忍，一時叫囂鼓譟，有如群狗爭骨。

有奶便是娘賣身投靠

茲將當時領取曹錕津貼、賣身投靠的政黨，分述如後：

一、益民社系，包含兩個組織：（一）為民憲同志會，由小蔴線胡同一號之益友社所改組，其首領即眾議院議長吳景濂，事務所設於吳氏私宅內。中心人物有褚輔成、呂復、趙世鈺、馬驤、王觀銘、劉奇瑤、羅家衡、白逾桓諸人，在兩院內約佔一百五十個議席。其後除褚輔成、呂復等一小部份南下反對賄選外，餘均參加。吳景濂在賄選中，「立功尤鉅」。（二）為香爐營頭條十六號，其中心人物為胡鄂公、易次乾等。

二、新共和黨系，包含四個組織：（一）新民社，首領為眾議院副議長張伯烈，事務所設於石駙馬大街，黨員多數出於「新共和黨」，中心人物為張伯烈、鄭江灝諸人。在國會內，該系與吳景濂站在對立的地位。但就擁曹而言，則與吳景濂同為新保定系，態度一致。（二）誠社，中心人物為駱繼議、胡祖舜、袁麟閣、范鴻鈞等，與新民社接近。（三）復孫公園十一號，由新民社分裂出來的，中心人物為鄭江灝、牟鴻勛等。（四）頤園，由彭漢遺、黃贊元、張玉堂等脫離新民社而組織。

三、孫洪伊系，包含五個組織：

（一）全民社，為溫世霖的察院胡同二號、景耀月的西河沿一八二號、與李春榮的宏廟合併而成，事務所設甘石橋路西。中心人物為直隸議員溫世霖、李春榮、王吉言、馬文煥、錢崇愷、谷芝瑞、張士才與經濟派史澤咸、張益芳、景耀月等。溫世霖與曹錕的私人關係，素形密切，故其政治色彩與津派並駕齊驅，同以擁戴曹錕任大總統為目的。在國會中佔有八九十個議席，具有相當勢力。

（二）宏廟二十三號，為全民社的支店，中心人物為李春榮、王吉言、馬文煥、張國復等。

（三）西河沿一八二號。其中林繩武、張益芳、景耀月等，大半加入全民社。林繩武曾另組廣譽社，其本人未參加賄選。

（四）均社，由全民社分裂，為錢崇愷等所組織。

（五）民治社，為孫洪伊一派議員所組織，事務所設於松樹胡同三四號，中心人物有王湘、牟琳、宋楨、陳堃、張書元、呂泮林、王乃昌、吳宗慈諸人。該社與「新民」、「民憲」兩派，時稱為「三民團體」，以其中份子皆為舊國民黨系中人。

四、討論會系，包含兩個組織：

（一）樂園，事務所設太平街七號，中心人物為司徒穎、江天鐸、賀廷桂、林炳華、溫雄飛等。

（二）適廬，中心人物為江天鐸、譚瑞霖等。

五、研究系，包含兩個組織：

（一）憲法研究會，依歷史上的關係仍保存舊名稱，但實際已分為王家襄與梁啟超兩派，各展謀略，爭霸黨中。中心人物為王家襄、梁啟超、蒲殿俊、林長民、藍公武、籍忠寅、張樹枏、杜成鎔、李文熙、熊正瑗諸人。事務所一設未央胡同一號，即憲法急進會，主幹為蒲殿俊等。一設西交民巷七十四號，主幹為籍忠寅、張樹枏等。

（二）憲法學會，原為甘肅議員鄧毓怡所發起，會員多為研究系的議員。中心人物即為鄧毓怡，與劉夢庚具有關係，事務所設於北長街。

六、其他參加賄選政團，形形色色，全屬末流。計有：

（一）石附馬三號，為吳蓮炬、趙時欽、張佩紳、劉輔同、宋汝梅等所組織，黨費由王毓芝與張英華合籌。

（二）宣外二百號，主幹為裴廷藩、黃明新、任煥黎、王法岐、周克昌等，與保派劉夢庚有關係。

（三）化石橋五六號的彭占元等，亦與保派劉夢庚有關。

（四）壬戌俱樂部，為順治門大街二百號所改組者。中心人物有邊守靖、王承斌、劉夢庚、張漢、廖希賢、黃雲鵬、錢崇愷、余紹琴、孟昭漢、田永正諸人。蔣雁行亦有關係，多屬跨黨人物。

（五）觀音堂十號之許峭嵩、董慶餘、林柏和、易仁善等，屬於保派。

（六）憲友俱樂部之王謝家、李鍾麟等，與陸錦有關。

（七）報子街十八號之直隸派議員常清章、張鼎彝、馬英俊、王錫泉、仇玉珽等，與王毓芝有關。

（八）漢南寄廬，為保派蒙古議員諾門達賴恩和布林、石鳳岐、金永昌等所組織。

（九）蒙古議員俱樂部，為蒙藏議員熙鈺訥謨圖等以擁曹為目的而組織者。

（十）西北議員俱樂部，為甘新兩省議員所組織，由陸洪濤之同胞異姓弟董士恩主特之，屬於保派。

（十一）浩園傅夢羲等。

（十二）果園賈庸熙等。

（十三）明德學社于元芳等。

（十四）南廬的廣東議員王欽宇、楊詩浙、范殿棟等。

（十五）大中俱樂部傅師說等。

（十六）聯社周珏等。

（十七）政社恒詩峯、李槼、阮性言等。

（十八）翠花街十七號的浙江議員張復元等。

（十九）地方制度協進會，為接近洛派的小孫派王試功等。

（二十）順城街三三號屬於保派的劉可均等。

（廿一）水月庵七號王紹鏊等，為順城街三三號的支店。

（廿二）群治社雷殷、辛漢、劉哲、郭步瀛、李安陸、車林、端多布等，為新補參議員七十餘人之團體。

此外尚有不少名目，忽分忽合，無日無之，不及備錄。

人數不足國會移滬難

然而銀彈攻勢並不能完全收效，其間尚有顧全黨義與愛惜羽毛的議員，或則離京南下，或則拒絕收買，較之今日一般「代表」，零售躉批，汲汲於撈回「棺材本」者，大有霄壤之別。茲再分述如次：

一、國民黨系議員，與直系原立於反對地位。其時留在北京者，有兩個組織：一為謝持、王用賓、焦易堂、周震麟、田桐、彭養光等所組織的護法議員聯歡會；一為民八議員徐德和、凌毅、梅寶璣等結合的南溝沿六十四號。迨黎元洪被迫出京，中山先生即派前參議員劉成禺持書由粵北上，招引該系議員陸續南下，益友系與政學系的一部份議員亦接踵成行。該等議員於離北京時並發表告別書，措詞憤慨，對於吳景濂尤致聲討。

二、安福系議員，與直系亦不相容，由劉恩格、烏澤聲等組「竺廬」一機關，自居於段派嫡系，另成局面，不為他系所支配。

三、浙系，即益友社中褚輔成的一系，南下後以擁盧永祥為宗旨，故有浙系之稱。

四、東三省議員俱樂部。約有五十餘人，純以鄉誼結合，張作霖復斥貲支持，團結益固，在國會中另具一種勢力。此系向無首領，自黎元洪走後，劉恩格常充代表以與各方接洽，故無形中劉已成為中心人物。對於吳景濂則未嘗以同鄉視之（按吳景濂為奉天人），吳亦無術可與接近。當時始終不與直系合作者，除民黨外，當推此系為巨擘。

五、政學系，改稱憲政社，重要份子為谷鍾秀、張耀曾、李肇甫、金兆棪、丁文瑩、楊永泰、張玉辰、李根源、彭允彝等，以擁黎號召，李根源與彭允彝因得分長農商與教育，活躍一時。在國會之中，該系佔有議席約五十名，聲勢亦復不弱，故為直系所深忌。政變後該社議員相率南下，但亦有復行北上參加賄選者。此外尚有匡廬系，為該系的湯漪、王有蘭、王侃等所組織。

以上所述各系議員，南下以後，即決定國會移滬制憲，推參議員章士釗、呂志伊，眾議員褚輔成、田桐四人著手籌備，租賃上海縣西門外湖北會館為兩院議場，於民十二年七月十四日舉行國會移滬集會式，兩院議員出席者約有二百人。但因國會本身發生法統問題（即民六、民八之爭），集會未久，內部已肇破裂。北京吳景濂等乃得乘機構煽，並輦鉅金來滬運動議員北返。於是拜金議員，有到天津騙取南下旅費後仍回北京者，又有到滬賺取月費後仍回北京者，惟利是圖，行踪飄忽，以致上海終難湊足法定人數，而北京賄選反而大功告矣。

吳議長賣力一手張羅

先是黎元洪於民十二年六月十三日被迫離京，曹錕即於十五日通電，暗示國會，速辦大選。吳佩孚復於二十日發電，明白指出「應於最短時間，速以法律手續，促成選舉，萬不可遷延稽滯。」一於是賄選加緊進行，由吳景濂以總統選舉會名義，向兩院議員發出通告，訂於十月五日開會選舉。

十月五日總統選舉會於眾議院議場舉行。內外城各大街商鋪已先由警察挨戶勒令懸旗慶祝。順治門內外十步一兵、五步一警，荷槍實彈，如臨大敵。國會街一帶，警備尤嚴，眾議院前前後後，武裝軍警，便衣偵探，配置一千多名，所有北京治安當局如王懷慶、聶憲藩、薛之珩、車慶雲等均親自出馬，到場指揮，足見特別慎重。

開會時間，原定上午十時起，因議員簽到者不多，臨時改為不定時開會，以簽滿法定人數為準。一直延至下午一時廿分，經主席吳景濂點明參議院簽到議員一百五十二人，眾議院簽到議員四百四十一人，共五百九十三人，已足法定人數，乃告開會，開始選舉。旋經當眾點票唱名，曹錕得四百八十票，超過投票總額四分之三，依法當選為中華民國大總統。這幕醜劇，總算圓滿完場。吳景濂在這一天內，裏裏外外，一手張羅，可謂賣力之至。

據說其餘選票中，孫中山得三十三票，唐繼堯二十票，岑春煊八票，段祺瑞七票，吳佩孚五票，王家襄、陳炯明、陸榮廷各二票，吳景濂、陳三立、張紹齋、張作霖、陳遐齡、唐紹儀、汪兆銘、王志珍、李盛鐸、谷鍾秀、譚延闓、盧永祥、李烈鈞、高錫、符鼎升、姚桐豫、胡景翼、歐陽武、嚴修各一票。另廢票十二張，內中尚有山東悍匪孫美瑤一票，「五千元」一票，「三立齋」三票，吳景濂皆祕不發表。按孫美瑤即為是年五月六日臨城劫車案的土匪頭腦；「五千元」和「三立齋」，事見後文。

邵瑞彭求訴賄選貽羞

曹錕賄選既成，國人因號受賄議員為「豬仔議員」以申憤恨。至於賄選經過，當時眾議院浙籍議員邵瑞彭曾向京師地方檢察廳提出的起訴書，言之頗詳。為求存真，特摘要錄後，作為說明：

為告訴高凌蔚、王毓芝、邊守靖、吳景濂等因運動曹錕當選大總統，向議員行賄，請依法懲辦，以維國本而伸法紀事。……曹錕……以……翊戴洪憲之身……遙制中樞，連結疆吏，多方搜括，籌集選費為第一步。以收買議員，破壞制憲，明給津貼，暗贈佚馬，為第二步。以勾通軍警，驅逐元首，為第三步。以速辦大選，定期兑付，誘取投票，為第四步。近月以來，高凌蔚、王毓芝、邊守靖、吳景濂等與三五不肖武人，假甘石橋房屋，組織買賣機關，估定票價，一律給價，傳聞每票自五千元至萬餘元不等，於本年十月一日，新設甘石橋俱樂部，竟公然發行通知，召集在京議員五百餘人至該處，表面稱為有事談話，實則發給支票。此項支票，係用「潔記」字樣，加蓋「三立齋」圖記，均由王毓芝、邊守靖、高凌蔚、吳景濂等親自辦理。所簽票數，在五百張以上，而當時領票一百九十餘人。其經中間人過付持送者不在此數。瑞彭……於此等事未敢相信，適值同鄉王烈將前往該處，託其向王（毓芝）邊（守靖）探聽。王君回，謂該被告等已將曹錕之票價支票五千元，交我帶交，退還與否，聽君自便，我不負責等語。瑞彭當將支票留下。……特檢具甘石橋通知一件。五千元「潔記」簽字有「三立齋」圖記，背註邵字之支票照片，反正兩面共二紙，向大廳告發。……

段祺瑞任執政，國會壽終正寢

民十二年十月五日，曹錕賄選告成，在民國史上寫下最骯髒的一頁。參加賄選議員，喪盡廉恥，人格掃地，自為全國人民所唾棄。因此上海有國民討曹遊行大會；杭州有救國大會；各省學生則於示威運動中，搗毀議員住宅，並請求當地法團沒收他們財產，鑄造鐵像，使之遺臭萬年。憤激之情，於此可見。

兔死狗烹吳景濂放潑

眾議院議長濂，在賄選中為曹錕賣盡氣力，事成之後，卻不討好。先是曹錕進行賄選時，為恐事或有變，難償大欲，曾以當選後第一任正式內閣總理私許吳氏，作為代價，使其死心塌地，盡忠報效。及曹氏已經當選，其左右既不願以此重任，落於外人之手；又恐吳氏堅持原約，催促履行；乃千方百計，向吳氏加以打擊，不惟使其無法染指中樞，即原有國會地盤，亦欲撬其墻腳，使難自保。故在十月廿六日國會臨時會議時，議長問題突然發生爭執。十一月七日起，保派諸人又吸收反吳派議員，就甘石橋總部組織憲政黨，以倒吳為主要目的。此時距曹錕就職不及一月，吳氏已不免兔死狗烹之感矣。

憲政黨為由五個與保派關係深切的政團糾合而成，一為石駙馬大街三號，中心人物吳蓮矩、趙時欽；二為憲友俱樂部，中心人物王謝家；三為報子街十八號，中心人物常琦璋；四為憲法學會，中心人物鄧毓怡；五為化石橋五十六號，中心人物彭占元。其隱身幕後，策劃指揮者，則為曹錕所派的兼代內閣總理高凌蔚。

該黨結合之初，規模甚具。其內部分科辦事，各有主任人員：審查為谷芝瑞、王謝家；文書為駱繼漢、賀道元；宣傳為景耀月、趙時欽；會計為史澤咸、段大信；交際為胡元滙、郭步瀛；庶務為王雙岐、周克昌。其在國會中亦佔多數議席，實力雄厚。惟自高凌蔚下台，孫寶琦內閣同意案經國會通過後，該黨已不如前此積極，黨務集會，到者寥寥。

然而吳景濂的政治手腕，亦殊不弱。為保持其在國會的一定地位，以民憲同志會為基本，拉攏易次乾的香爐營夾條十六號；籍忠寅的西交民巷七十四號；葉夏聲的匡廬等政團，與憲政黨處於對立地位。高凌蔚代閣時，此派議員曾謀假手「金法郎」案，發動攻擊，迫使高氏下台。當眾議院討論孫寶琦內閣同意案時，兩方議員互相爭執，以墨盒交相投擊，演為全武行。吳景濂憑藉議長地位，悍然喝令駐院警衛，毆捕反對派議員；馴至京師檢察廳派來驗傷的檢察官，亦不賣帳，予以拘禁。其後又為警察廳撤換駐院警衛事件，他為表示反對，竟敢私携眾院印信，潛向天津溜去。作風潑辣，與其大頭同樣突出。

所謂「金法郎」案，為第一次世界大戰後，法國經濟衰落，「法郎」大跌價，對於庚子賠款，我國用匯兌辦法，只須常年付出較前約少一半的銀兩，已足清償法國應收之賠款，殊為有利。民十一年六月，法國要求用金元計算，我國當局向來顢頇，竟為所蒙，於七月間與訂協定，將「法郎」二字改為「金法郎」。法使後又要求撤回用金元計算辦法，直接用「金法郎」，於是發生所謂「金法郎」案。按「法郎」即「紙法郎」，價值低於「金法郎」數倍，若用「金法郎」付款，則常年須付多倍的賠償，始能足額，於國家損失甚鉅。當時政府鬧窮，急欲得到退回的庚款，以資彌補。同時經手人亦欲上下其手，乘機漁利，因擬承認法國要求，解決此案。吳景濂為報復起見，乃抓緊當局弱點，倡言抨擊，使無法取得國會同意。

於此尚須補提一事，即本屆國會曾於是年十月八日，三讀通過憲法十三章，一百四十一條。旋由曹錕於雙十節就職時予以公布。

至於前文列舉的小政團，因賄選制憲，次第完成，已無津貼可領，聲勢大落。此輩議員，變為陳年宿貨，雖願削價拍賣，亦乏人問津矣。

曹錕倒台段祺瑞復起

曹錕亂法行賄，瀆亂選政，挨盡國人痛罵，實際是得不償失的。其僭竊名器，為時甚短，不過一年零二十四天。民十三年九月十六日，第二次奉直戰事開始。十月廿三日，倒戈將軍馮玉祥直系，潛師回京，通電主和，發動政變。曹錕即於廿四日起被幽於延慶樓，旋於十一月三日辭職，將總統印信移交國務院，由代理國務總理黃郛宣告攝行總統職務。這一齣求榮反辱的戲文，直到民十五年四月九日，北京又發生政變，段祺瑞執政左右響應奉軍消滅京內國民軍的陰謀敗露，鹿鍾麟派兵包圍執政府，段氏及安福系諸人逃入交民巷，鹿以警衛總司令名義宣布段氏罪狀，恢復曹錕自由，才告終結。計算時日，曹錕被絀一年零五個半月，較之竊國稱尊，還多出幾個月，這是後話。

如今回說曹錕垮台後，張作霖、馮玉祥、盧永祥等即推段祺瑞為臨時執政。段氏於民十三年十一月廿二日由津入京，廿四日就執政職。

其時政黨方面，國民黨留京的反對賄選議員，組有國民黨同志俱樂部，以彭養光、馮自由等為中堅。彭等在北方時間較久，頗有相當勢力。俱樂部成立時選舉理事六十人，主要分子為唐紹儀、章炳麟、楊庶堪、彭養光等。唐、章、楊等當時雖不在京，但皆表示合作。其於政治上的運用，為對段政府取得妥協。反之，段政府亦有意吸收此派人物，故在內閣中以外交一席畀唐，農商一席畀楊。至於廣州國民黨中央執行委員會，則與段政府並不相容，隨時為反對的表示。

段政府的與黨安福系，此時大致已分為安徽派與福建派。安徽派以王揖唐、許世英為首；福建派以曾毓雋、李思浩、梁鴻志、朱深等為中堅。兩派環伺段氏左右，各顯神通，爭衡角勝。

研究系因民六年聯段淵源，對段頗表同情，惟迄未抓到實權。新舊交通系則依奉張以謀活動。政學系與一部份留京的國民黨黨員，則依附於馮玉祥的國民軍，而聯省自治派則以反段為號召，與雲南唐繼堯、湖南趙恒惕、廣東陳炯明相接近，其領袖多在上海，留京活動者僅有褚輔成、楊永泰、鍾才宏數人。

取消國會開善後會議

關於國會方面，段氏就職後，未參加賄選議員發表宣言，成立國會非常會議。其曾參與賄選各議員，則因司法總長章士釗下令法庭檢舉，由京師地方檢察廳遵照所開名單九十餘人，分向各該住宅及有關銀行搜查證據，紛紛逃往天津。但仍厚顏無恥，聲稱在京不能行使職權，準備在津開會。執政內閣乃於十二月十三日（民十三年）閣議中，議定撤銷曹錕所頒布的憲法；宣告臨時約法失效；消滅國會機關。民十四年四月廿四日，段政府下令取消國會參眾兩院。一部份議員至此猶不甘心，於廿六日謀在參議院集議。警廳當派警驅散，內政部並派員接收國會印信文件器具。這個臭名昭彰的國會，才告捲堂大散。

段氏此番就任臨時執政，表面上似有一番抱負，所宣布的大政方針，有「制定國憲，促成省憲」云云。其步驟為「組織兩種會議：一曰『善後會議』，以解決時局糾紛，籌備建設方案為宗旨……。二曰『國民代表會議』，擬援美國費府會議先例，解決一切根本問題……其集議會章，俟善後會議議定後，即行公布。」又聲明「會議完成之日，即祺瑞卸責之時。」以示其光明磊落。十三年十二月廿四日，段政府公布善後會議條例十三條。對於參加會議的人選，備有三種特定資格的規定，而實際所邀約的人員，則其資格顯不相符，多數為實力派及與實力派勾結的人物，計一百六十六人。於民十四年二月一日召集開會，舉趙爾巽為議長，湯漪為副議長，前者是一老古董，滿腦子的復辟思想；後者則為一慣於翻雲覆雨的政客，在民七政學系推翻孫中山的陰謀中，他便是最出力之一員。該會會期原定一個月，嗣經一再延會，糜費達一百數十萬，始於四月十八日完成國民代表會議條例，廿一日閉幕。

時代轉變舊政團解體

先是十三年十一月十三日，中山在三角同盟的背景下，應國民軍馮玉祥、胡景翼等之請，離粵北上，共商國是。行前發表宣言，為謀中國之統一與建設，主張召開國民會議，而在國民會議召集前先開預備會議，決定國民會議之基礎與條件，及召集日期、選舉方法等項。及中山於十二月四日抵津，卅一日扶病入京，則段氏所主張的善後會議條例已通過公布矣。國民黨以此項會議所約人員，多係軍閥官僚及其化身，於人民方面全未顧及，極表憤慨；國內輿論亦多表示不滿；西南各省並互約不派代表出席。以是善後會議雖告開幕，根本是不得人心的，支離破碎，全無意義。而中山即於次年三月十二日逝世矣。

其後段政府公布國民代表會議條例，其中缺點甚多，尤以限制職權，使該會議僅有議決憲法的權力，而無起草憲法的權力，使人驚異。因此國民黨及輿論始終反對，各省於代表選舉期（十四年六月卅日）的規定，亦多拒絕照辦，以是國民代表會議終未實現。

按段氏組織兩個會議，及派趙爾巽、湯漪、王家襄、徐紹楨等三十人為臨時參政，成立臨時參政院，用意所在，祇是網羅政客、裝點門面，仍屬安福時代的老手法。又執政府本身原無法理根據，由此種政府所產生的任何會議或機關，自亦於法不合，絕無解決國事的權利；即便有所決議，亦歸無效。以是國民代表會議開與不開，於國事的解決並無關係。

當時局面，操縱實際政治者為奉系與國民軍系，段派之勢已微。奉系與國民軍系各以強力分據地盤，其情形等於民六以後，直、皖；直、奉兩系對峙的翻版。這位向以剛愎見稱的段祺瑞，因地位的束縛，所處環境，很像當年的徐世昌，又像受夠他的惡氣的黎元洪。段氏既已如此，各政團自更陷於困境，非投靠實力派無以苟延殘喘，根本談不到政治上的主張。而南方的國民黨則由實行改組，創造其新生命，有識之士，多已捨北而南，在時代轉變下，舊政團益無存在餘地，不得不歸於淘汰矣。

記、中、日、美三國的三個外交官：蔣作賓・廣田弘毅・葛魯

趙世洵

(一) 有關當年中日外交的一段秘聞

本文所敘述的三位先生，是中、日、美三國的外交官，他們都和中國近代政情之發展，息息相關；他們所代表的時代，大約始自民國十九年（公元一九三〇年）至民國三十六年）。蔣作賓和廣田弘毅廁身外交界，可能早過美國的約瑟・葛魯（Joseph C. Grew）。廣田弘毅和葛魯都是職業外交家，英文中所謂Career diplomat，亦即中文之所謂科班出身也。蔣作賓年紀都比他們長，原是軍人從政，以後轉入外交途徑；因為他是日本士官學校出身，所以外國文字，祇懂日文，英法語文，完全不行，在外交仕途上，算是半路出家。

由於他們三個人所折衝的時代，正是我們這一輩子，當時年齡不過十來歲，到今天全都六十開外，已飽經了大時代給我們憂患而滄桑的歲月；這些流過的韶華，在我們中國人的心上，悲歡離合，家破人亡，斑斑點點，烙痕猶新。

因為日軍侵華，層出不窮，中日外交，不絕如縷。我把他們折衝的其間經過，一一有些史實，知道的人還不多——分別敘述出來。姑不論功過是非，而以一個「這個時代最痛苦的中國知識份子」（引燕京大學司徒雷登博士所著《在華五十年回憶錄》書中語）來回顧這三位前輩，讀者也許可能看出我們今日國運之蹇劣，實承自當年他們處理之失策。所謂：「失之毫釐，差之千里。」

——蔣作賓

蔣作賓，字雨巖，湖北應城縣人。弱冠之年，應科舉歲試，得補博士弟子員（即秀才）。會張之洞督政兩湖，試行新政，興育儲才，光緒三十年（一九〇四年）設文武普通學堂各一所於武昌，蔣考入文普通學堂。同登是屆榜上之名人有早期同盟會領袖宋教仁與中共之董必武，襄理是屆入學考試之哲彥，檳榔嶼之辜湯生亦在焉。蔣畢業時，以成績冠同輩，乃由鄂督張之洞躍拔，以官費派至日本留學。初入陸軍成城預備學校步科，繼入陸軍士官學校第四期步科。氏在日本，正值明治維新，暗中留心日本陸軍之演習、操法與佈陣，冀返國革新中國之軍陣，固一極有心志之青年也。

光緒卅一年（一九〇五年），正值日俄戰爭於中國東三省，蔣雖未隨軍，開赴前線，嘗聞戰勝返國之日本教官，講演日俄戰爭各種佈陣之經驗，心領神會之餘，乃以中文寫下《陸軍步兵操典》一書，名噪中日；時至今日，此書在台灣國軍中猶視為圭臬。四十三年前，余服第二屆大專學生國民兵役於蘇州老五團，此為必修之課本，足見此書之價值。

氣量寬宏又不吝錢財

宣統元年（一九〇八年）八月，又以士官成績異優，奉陸軍部派赴保定速成軍官學校任步科教官，訓練新軍，頗有法度，深得校長段祺瑞之賞識。傳聞此時故總統蔣先生以「蔣志清」之名，亦在保定軍校。民國十六年（一九二七年）國民革命軍戡定長江流域後，雨巖先生原為北洋派系之舊式人物，然他受知於蔣總司令，迭任要職，眷遇之隆，直至民國廿九年（一九四〇年）十二月，病逝重慶，使中樞顯要，無不為之側目。有云故總統蔣先生在保定軍校時，即與蔣教官相識，奠下師生之情，亦有人云，故總統蔣先生之被保送赴日本陸軍成城預備學校，實由雨嚴先生在段祺瑞前保舉，始促成其事。

器量寬宏，容得下人，加上又肯花錢，是政治上不倒的獨一秘訣，放目近代中國政壇人物，夠得上這種氣度的人，委實不多，據在下研究中國近代史料所知，除雨巖先生外，還有一位便是安徽的陳調元將軍。

即使蔣氏和故總統蔣先生，沒有保定軍官速成學校那段關係，就以他的雍雍大量和不吝錢財，再加上他人品端正——不二色、不賭、不酒——舊學也還過得去，已經足夠他在宦海中任意騁馳。他還有一位賢內助。他的太太，是湖南張氏，望族之女，知書達禮，中英文都好。平日在使館中恆以狄更司（Charles Dickens）小說消遣，坐立均有儀態，望之令人敬畏。夫婦之間，相敬如賓，堪為使館屬員之模範。蔣氏決不會像那些丟了官的朋友，而「皇不可終日」者。且看他在保定陸軍速成學校，待了不久，調陸軍部軍衡司，翌年升該司司長。宣統三年（一九一一年）十月在武昌起義之辛亥革命，清廷震動，特派蔣赴灤州撫慰駐防之陸軍第廿鎮張紹曾部。張之部屬范熙績、石星川，皆湖北人，且同為日本士官學校出身，蔣與之有同鄉兼同窗之誼，乃私下策動起義。會事機不密，為軍人八旗子弟所悉，聚眾設陷，圖生擒蔣氏；幸標統石星川率軍趕至，蔣越牆遁去，免於大難，回北京軍衡司，勢不可能，乃決心投奔在武漢督師之黃興。行至漢皋，漢陽已失，武昌瀕危，急轉赴滬，與黃興會合於春申江畔，策劃東南革命大業。

未幾，迨民國元年（一九一二年），南京臨時政府成立，國父中山先生被舉為大總統，有關各部首長人選，全由黃興遴擇，武昌革命黨人孫武要求出任陸軍部次長，興不允從，轉而推薦蔣氏。孫一怒之下，回武漢組織「民社」，擁戴黎元洪，儼然與同盟會唱對台戲；加以袁世凱威迫利誘，中山先生乃實行禪讓，南京臨時政府撤消，雨巖先生仍返北京任陸軍部次長。當時陸軍總長段祺瑞，既跋扈又專權，部中巨細，皆不使蔣氏顧問，蔣坐著這張冷板凳，安之若素，可見其器量之大。

東北作說客的第一人

他在北京宦海中，幾沉幾起，中間祗有袁世凱在民國五年（一九一六年）洪憲稱帝，託病辭職，隱居西山外，都閒不下來；直到民國十年（一九二一年）秋，偕同鄉孔庚，奔赴廣州，親向中山先生報告援鄂革命之經過，蒙國父嘉慰，並命其留在大元帥府，直接參予北伐戎務，襄理機要。翌年六月，陳炯明叛變，蔣在韶關為叛將楊坤如捕而得脫，遁走香港，此為二度遇險。

民國十五年（一九二六年）秋，國民革命軍佔領長沙，蔣總司令派其赴奉天（即今之瀋陽）會晤「東北王」張作霖，而作說客，希望利用「孫（傳芳）段（祺瑞）張（作霖）」聯盟之誼，以孤立吳佩孚之百萬大軍，從而實行個別擊破。蓋雨巖先生與奉軍參謀長楊宇霆，係日本士官同窗，且私交甚篤。不獨此也，他在陸軍部供職甚久，又與奉張軍人，來往素稔，此說客是容易做的，因中間橋樑關節，皆佈置妥人，故面張大帥時，是水到渠成。這是蔣先生派去東北作說客的第一人，他的任務，較諸隔了五年後派去作第二位說客的吳鐵城——東北易幟——要輕鬆得多了。

能嚴守秘密受知極峯

民國十八年春，蔣總司令自日本返國復職，繼續北伐，成立戰地政務委員會，特任雨嚴先生為主席，軍次濟南，「五・三慘案」發生，戰地政務，受到日軍干涉，形同虛設，未幾即告結束。是年國慶，蔣先生就任國民政府主席，即任雨巖先生為駐德全權公使。氏以純粹軍人，向無外交經驗，奉派至德國，各方為之詫異；可是正因他是軍人，在士官時，又精究兵器學，出使德國主要之任務：大量聘請德籍軍事教官，以及洽購精良軍火，使吾國軍旅，完全訓練成一枝現代化德式軍事教育標準之勁旅，蓋當時中央方面，已在積極備戰，以對付頑強之東鄰。此事外間鮮知，最近返台，聞自鄂省老前輩╳先生，他說：「雨嚴一生能受知於極峯，凡事嚴守秘密，蓋其性格偏陰柔，勿喜張揚也。」

為中日外交費盡心血

在下研究中國近代史料，認為蔣氏歷任顯要，經北洋而至南京，一生中最輝皇而最具歷史性的作為，莫過於自民國十九年（一九三〇年）至民國廿四年（一九三五年）的四個多年頭的駐日本全權公使（他是繼任吾蘇前輩汪榮寶先生之遺職），——後來在民國廿四年五月十日發表中日兩國公使館昇格為大使館，蔣氏奉命為首任特派駐日本全權大使（六月二十日呈遞國書，日本駐華大使有吉明於六月十四日是呈遞國書，——因為這一段時間，他為中日外交，確是費了不少心血。

我現在先把熱河事件涉及中日秘密外交的經過，寫在這一節中，另外「廣田三原則」寫在廣田弘毅一節中；因為「廣田三原則」是涉及蔣氏和廣田二人，那時蔣氏為駐日公使，而廣田正任日本海軍大將出身屬於穩健派份子的總理大臣岡田啟介內閣（一九三四年七月八日組閣，因前任齋藤內閣為了「帝國人造絹絲株式會社」之外務省大臣。

作戰行動已箭在弦上

民國廿二年（一九三三年）元月，熱河忽然情勢吃緊，省主席湯玉麟頻向中央密報：關東軍有窺我之動向。元月廿七日，我駐日公使蔣作賓密電極峯，謂日本元老西園寺公派人來稱：「日本內閣將有更動，惟政權將不致復操諸少壯軍人之手，期望與中國接近。」就在同一天，日本關東軍司令官武藤信義訓令所屬：「熱河情勢日益險惡，對於確立『滿洲國』基礎而言，現在已是處於不容放任的境地，關東軍在作戰行動上，已經臨了箭在弦上之時機。」

國民政府旋即派代理行政院院長宋子文，於二月十二日前往北平，督導加強對日抗戰之準備，並向報界發表嚴正聲明：「熱河省是中國的一部分，和廣東、江蘇……各省相同，對熱河的攻擊，如同攻擊首都一樣，日本如果進攻熱河，我舉國與之抵抗。」過了沒有多天，宋氏復在十七日偕同張學良赴熱河視察，除會見湯玉麟主席外，還鼓勵了士氣。

二月九日在長春的關東軍提出「經略熱河計劃」，二十日左右在關東已全部進入戰鬥狀態。

當時日本關東軍是動用了兩個師團——第六師團（師團長坂本右衛門）；第八師團（師團長西義一）。第六師團以大山、下窪、朝陽方面為攻擊目標；第八師團由北票附近向凌源及其以南一線進攻，中日兩軍，迅即在朝陽、開魯等地發生衝突，湯玉麟實力單薄，通電全國：「戰爭開始，後方支援。」

關東軍三路進攻熱河

二十三日，日本外務省——其時外務省大臣即為廣田弘毅——向我國要求：「中國軍隊退出熱河。」我外交部立即拒絕。同日日本駐華公使有吉明向我外交部長羅文榦提出：

（一）熱河省內張學良及其他反「滿」軍隊之存在，不但與「滿洲國主權牴觸，且與熱河省治安之恢復，不能兩立，故此次「滿洲國」實行肅清該省內「匪賊」及兵「匪」餘黨，日本軍係站在基於「日滿議定書」而應與該國軍隊協力之立場，……日本軍即使與張學良軍及其他反「滿」軍隊衝突，乃因張軍不接受「滿洲國」向關內撤退之要求，其責任應由中國方面負之。

（二）日本軍之行動，只以確保熱河省之治安為目的，張學良軍及其他反「滿」軍隊如出於積極行動，而難保戰局不波及華北方面。

（三）「滿洲國」對於反「滿」軍之歸順，向以寬大態度對待，湯玉麟等如果歸順，則將按照一向方針以寬大處理。

我外長羅文榦收到日本照會後，當即駁復如次：

（一）中國政府派兵往熱河防禦外國武力之侵略，乃係行使其固定之主權；……東三省偽組織，為日本一手造成之傀儡，乃舉世皆知之事實，其所為之一切非法行為，日本政府尤應負其全責，中國政府因東三省偽組織及所謂「日滿議定書」，業經迭向日本方面嚴提抗議，概不承認。

（二）日本軍隊之行動，據稱將及於華北，足證日本方面蓄意侵略，毫無覺悟。……如日本軍隊侵及華北，中國軍隊必行其自衛守土之權。

（三）熱河省政府主席湯玉麟，為中國地方軍政首長……日本政府對湯主席所稱各節，殊屬有意侮辱，中國政府特予抗議。

日本方面未及答覆我之駁斥，即向熱河分三路：（一）北由通遼向開魯；（二）中自錦州攻朝陽；（三）南出綏中撲凌源。展開正規的侵略行動。

湯玉麟這點兵力，自然不能担當大任，熱河不久便完全淪陷了。熱河事件以後，日本軍人的野心更是囂張，其勢必自華北伸展至長江流域，甚至呑食全中國。

這個時候政府一面調張學良至熱河，協助湯玉麟；一面派陸軍部長何應欽坐鎮北平，佈置長城一帶。

李能梗兄透露的秘聞

我外交部在這個時候，不斷與我駐日使館保持聯絡，密電往返，不絕於途，當時充任譯電工作的為筆者好友前駐檳榔嶼總領事李能梗兄，據他向我透露有中日外交的一段秘聞如下：

「當熱河事件發生的前兩天，中央對於和戰仍難取決，蔣公使（作賓）陷於極度的苦悶，那時我（李能梗自稱、下同）尚未結婚，剛由巴黎大學政經學院（按：該校為訓練外交人才聞名於世者）回國，進了外交部，奉派至東京我國大使館為隨員，所以時時跟著公使。你曉得雨巖先生出身日本士官步科，他和當時的陸相（即陸軍部長）荒木貞夫是同班同學，雨巖先生自然日本話講得很好，而荒木是位支那通，精於漢學，中國話說得也不錯。他們二人私交，本極友善，雨巖先生想不以正常外交傳統，「出牌」方面，另行寄著，想打破慣例，以單刀直入方式，私下先和荒木磋商中日外交之癥結，及至稍有眉目，再循外交正途。由於我初到日本，而且剛剛離開學校，平日從不涉足公共場所，不為日方特務注意，所以這項任務便落在我的肩上了。

一封密函送交日陸相

「公使在書房裏寫了一封密函，交我親自送到荒木陸相手上。這是我第一次當「外交信差」（Diplomatic Messenger），臨行時公使還一再叮囑我：『小心啊，不能走漏半點消息，否則闖大禍了。』這件事情，當時使館中與聞的，除我外祗有丁紹伋參事一人而已。

「現在我還清楚記得，這是一個初春的早晨，東京初春的早晨，春寒料峭，島國海風，刺人入骨，相當教人難受。我身懷機密文件，逃過陸相官邸一批批特務和警衛人員的耳目，終於在一絲晨曦的光茫中摸到荒木的官邸，輕按門鈴，說明來意，侍者便把我引入，荒木陸相穿上衣，未佩領章，很嚴肅的接過我那封機密文件，在燈下拆開來看完以後，便走至門側，把門關好，遵日本禮節，先請我用茶，然後低聲道：『貴國公使既有此誠意，解決日華事件，我非常欣慰，貴公使提出與敝人單獨會面，尤表歡迎，請閣下轉陳貴公使，定於後日上午六時半在舍下晤面，敝人當極盡所能，使日華事件，圓滿解決。』荒木說完這話，面露笑容。我以任務已成，乃匆匆告辭。雇了一輛小汽車，回使館向公使覆命，雨巖先生也十分欣慰，當晚復邀丁參事和我三人一同會商交涉的步驟。我那時年輕，談到更深半夜，不但不倦，祇要有機會報國，便顧不得其他了。

羅文榦密電打破計劃

「到了次日下午，外交部忽然來了一道密電，由我譯後送呈公使，是羅文榦部長不贊成公使去會荒木陸相，電文中指為『無濟於事』。蔣公使接到這份電報，默然不語者良久，最後決定派丁參事次晨前往，並要丁參事向荒木說：『蔣公使肚痛不能前來。』

「次晨丁參事準時前往陸相官邸，一下車來果然見荒木已在花園中等候，上前按鈴，荒木親自開門，一看不是蔣公使而是丁參事，不待客人啟齒，便把門關上。在荒木陸相，認為中國方面對於解決中日問題，一無誠意，便索性關起門來不談了。」

日本有北進南下兩派

我們現在以後人看前人所做的，便可以知道羅文榦之「無濟於事」是稍為武斷。荒木貞夫做過關東軍參謀長，我們研究關東軍的傳統，司令官後來在日本政壇上得意的並不多，而幾位關東軍參謀長回去後，都能脫穎而出。東條英機以後便入閣拜相，他的資本便是在關東軍參謀長任內奠定的。曩昔我在東北採訪時，即注意到關東軍問題的研究，根據我當年蒐集的資料，荒木貞夫隨「滿洲國」總理大臣鄭孝胥學詩習字，在東北我沒有讀到荒木的詩，但他的字，筆觸之間，寫得確頗有魏晉之風，並不俗氣。字能寫得不俗，想其人品亦必風雅，固一彬彬儒者風也。日本大本營方面，當時有北進派和南下派：北進是指向蘇聯，創此派者、以荒木貞夫為首，南下是指向南洋群島，主此說者、以海軍中堅山本五十六元帥為首。此二人皆曾一度隸屬於關東軍，當年二人曾為各自之戰略，相爭不下，竟至憤而斷絕私交。設若羅文榦不阻止雨巖先生與荒木密談，則大東亞戰爭可能因此避免，一場大戰亦可能波及俄國本土，中共亦不致席捲大陸，禍及世界。關於這點，在拙稿《東北見聞錄》（刊於香港《大成》月刊），最後兩章〈日本的關東軍〉上與下兩章中，詳細論及，這裏節省篇幅，不再重覆了。

（二）中日外交的絆腳石「廣田三原則」

——廣田弘毅

廣田弘毅，出身東京帝國大學政經系，在日本外交界從見習領事（Student Consul）做起，一直到外務省大臣，歷經二十七任公使，八任大使，官運亨通，宦譽之隆，在日本外交史上實無人能望其項背。所以據我們中國和他辦過交涉的朋友言及，廣田為人，官架子十足，因為他不但在日本政界傲視儕輩，而且恃當時日本國力雄厚，亦不把東京外交圈內的友邦同僚，看在眼裏。

嚴格的說來，廣田出身東京帝國大學，是列入正途，又是科班，在日本政界一向為人重視，因為根據日本的傳統，凡位居各部卿相者，無不是從東京帝國大學政經系出來，近年來惟一例外之「雜種貨」（日本人的評語），乃是田中角榮，不知怎樣陰錯陽差，讓他入閣拜相，因為他不是東大出身：正好似滿清的相爺，非要進士出身，才夠資格入閣，拜為大學士。縱觀有清一代，以舉人出身而拜相者祇有左宗棠一人而已：那是因為左舉人在西北平回凱旋，慈禧太后破格賞他同進士出身的資歷，為他拜相鋪路。

政治上遴選才俊，根據學校之優劣，來定取捨，久而久之，便形成一個傳統，原無可厚非；

英國選才，一定從耶魯、哈佛兩校物色（這兩間大學唸文科的課目我曾在〈記復旦大學校長李登輝博士〉一稿中述及。法國則選自巴黎大學政經學院。英國更考究，不但從牛津和劍橋兩校中挑選哲彥，而且還要查他們中學，是否出身伊敦與哈樂。在我們中國，外交官的人選，早年都選自北洋和聖約翰，以後則被中央政治學校包辦，這個學校，黨治較濃，並不見得有出色的人才。

廣田任首相加緊侵華

廣田弘毅一生命運之登峯造極，自然是昭和十一年（民國廿五年、一九三六年）在東京發生的所謂「二・二六」事件，造成他繼岡田啟介而為總理大臣。

在日本方面，中日戰爭前數年，先後爆發了若干驚震世界的事情，最重要的是在昭和七年（民國廿一年、一九三二年）的「五・一五」事件：陸軍少壯官兵射殺總理大臣犬養毅；其次便是「二・二六」事件，又是陸軍少壯官兵襲擊總理大臣官邸，擊斃內務省（內政部）大臣齋藤實、大藏省（財政部）大臣高橋是清、和教育總監渡邊錠太郎，岡田啟介倖免於難。

行動的那一天，正是二月二十六日清晨，東京街頭，大雪紛飛，路上行人稀少，少壯派不滿元老派處理國事之遲緩——尤其是對華事件，欲前不前，——於是有日本陸軍步兵第一及第三聯隊，加上近衛步兵第三聯隊的青年軍官，帶領約一千四百名士兵，發動叛變，殺害了上述三位大臣，佔據了東京市區的官廳街道，要求以屬於皇道派前任陸軍教育總監真崎甚三郎大將，組閣執政。這是日本軍閥企圖把元老趕下水，而控制政府的一著。

隔了四天，到二月二十九日，叛軍得以平定，岡田內閣則因此總辭，三月九日由外相廣田弘毅出任首相，成立新閣，實行加緊對華侵略。

日軍不斷向我方挑釁

民國二十四年（一九三五年）五月，駐屯天津的日本軍，向我連續挑釁，引起一連串不愉快事件，那個時候日本在天津的駐屯軍司令官是梅津美治郎（米蘇里戰艦上，他是日本大本營（海陸軍）代表參謀總長的身份，和日皇及政府代表外相重光葵向麥帥呈上降表），參謀長是酒井隆。梅津是個正派軍人，規矩人，酒井是個流氓壞蛋。我方和他們交涉的對手是軍事委員會北平分會代理委員長何應欽。駐屯軍參謀酒井隆、參謀高橋坦瞞著梅津，做了許多壞事，至於什麼「何梅協定」，根本就是造謠，敬之上將軍最近以〈河北事件中絕無所謂『何梅協定』〉一文，刊於去年冬季出版之《近代中國》季刊（香港讀者可請參閱《大成》月刊第四十八期，轉載何氏全文），其間經過說得非常透澈，這裏暫且不表了。

此後不久，在同年六月五日土肥原賢二大佐，派了四名特務潛入察哈爾省的張北縣，當為省主席宋哲元所屬第廿九軍逮住，於八小時後釋放，在北平伺機侵略的土肥原，便掀起所謂「陝北事件」，聲稱：「是對於日本軍人的一種侮辱。」遂即通過張家口的日本特務機關長松井源之助中佐，於六月十一日向吾國方面提出「懲辦直接負責人、以及由廿九軍軍長道歉」，限五天答覆。

此後中日外交轉入密談的階段，我方直接負責對日外交者，是兼任外交部長的行政院院長汪兆銘（精衛）；日方直接負責對華外交者，是外務省大臣廣田弘毅。我方作對手向日本辦交涉者為特命全權大使蔣作賓；日方作對手向我方折衝者為大使有吉明。

蔣大使提基本三原則

這裏在下要說到所謂「廣田三原則」了。在日本人看來，這是廣田弘毅一生中之「精心傑作」，如果有人要替這位矮身材蓄有小八字鬍子的日本相爺寫傳記，我想這個「三原則」無疑是大部頭中的主題曲；然而這「三原則」又如何產生出來的呢？

事實是這樣的：在民國二十四年（一九三五年）七月二十八日，軍事委員會蔣委員長，在四川峨嵋籌備創設軍官訓練團，而其時蔣大使正返國述職，蔣委員長便邀約蔣大使入川晤談。

蔣作賓於八月三十日回返東京任所之前，自然亦晉謁了兼外長的行政院院長汪兆銘，接受訓令。他回到東京，即於九月七日訪晤外相廣田弘毅，實行秘密會談，蔣大使對調整當前中日邦交，提出下列基本三原則：

（一）中日兩國彼此尊重對方在國際法上的完全獨立，日本應取消在華的一切不平等條約——包括租借地、租界、領事裁判權在內，軍隊和軍艦非經對方許可，不得在對方的領土和領海駐屯，或通過、停泊；此外，並互相享有及遵守獨立國家在國際法上所規定的一切權利與義務。

（二）今後，中日兩國彼此維持真正友誼，凡非友誼行為——如破壞統一，擾亂治安或毀謗誣蔑等行為，不得施之於對方。

（三）中日邦交恢復正常軌道，今後一切事件與問題，均須用和平外交手段解決；凡外交機關以外份子的行動或其任意採取的壓迫手段，應立即終止。

蔣大使復進一步表明：「如果貴國承認以上三項基本原則，並撤消〈上海協定〉、〈塘沽協定〉，及軍方有關華北的約定，恢復「九・一八」以前狀態，則敝國方面將會同意：

（一）設法停止排日及抵制日貨；

（二）不談滿洲問題；

（三）在平等互惠，貿易均衡的原則下，商量兩國經濟合作，凡於兩國有利者固當為之，即使於日本有利而於中國無害之事亦可商量。

（四）倘經濟合作成績良好，兩國國人不會再有猜疑，並可以商量軍事問題，這在中國來說，實在是最大限度的善意提携。

當時廣田外相的態度，表現得十分誠懇，對蔣大使所提之三原則及補充說明，廣田雖未作正面答覆，但在十八日再度與蔣大使會商時，確會表示：「貴國之希望，敝國願儘量達成，但希望之實現，刻下正與軍方會商。」

「廣田三原則」之全貌

不意到了十月七日，廣田外相又約蔣大使赴外務省會商，表示：「貴國先前所提之三原則，可望實現；但貴國必須先同意下列三點：

（一）中國須絕對放棄以夷制夷政策，不得再藉歐美勢力來牽制日本。如仍舊陽與日本親善而陰結英美，則中日兩國絕無實現親善可能。

（二）中、日、「滿」三國須常保持圓滿關係，這才是親善的根本前提。中國如能正式承認「滿洲國」，日本才可認為中國確有誠意。唯在中國方面或許有其不能及時承認之困難存在，然無論如何，中國必須尊重「滿洲國」存在之事實，應找出辦法——第一、使「滿洲國」及與「滿洲國」接近的華北地區之間，不起爭執。第二、使「滿洲國」及與「滿洲國」接近的華北地區之間，保持密切的經濟文化聯絡。

（三）中國為防止赤化，須與日本共同商一有效的方法。赤化運動導源於某國（指蘇俄），自北方南下，故在中國北部邊境一帶，有與日本協議防止赤化之必要。

這就是「廣田三原則」之全貌，以後中日外交始終談不下去，最後引起八年抗戰，兩國人民生命財產損失慘重，就因為「廣田三原則」這塊絆腳石。

心狼手辣圖禍我中國

讀者有所不知，蔣大使是九月七日訪外務省，中間廣田又在十八日邀蔣大使去外務省，到十月七日才正式答覆，足足拖了一個月。這一個月當中，外相、陸相、海相不斷會商，他們在政策上決定：「依據以日本為中心的日、「滿」、支三國提攜共助，確保東亞安定，並謀求其發展，乃為我國（指日本）對外政策之根基。……當遵循道理，並採用援急制宜方法，使支那方面之中央及地方政權，調整其對帝國（日本）及『滿洲』之關係；俾期日、『滿』、支三國間之根本關係，臻於確立應有的狀態。」並從而要求中國在「徹底取締排日言論與行動，實際上默認『滿洲國』，經濟文化合作，排除蘇聯在外蒙古的威脅。」這樣要我們等於全面受制於人，毫無領土完整主權獨立之可言，心狠手辣，禍我中國，是可忍而孰不可忍也！

蔣大使在答覆廣田時，說明第一點與日本親善，請看今後事實表現；關於第二點偽滿問題及第三點之防共問題，須向本國政府請示，容後答覆。

蔣大使傳達我方答覆

蔣委員長和汪兼外長研究了廣田的「三原則」，由外交部正式訓令蔣大使，十月廿一日，蔣大使復赴外務省，傳達我國方面之覆文，內容亦分三條，計：

（一）中國本無以夷制夷之意。中國在與其他各國關係方面，決不使中日關係，受到不良影響，尤其不使有排除日本或妨害日本的意思。

（二）今後中國雖不能和滿洲進行政府之交涉，但中國對於該地方政府之現狀，決不用和平以外之方法，來引起變端，且將設法保持關內外人民經濟之聯絡。

（三）中國北邊一帶之境界地方，應如何防範赤化，若日本完全實行中國所提的中日親善之三大原則，則中國在不妨礙本國主權獨立原則下，擬與日本協議有效之辦法。

廣田聲稱絕不能讓步

廣田外相聽了蔣大使的一番話，不但毫無半點誠意，而且還說：「貴大使說是需要日本先實行貴國之三原則，然後始能接受敝國之三原則，這和敝國的意見正好相反，中日間的問題恐怕永遠無法解決了。」

蔣大使因中國國民黨四屆六中全會及五全大會，即將舉行，他在十月廿八日特赴外務省向廣田外相辭行，廣田在談話中首先就中日之親善，作了「彼此均已明瞭兩國政府之意見，今後宜談具體辦法。」口氣非常大，似乎不屑和蔣大使多費唇舌。他還補充道：「廣田三原則，是經外務、陸軍、海軍、大藏四省會議所決定者，不能讓步。」是則此四省議定方案，交關東軍攫取我華北，進而欲亡我中國耶！司馬昭之心路人皆知。

王寵惠赴日徒勞無功

行筆至此，我附帶要說明，近來有些記載，說：「廣田三原則交涉僵持後，我政府當局特派新任海牙國際聯盟法庭大法官王寵惠博士赴日，以在野之身，從事場外外交活動。」這個記載完全是不對的，王氏確曾赴日，亦確曾以在在野之身從事所謂場外中日外交的奔走，但他的抵日行期是民國廿四年二月十九日，廣田三原則之提出是在民國廿四年十月七日，後於王氏赴日斡旋中日和平之期。王氏之赴日，當初政府是因為他對中日友好，還存有一線希望，因為廣田外相在是年元月廿二日在國會的演說中有：「中國政局，近年顯有稍稍平靜，日本基於關懷東亞和平，認為是非常可喜的情況，兩國之間的懸案可以逐漸解決，中國國內也逐漸有了解日本真意的傾向。希望在今後越發促進這個傾向。」

這番話是含有暗示改善中日關係之意向。故而蔣委員長商得汪兼外長之同意，請王寵惠先生赴日，探索日本方面真正之意圖。

王氏在日本確曾與廣田外相懇談外，復與陸相林銑十郎、海相大角岑生、外務次官重光葵等協商，但一觸及東北問題，馬上便談不下去。日本方面，堅持「中國方面暫勿提起」東北問題。所以歸根結論王氏東京之行根本沒有成就，但是中日兩國由公使館而昇格為大使館，正是王氏和廣田「場外交易」的意想不到的收穫。

日皇親向蔣大使道歉

關於中日兩國公使館昇格為大使館一事，在日本少壯軍人方面，亦曾波起一陣激動；據曾任廣田外相秘書館的加瀨俊一所著之《日本外交的主角們》一書中述有：

「駐華公使昇格為大使之際，軍部少壯幕僚以聯絡欠充分為辭，甚為激動，於是便有兩名陸軍軍官血脈憤張地闖進了外相辦公室。

「廣田讓手按軍刀之柄，洶洶逼人之軍官，坐在沙發上，徐徐地抽吸著烟斗說：『不須請問有何貴幹，我已經明白君等之來意。好啦！將來如果你們當上了軍隊司令官，在指揮困難的戰役時，要是有局外人來說長道短干涉作戰業務，你們作何感想？我廣田弘毅是奉陛下交下外交任務，所以外交上的一切問題，要由我來判斷、策進，懂得嗎？懂得的話，就替我回去！」

嚴格的說來，廣田弘毅是非常忠於日本天皇，他的愛國也是昭然若揭。就在蔣大使向日皇昭和呈遞國書竣事後，昭和下階，親握蔣大使之手，語帶歉仄的口胳道：「這次關東軍在熱河鬧得實在太不成話，請向貴國政府致意，表示萬分之抱歉。」當下廣田以外長身份侍候在旁，當然聽得清楚。他們退出宮時，一路上廣田含淚向蔣大使哀求道：「方才陛下所說的話，千萬請勿宣洩，否則少壯軍人有流血逼宮之舉，禍將及於皇室矣！」雨巖先生是唸中國舊書的人，這點點做人起碼的信用，還拿得穩，他除了向外交部報告外，終其一生，對於此事，未曾洩露一個字，也算是對得起他這位和他作對手的日本「伙伴」了。

噩運降臨於廣田之家

廣田弘毅自從出了東京帝國大學的校門，廁身外交，由起碼的隨習領事，青雲直上，入閣拜相，位極人臣，其榮其顯，不獨在日本歷史上鮮見，即數近代國際人物中，亦少有如此顯達運通者，使吾人不得不羨其錦繡而嘆何以天帝獨厚廣田一人！然天下之事，每有人不能逆料者。老子曰：「福中有禍，禍中有福。」民國三十四年（一九三五年），中日戰爭結束，日本向盟國全部投降，八月二十日首批美國佔領軍降落於神奈川縣之厚木機場，自此時始，噩運即臨廣田之家，是真禍將及身矣。

盟軍統帥麥克阿瑟元帥，從橫濱到達東京之第三日——九月十一日——即命令第一號戰犯前首相東條英機投案候審；盟總克勞斯少校赴東條住家，執行此令，東條畏罪，以手槍自殺，獲救未死。東條事件之後，各種戰犯的逮捕令，自盟總源源發出，罪狀大都是虐待俘虜、違反海牙陸戰法規，也有根據波茨坦宣言，以「戰爭指導者」的罪名。逮捕的罪犯，其中有東條內閣中之厚生省大臣小泉親彥，近衛內閣的文部省大臣橋田邦彥，他們二人接到通知即仰藥而臥，因為這種情形，就此把逮捕戰犯一事，改由日本政府執行，到十一月底，被捕者二一八人，幾乎全是以虐待俘虜罪，送到橫濱軍事法庭。但是在十二月一日達出逮捕戰爭指導者的命令，這班人以梨宮本守正王（按：他是已故久邇宮朝彥親王之第四子）為首，計有戰時的大人物五十九名。皇族的被逮捕，已夠使人吃驚，而涉及範圍之廣，遍及於軍閥、政界、外交、財經、言論、右翼團體，並追及「九・一八」事變的指導人物，因此給國際上很大的驚訝；尤其是十二月六日，在這五十九名以外，加上近衛文麿等九人，更令人吃驚。廣田弘毅便是在這些人中間，被指定為戰犯，而琅璫入獄，在巢鴨監獄（按：這是專羈押日本戰犯的監獄，現已拆燬，改建高樓大廈了），等待判後的命運。

國際法庭審判日戰犯

民國三十五年（一九四六年）五月三日東京國際法庭開審，先後審理了二年另六個月，納粹德國的紐堡戰犯法庭審訊了十一個月，比較起來，多了三倍，至民國四十七年（一九四八年）十一月十二日止，除了在審訊過程中病死的松岡洋右、永野修身和發瘋的大川周明之外，審判長魏普（澳洲）對廿五名戰犯，作如下之判決：

絞刑：東條英機、廣田弘毅、松井石根、土肥源賢二、坂垣征四郎、木村兵太郎、武章藤。

終身禁錮：木戶幸一、平沼麒一郎、賀屋興宜、島田繁太郎、白鳥敏夫、大島浩、星野直樹、荒木貞夫、小磯國昭、畑俊六、梅津美治郎、南次郎、鈴木貞一、佐藤賢了、橋本欣五郎、岡敬純。

禁錮廿七年：東鄉茂德。

禁錮七年：重光葵。

為全球所注視之這次大審判，有二件出奇的事情：第一件便是本文主角廣田弘毅既非軍官，又非戰爭主角，乃是一名文官，竟獲極刑，而不得善終。這不但他自己在春風得意時做夢也不會想到，就是事後連我們也覺得數奇。他在死前一刻，同花山博士說：「請你把我默然就死的情形，轉告國人！」

一票之差廣田受絞刑

在下最近返台，曾和當年參加審訊工作的一位名法學者談過，據這位先生看到判決書，記得主張判決他死刑最大理由乃在廣田任總理大臣時，恢復了現役武官作軍部大臣的制度，由於這種制度的恢復，軍部就可以肯否入閣為條件，控制內閣，種下日後軍人獨裁，一意孤行，闖下「大東亞戰爭」之禍患，為害世人，影響不小，這樣說來，廣田之處境，正與近衛文麿相同，因為近衛三任總理大臣，中日戰爭正是他組閣時期，後來他對解決中日戰爭，日美交涉，儘管費盡心血，而恆受軍部掣肘，反為軍部利用，造成事與願違，終以自殺一途，了此殘生。

據我這位法學者的友人透露：國際法庭在衡量廣田罪刑時，聯合國十一名大法官中，以六對五，一票之差，決定他須絞刑。憑心而論，當民國廿四年王寵惠尚未訪日之前，廣田弘毅確有誠意搞好中日關係；不意日本少壯軍人，在華得寸進尺，猖獗之勢，如覆水之難收。夫廣田弘毅，一文人耳，豈能對跋扈之軍部具有回天轉地之大力，嗚呼！其為時代犧牲，乃命之使然耳！行筆至此，不禁擲筆三嘆。（東京國際戰犯法庭另一奇事，因與本文無關，故請從略，容以後補敘。）

(三) 白皮書種因於美外交官之糊塗累積

——約瑟C・葛魯

約瑟C・葛魯出身美國哈佛大學文科，我在前面說過：美國的哈佛和耶魯，十九世紀文科方面開的課目，有聖經、莎士比亞、柏魯泰《希臘羅馬英雄傳》、吉朋的《羅馬衰亡史》、英國的湖邊詩人（Lake Poets）選讀、以及拉丁文及希臘文，讀了這許多文學名著，自然而然養成彬彬文雅高貴的秉性和氣質，這種秉性和氣質，是西方十八十九世紀外官的特色。維也納會議以前的國際外交人物，其社會背景幾乎多半出身貴族，十九世紀整個世紀，大致亦不出這個範疇，不過其貴族的性質有點變化；以前的所謂貴族，多半出身地主閥閱，而後來的貴族，則偏向於智識與教育的領域方面。英國政論家卜芝浩《論英國的憲法》，有一章專講英國的貴族，他說：「貴族惟一的用處，是做外交官。」

第一次歐戰大戰前，歐洲的外交傳統，仍脫離不了從前的流風遺韻，法德諸國派駐英美國家的大使，都是在學術文章上的一流人物，如法國的彭松昆仲，德國的波恩斯篤夫伯爵，其著述至今為人低徊尋誦，百讀不厭。美國立國較遲，在外交人才上的訓練和選拔，雖不及英法之嚴謹；但大體上是遵循十九世紀中頁的「智識與教育」方面的特色，即以威爾遜總統派出的霍詩上校（Colonel House 1858-1938）和羅斯福總統派出的霍浦金斯（Henry Hopkins 1890-1946）而言，雖非正途出身，要亦均具卓越特殊之天才，始能取信於白宮主人。

隨習領事到副國務卿

言歸正傳，說到葛魯其人，他在「智識和教育」方面，出身哈佛，哈佛與耶魯都是美國有名的貴族學校，他雖不一定來自「地主閥閱」之家，但是其家庭背景一定是富裕，否則便進不起哈佛。這個已經夠得上歐洲外交傳統選才的標準，再加上他在哈佛受四年嚴格文史之訓練以及基督教道德上的薰染，培養出一種溫文爾雅的紳士氣質——貴族型——正合上歐洲外交傳統的第二個標準。他具備了這雙重的外交上之貴族氣質，因此由隨習領事、副領、領事，青雲直上，而總領事、而參事……而公使、而大使、而儕位於國務副卿（Deputy Secrety of State），等於副總理，宦海之上，一帆風順，官運之佳，堪與廣田弘毅，相互匹敵。無怪其時華盛頓滿朝朱紫，冠蓋京華，視葛魯及其夫人之一身榮顯，珠光寶氣，莫不稱羨而側目者，蓋此一雙璧人，氣燄之盛，光芒四射，令人有不敢逼視之勢也。

百分之百的親日反華

因此葛魯在衣著方面，甚為考究，望去似是一表人才。據與同時代的吾國駐日某外交官語余：「葛魯在美國是一位日本通——但他不諳日語，他手下一名參事納維爾（C. Neville）精通日語——他本人和納維爾都是百分之百的親日，因此，他們也是百分之百的反華。當時的美國國務卿史汀生（Henry Lewis Stimson），對日本製造『滿洲國』傀儡政權，態度非常強硬，可是後來轉軟，據說是受了葛魯的影響。」

根據我那位朋友和葛魯在東京——其時葛魯任美國日本大使——來往的經驗，日後美國國務院中有一批反華派的人物，多多少少是受了葛魯的影響。

葛魯是在民國廿一年（一九三二年）六月六日到東京就任駐日大使，為時共十載，他退休後寫了一本《日本十年》（The Ten Years in Japan），記載他出使扶桑的形形色色。把日本直捧上三十三天。

他同廣田弘毅一樣，是從最低級的館員做起，曾任公使、大使館館員達十四次，外放公使二任、大使三任，因此，他的官架子也是抬得十足。在美國官員中，是一個標準型的官僚。

我說他是標準型官僚，對下拿架子，傲岸不可一世；對上則卑恭屈膝，惟恐侍候不周。現在舉例二則，可明一般：

拜訪蔣公使冒然撞門

根據外交慣例，新大使蒞任伊始，照例應與美國有邦交之國家派駐日本之大使館聯絡，約期拜訪，「行客先拜坐客」之謂也。這位葛魯大使是一九三二年六月六日抵達東京，遂即以各國大使、公使抵任之先後，約期拜訪。他是十四日向日皇呈遞國書，不久即分訪各駐日大使。當美國大使館來電話，說明來意後，我們公使館即回說：「謝謝，蔣公使因公返國述職。」

一個使節返國述職，例必有人署理，那位署理的人，可能是公使，如果大使館中不設公使，則由參事署理，名曰「代辦」（Charge Affair）。再如使館中沒有參事，則一等秘書亦可充任代辦。那時是民國廿一年，正值蔣公使奉召二度返國述職，館務由參事江華本代行，江參事便充代辦。

這種情況下，江參事官卑職小，依外交慣例，小官拜大官，乃電話美使館，約期而往，事後大使亦應遵例回拜，是禮尚往來也。

可是這位新到任的美國大使葛魯，有一天已經是下午五時了，而且沒有經過事先預約，突然經過中國大使館門口，想到要下事，便下車進來，不說是不合外交禮儀，就是我們普通朋友來往，冒然撞門，亦是唐突。

然而，我們中國人總是本乎忠恕，他既走入大門，總是我們的客人，我們仍以常禮款待，奉茶敬烟外，復由江代辦親自接待他坐在大廳上。

請葛魯為中國除大害

江代辦是不能說英語的，通譯之事全賴剛剛走出巴黎大學政經系的隨員李能梗兄，李兄現在已七十多歲了，據他告訴我：

「這位美國大使，架子奇大，敬他香烟，他不屑一顧，只管從自己袋中掏烟，談話時蹺起二郎腿，兩眼翻上，一副傲慢的神情。江參事因官卑職小，也只得忍氣吞聲。客套話交換既畢，美大使說，伊於年輕時代曾在廈門住過幾年，廈門當時鄉下有個村莊，大蟲為患，鄉人莫不憂患終日，良以牲畜被其吞食，不知多少，鄉人損失至大，群起設陷殺之，經月未有結果，報告官廳，亦不能為民除害。事聞於美國駐廈門領事館，時葛魯為副領事，年少氣盛，孔武有力，乃自告奮勇，提槍入山，實行獵虎，不數日，果一母虎為其擊斃，鄉人稱快，莫不德之。

「江代辦因葛魯眼中無人，談話之間，隨時露出瞧不起我們中國人的神情，心下當然很氣，但江氏在外交界已有二十多年經驗，是名老外交官，當下急中生智，一面贊頌其勇，一面秉『苛政猛於虎』之故事，乃趁機向葛使曰：『大使閣下，君亦聞今日遠東出了一頭大虎，其兇猛惡劣，尤甚於廈門之虎。廈門之虎，閣下已除，鄉人固感君之仁德。刻下遠東猛虎，為害中國，尚未除去，閣下能否鼓起當年之餘勇，為中國除此大害乎？若然，則我四萬萬五千萬同胞咸感美利堅合眾國之大仁大德也！』」

「葛魯大使知江代辦一語雙關，涉及政治，驟然色變，乃置之不答，僅以目視江代辦良久，告辭時又執江氏雙手，欲語竟不能吐一辭，似深佩江氏之才華，又深怕語多必失，為日本特務竊聽，致損及日美外交前途，不若三十六策，『悶』為上策也！」

對廣田弘毅小心翼翼

第二個故事，是要述葛使之卑恭屈膝，惟恐不周。這個故事也是老友李能梗兄口述的：

「東京外交團的宴會，每個星期總有一二次，甚為隆重，因純係交際性質，所以通常在這場合內，賓主談話，絕不涉及任何政治問題。某次，美國大使葛魯，宴請日本外務省大臣廣田弘毅，在座另有外交團大使、公使及館員等。席間交談，決無半點政治問題，美國這個新抵任的大使，在外交界混了很久，又是科班出身，對於招待客人，自然是格外周到。

「可是酒過三巡之後，葛魯大使向廣田道：『大臣閣下，昨天我接到潘興將軍（John J. Pershing 1860-1948第一次大戰時，美國之名將，位至陸軍五星元帥）來函，囑我特別向閣下致敬。』

「說到此地，我不得不說日本人小器，蓋島國之民，囿於地理環境，習性上養成這樣小量，我國外交總長後來在比利時修道院出家的陸徵祥便形容說過：『日本者，其國小，人小，事也小。』證明一點都不假。

「廣田聽了葛魯這番話後，半天不做聲，四座忽然靜起來，靜得有點使人覺得出奇。移時，廣田說話了，他向葛魯大使高聲道：『請你轉告潘興將軍，時至今日，我的英文程度，和三十年前仍是一樣，可說一無進步，實愧對潘興老將軍，有負他對我的企望了！』

「葛魯大使是何等聰敏的人，此時日本是四強之一，跋扈囂張，不可一世，對於這位外相，自然低聲下氣，小心翼翼的，侍候一旁，深恐語言之間觸犯了廣田，於是便和顏悅色地道：『閣下的囑咐，一定遵命，不過閣下與潘興將軍在三十年前的一段往事可得聞乎？』

廣田述潘興一段往事

「這時，這位日本的外務省大臣，態度凝重，神情方面，現得趾高氣昂，躊躇滿志，目光先巡視了席上各國的大使、公使……然後含笑道：『大使閣下，你有所不知，三十年前，我方離大學之門，那時貴國公使館武官府招考翻譯，我便應徵前往，我的口試考官，正是今天的潘興上將，當時他不過才是上校頭銜的陸軍武官而已。不幸口試未能通過，你們這位潘興上校便拍拍我的肩膀勉勵我道：『孩子！（我那時剛出校門，是個大孩子）不要灰心，回去好好努力，讀好英文，等待下一次機會吧！』我很感謝你們那位潘興將軍當年對我的勉勵，然而今日我在三十年後，位儕日本帝國外務省大臣，處理國際間外交事宜之餘，我的英文仍是像昨天一樣地差，處此境地，思之有愧，實有負潘興上校當年之厚望焉！』語畢，環顧四座，既爾，掌聲四起，歡聲雷動，賓主互醉，不知東方之既白矣。」

任意批評欠君子風度

為了不要使本文太過冗長，在下再敘述一段較短的故事，以結束本文。前面我曾提及葛魯大使看不起我們中國，現在讓我引述他寫的《日本十年》一書中，批評蔣作賓大使做外交官，連穿衣服的常識都沒有。此事曾請李能梗兄求證，他說：

「雨巖（蔣作賓別號）公使訪問葛魯大使，是在下午四時，由我伴同隨行，担任翻譯。那天蔣使頭戴高帽，衣穿晨間大禮服，條紋褲，黑皮鞋，灰色手套，十足的外交服裝，非常得體，合乎一般外交慣例。不幸在一九四四年秋，葛魯大使在他那本《日本十年》一書中，把中國使節的衣著，說得完全與事實不符。他說：『今天中國公使蔣作賓將軍來訪，頭頂高帽，身穿無尾黑色上裝，此事我甚感為難，因服裝對於一個外交官非常重要，中國公使戴高帽而不衣大禮服，實非外交上的通常習慣，我若於回拜時同樣行之，則將為他人所笑；若按照正規行之，則有傷中美二國感情。』虧他說得出『有傷中美感情』，正如他所言，服裝甚為重要，蔣氏出使日本係其外交官第二任所，他對於服飾，早已胸有成竹，葛魯先生雅不欲以服裝而有傷中美感情於前，又如何能亂加人以批評於後？按蔣氏之原有晨間大禮服，係在德國剪裁，到日本又在東京定製一套，凡到過日本的人，莫不知道晨禮服在日本異常流行；惟日本之剪裁與英美略異：其後端衣尾，不及英美剪裁之長。當蔣氏訪問美使時，其客室黑暗，葛魯大使未能看清蔣氏禮服後端衣尾，反謂其服裝錯誤。那天不僅蔣使服裝得體，即我的服裝，也與蔣氏一樣。葛魯先生著《日本十年》時，蔣氏去世已久，該大使對一已無自衛能力之死者，不查清事實真相，反任意批評，毫無哈佛、耶魯君子之風，違論忠恕之道？更遑論中美二國之交情？艾契遜之白皮書即種因於美國外交官糊塗之累積！噫！夫復何言？」

此情可待成追憶！——由一篇文稿想起的文壇舊事

朱子家

十六年前我就說過幾句很沉痛的話，《春秋》創刊，我動筆寫《汪政權的開場與收場》，一開頭我就說：「這是一幕我自己的悲劇；朋友們的悲劇；也是中國歷史的悲劇！」對這一件「只是當時已惘然」的往事，本來已嫌寫得太多了。在我的餘生中，我真想能夠把這有著餘痛與餘悸的那一幕，在腦海中消失；而我更盼望所有認識我的人，對我這樣一個微不足道的小人物，也能予以忘卻。

不幸得很！兩年前為了衣食所驅，我離開了香港，萬里飄零，遠適異國，總以為從此或可隱姓埋名，超然物外。不料即以有些朋友偶爾寄給我一些報刊中，就發覺香港的《真報》與《新生晚報》、台灣的《傳記文學》與《華報》，仍在齒及賤名，其間溢美之語，誠覺愧不敢當；而有些傳聞之辭，亦復為之搔頭蹙額。對此生前是非，不自諱言，讀後總未免於縈迴而重又激起我心靈上的創痛。

揭露一些真相聊供笑談

香港的《大人》雜誌，人文薈萃，健筆如林，更難得的是忠義奮發，正氣浩然。我卻感到很榮幸，因為作者中不少是曾經我在汪政權辦報時代與我共過晨夕、甚至共過患難的舊侶，好幾位還給過我不少助力，而一向又為我所欽遲而心感的。最近看到該刊發表了一篇洋洋灑灑的大文，是張志韓寫的〈血淚當年話報壇〉，編者還特於文前加以引言說：「全部第一手資料，彌足珍貴。」因為作者是我熟識的人，上海報壇又為我熟悉的事，因此格外吸引了我的注意；但當盥誦之餘，在我的感覺上，不能說這是報壇血淚史；前面表達了作者如何地忠貞，後面又詳敘了他如何地得志，這是一篇道地的作者光榮史也。

士別三日，自當刮目相看！在那篇大文中，浪費了《大人》太多寶貴的篇幅；也浪費了作者太多寶貴的筆墨。他巧妙地運用了皮裏陽秋之筆，對我寫了不少欲抑故揚之辭。以他的浩然正氣，而寫我的懵昧之情，實覺盪氣迴腸，愧嘆交併。「身後是非誰管得！」而我卻不幸還偷息人間，本來在我所寫的那部《汪政權的開場與收場》中，對許多人的隱私，都有著很大的保留，我希望一些雖在淪陷區而沒有正式參加汪政權的人，或者參加了在戰後漏網幸未牽累的，讓他們都成為出汙泥而不染的千古完人，尤以新聞界的同業為然。既然《大人》發表了不少往事，客窗無俚，回首前塵，也寫一些張志韓那篇鴻文中所牽涉的人與事。真正拆穿西洋鏡，固覺乏味，仍不妨以之對「忠」、

「奸」之間，揭露一些真相，聊供讀者作為笑談之資料。

漢奸漢忠都是悲劇人物

不論當年汪政權中人到底是為了什麼，既然失敗了，就當然成為歷史上的悲劇。而更不幸的，則是被指為「漢奸」的固然是悲劇中的人物，現在我發覺到連有些自命為「漢忠」之輩，也仍然是悲劇中的人物。一彈畢命，慷慨成「仁」者自無論矣；而有些人雖克保其生，並分享國家勝利餘榮之後，能俯仰無作者又能有幾？此輩蓋亦同為悲劇中人也。本來，戰爭容易使道德墮落，在抗戰期內的若干現象，更成為時代中的莫大悲劇，而言之令人痛心。

對國事而言，有三點更不能不認為是可悲的：第一、滿清的封建王朝已被推翻了六十餘年，而國人對正統觀念，卻依然牢不可破。政權的取得既不必以民意為依歸，不論為權術或為武力，均所不計，而取得政權之後，即以為天命所歸，真龍出現，大權在握，威福自恣！以「朕即國家」的態度來把持國政，偶語視為倡亂，諍言即屬逆鱗。民國六十年來的演變，先則正如儲安平所謂的「黨天下」，而最後還是回復到了大半世紀以前「家天下」的局面。因其為正統也，於是時代雖已到了二十世紀的七十年代，而世人對之竟恬不為怪。

第二、成敗觀念更深入人心，功罪是非，都成餘事，敗則為寇，自然為奸為匪，為偽組織，為小朝廷；成則為王，也總以「唯一合法的政府」自居而可以安享尊榮，芻狗萬物。

第三、道德觀念更為之蕩然無存。戰後我發覺了一個可悲可痛的現象。特別是在淪陷區的人士，也就是那些罵「漢奸」罵得最賣力的人。當汪政權這個「偽組織」還存在之時，我目擊許多朋友們對「偽組織」的鑽頭覓縫，百計營求；對「漢奸」的脅肩諂笑，暮夜乞憐；而一旦勝利了，卻成為罵「漢奸」的急先鋒。他們以為非如此，就不足以表示其雖曾同流而未「合污」，即狼狽亦不為「奸」，蓋皆「對門阿二不曾偷」這一心理所形成也。

無行無恥的也就是文人

千古以來，向稱文人無行，我更以為無行尚可，而最無恥的也就是文人。迎賊投誠，寫降表的是文人；攀龍附鳳，而勸進的也更是文人。本文既然想寫的是上海報壇的舊事，為了證明我的說法並非無的放矢，就不能不提出一些「笑史」（當然不能說是淚史了）來以實我言。我一向不欲拆穿朋友的西洋鏡，有玷清名；揭開別人的痛瘡疤，更覺於心不忍。然而《大人》雜誌既給了我一個訴說往事的機會，就讓我再翻開一些陳年舊帳吧！

舉例之一、是當年上海報壇的一位老將，又是我生平的畏友，他是何西亞。西亞為人，不但私生活嚴肅，治事的勤懇負責，儕輩中亦所罕見，在上海新聞界中，向有聖人之目。他曾先後長期担任過《時事新報》、《晨報》、《時報》的總編輯職務，而且獲得陳布雷、潘公弼、潘公展等信任。儘管他與我性格完全不同，卻能引我為知已，我以老大哥尊之；他也向以老大哥自居。他的忠於黨國，忠於領袖，可以一件事實來作為說明：

對周佛海稱公聊表敬意

民國二十五年，《時報》主人黃伯惠要我代聘一位總編輯，我就推薦了西亞。不料他進入《時報》不久，就發生了西安事變，那時陳布雷正主持著軍事委員會委員長的侍從室，事變突作，各方函電交馳，布雷實在忙不過來了，而又苦於無可信賴的人來幫同處理這樣一個重要機構的機密文件，於是電西亞要他立即赴京作短時期的襄助。但是政局的變動，也正是新聞機構的加倍忙亂，西亞擬向黃伯惠請假，而伯惠的條件，除非我肯暫代西亞，否則報館方面，也不能無人負責。終於在西亞去京的一段時期中，由我庖代了數月之久。由於這一事實，可以見得西亞既為當道所器重，亦復顯出他與我之間交誼的深厚。

太平洋戰爭發生時，他正在香港，等港地的情勢稍為平靜，就輾轉來滬，一到上海，承他顧念舊交，第一個就來看我。他沒有子女，夫婦兩人的生活是簡單的，就由我獨力供應。他每天來到我主辦的《平報》，向我提供一些改革的意見。他屢次暗示希望成為《平報》的副社長兼總編輯，我卻認為他既然可以衣食無憂，又何必捲入這不平常的政治漩渦之內，我的善意相勸，很使他有些失望。也似乎他頗有些不甘寂寞之意，因為他過去與周佛海、李士群相識，要我陪同他去拜訪。老實說，他自動想與周、李接觸，自然更有他的某種企圖。不料西亞與他們一見面，稱呼上就改變了，突然口口聲聲尊為「佛公」與「士公」。當然我與佛海和士群的關係自要較西亞深得多，但我卻從不曾「公公聲」，他那種過份卑恭的態度，實在已使我有了異樣之感。也當然，入寶山豈可空手而回？周、李兩人都送了他一筆不菲的錢，他足恭而受，有小兒得食之樂。出來我就對他說：「你與周、李原屬朋友，又何必自謙到以『公』尊之？」他卻正顏對我說：「他們的地位既已不同於往日，如何可以不在稱呼上聊表一些敬意？」我聞言為之竦然。

老大哥設計「藏富於友」

他來到《平報》，不僅為常客，且為貴客。那時上海證券交易所復業，而我手裏卻設有兩家經紀字號，他就每天大做股票；因為他是「我的朋友」，不需依照一般的慣例，要先繳存保證金，於是賺了他就取去，蝕了就寫在我的賬上。那一時期，他的生活應該是不錯的，而他卻另有其雄心壯志。他的家鄉是浙江近杭州的塘栖，他以藏「富」於「友」向我說服，開了一家米舖與一家藥房，當然全部資本都是我的，既然為道義之交，而又苦心為我藏富，當然既沒有收據、也沒有股單。

日本一廣播投降，識時務者才為俊傑，他就絕跡於《平報》。而在我自首之前，我還特地去看了他一次，作別訣別。他變得冷若冰霜的態度，使我赧赧然只好無辭而退。我入獄了，他自然不會來看我，但是上海新聞界的許多朋友，還顧念我在淪陷時期對他們的一絲微勞，發動聯合簽名呈送法院為我表明心跡；許多事實上我沒有幫過什麼大忙的人，反而不避嫌疑一一簽署了，而西亞因那時潘公展已回到上海出任《申報》社長，就延攬他去担任機要秘書，西亞為了表示他的「忠貞」，既不便為作為一個「漢奸」者證明，尤其他是處身在淪陷區的，與我又是十分接近的人，為了形迹，更不便出頭露面。我在獄時期，熱心朋友為我奔走營救，請人為我證明而遭拒絕的，吳開先而外，就是西亞了。不肯簽名倒也罷了，還有奇事發生呢！也許當他拒絕之後，良心上有所不安，還擬向我的家屬有所表白。他打了一個電話給我內人，不說請×太太聽電話，而說請×小姐聽電話，結婚了二十年，內人幾乎已忘記了她自己母家的本姓，聽到×小姐的稱呼，不免為之愕然，最後才知道是我們這位老大哥打來的；她雖原諒他深恐別人聽到他與「漢奸」家屬仍有聯絡，而不得不改變稱呼，但仍使內子感到了一陣惆悵。當我出獄以後，沒有再去看過他，而且也沒有再通過電話。雖然當時我的經濟環境在破家之後，已頗艱窘，但我不想再向他提到他為我開設的米舖與藥房的情形了，因為先人之所遺與我半生之所積，均已籍沒，廬墓且已無存，又何在乎這區區朋友為我保管的小數？

「銀彈」政策無往而不利

舉例之二是上海新聞界的名人唐世昌。他是《申報》的夜班經理，事實上是專司夜間庶務的事，職位雖並不重要，但他是當年上海「三大亨」中最紅的杜月笙的得意門生。世昌是戰前上海報壇中最活躍的人；也是沾污了整個報壇的大罪人。戰前的杜月笙，在上海真是一個勢燄薰天的人物，在幫會中，他是後進的「悟」字輩，連比他高出兩輩的「大」字輩，見了面也只好稱「杜先生」而不名。當年的黨國要人，有幾人沒有到過華格臬路杜公館而折節下交的？像不久前在港逝世又為毛澤東上賓的章士釗，且屈就過他的記室。他對上海整個報界影響力之大，也許要超過政府的權力。很多新聞界的同業，投贄而執弟子禮，一旦拜了這樣一個有勢力的老頭子，平時，他所經管的賭枱與鴉片買賣，每月就有固定的津貼可拿，其數額也許會比之他在報館中的正當薪水更高。因之只要有「杜先生」一句話，如某一新聞要全文照登，某一新聞不許發表，各報編輯，都戰戰兢兢地奉命唯謹。他對新聞的取捨，自不限於政治，如某一家的妻子作了出牆紅杏，或某一公司的虧折倒閉了要予以隱藏，有人托他，他就轉飭各報照辦。杜月笙之所以成為「大亨」，出手的爽與手筆的大，為其成功原素之一，他深知幫會中所說的兩句話：「朝廷不差餓兵」、「光棍不斷財路」之道，他每有一件事要各報照辦，臨之以威，更濟之以利，而且論件計算，決不落空，於是杜月笙成為報壇上的萬家生佛。當年在上海幾家大報中担任稍有地位的本埠新聞編輯或外勤記者，試問有幾人敢於挺起了胸膛說：我沒有拿過杜月笙那樣的骯髒錢的。據我所知道花錢最多的一次，是張學良於「九一八」後來到上海，深恐各報會罵他為「不抵抗將軍」，於是托杜月笙收買了整個上海報界，因而「輿論」翕然，各得其所。杜月笙分發給各報的錢，始終由唐世昌一手經辦，他總是睡在家裏的烟榻上，大群報社中人，如蟻附羶，圍坐左右，等待施與，而且毫不為恥，也毫不諱言其事，反而洋洋得意地對人說：「今天又要到唐世昌家裏『劈壩』去了。」「劈壩」是幫會中人的隱語，即分錢或分贓之謂；而士林中人，居然亦效市井口吻，沾染之深，於此可見。當我在民國十

三、四年初入報壇之時，凡對報館刊載的新聞上要有所請托，大抵由同業中的某一人具柬邀請宴聚，當事者蒞場打一招呼，彼此礙於同業的情面，一飯之恩，也總做到悉如其意，從無有金錢上的需索。而自有杜月笙，更有唐世昌，於是上海報壇的齷齪，從此就不堪究詰。

一生污點用過金╳的錢

雖然我並不曾在他那裏「劈」過「壩」，但與唐世昌相識卻已很久。在汪政府時期的交往反而更密，則是出於半公半私的關係。在我參加了汪政權以後，望平街上的舊友，有些在形跡上雖疏遠了，而有些卻顯得較前更為投契，唐世昌則屬於後一種人。他本來享有齊人之樂，大夫人是出身於長三堂子的老四，而二夫人則為黑貓舞廳的舞女愛娜。二夫人先已故世，而大夫人不幸又因病仙逝，那時他的恩師杜月笙又已遠離上海，殯殮之費，竟無所出。他知道我開有一家銀行，因此帶來了一批大夫人所遺並不值錢的飾物，要求抵借，而開口的數目遠在抵押品實際價值之上。彼此既是朋友，我開的又非當舖，當時我答應錢照借，而押品則萬不能收，他卻堅決表示為了表示信用，堅決將飾物留下。

在勝利的那一年，記得是初春吧，忽然他嘗夠了獨宿的滋味，又與一名年齡相差達三十歲的少女結婚，一客不煩二主，他又來與我商借結婚之費，君子有成人之美，我更萬無推卻之理。錢取到了，他卻提出了另一要求，說為了面子，新娘在結婚那天不能不佩帶一點首飾，希望把上次押在我處的東西，暫時取去應用。我自認尚非市儈，當然毫不考慮地應允了。由這兩件事來看，可見我們之間的交誼還不算太薄。

有一天，我去上海愚園路一一三六弄五十九號周佛海家裏，一進門，副官告訴我佛海正在客廳中會客，我就上樓在他起居室中坐候，不移時，佛海上樓來了，拉我一起下樓時對我說：「下面的來客是你的朋友，你去和他談談吧。」進入客室，見到赫然為唐世昌。原來他是奉了在香港杜月笙的命去看佛海的，希望今後彼此間能有所諒解、也有所聯絡。佛海就對世昌說：「以後如杜先生有事和我接洽，或我有事請轉告杜先生，都請與╳╳（指我而言）接觸。」從此，我與世昌就有了更多見面的機會。以後逢到年關，他也總來要求通融卒歲之資。日本投降了，我也入獄了，法院檢察處傳他到庭為我作證，而他對檢察官卻是這樣說的：「金╳╳在『漢奸』群中，尚算得是較有天良的人。」這正如張志韓筆下一樣，我雖天良未泯，但仍然為「漢奸」也。這是我延聘的律師向法院閱卷後抄給我看的筆錄。不料，蔣先生的駐滬代表蔣伯誠有一天忽然問我：「唐世昌用了你多少錢？」我覺得有些突然，遲遲尚未答覆，而伯誠卻坦白告訴我說：「唐世昌昨天來，對我表示，他在淪陷時期中用過『漢奸』金╳╳不少的錢，是他的一生污點。」我聽到了這一番話，感到無限的歉咎，我竟然玷污了一位忠貞人士高潔的品格。金錢也真是一樣萬惡的東西！

再談談另兩位忠貞人士

舉例之三：因為何西亞與唐世昌戰後都未來過香港，或許出於我之虛構，現在再說說香港兩位忠貞人士的事吧。一位是前上海《申報》經理陸以銘。本來我與他絕不相識，況且報館經理部的人，於報上的言論記載，也毫不相涉，論理決無捲入政治漩渦之理。不料汪政權七十六號的行動人員，盡是些既無知識亦無天良的人，竟然把陸以銘的家屬也予以拘押在七十六號了。他的家似乎也在滬西的越界築路，所謂越界築路，是英國人在約定租界以外，擅自建築的馬路，毫不客氣地以之作為租界的一部，但馬路的警權，歸之英人，而兩旁的房屋以內，則仍操於華界當局之手。這一時期，剛值《申報》有幾篇社論，觸怒了汪政府，「七十六號」下令對付，而以陸以銘住越界築路，行動較便，作為下手的對象，只管立功，就不擇手段。行動人員去時，陸以銘剛不在家，竟然就將其全家包括六十餘歲的一位姨母及六、七名子女，一起加以拘捕，最小的一個，年齡且尚不滿十歲。有一天趙叔雍約我在他家裏吃飯，叔雍雖也無黨無派身份參加了汪政府，但他原是《申報》的舊人，那天同飯的還有《申報》的馬蔭良，似乎還有潘公弼。叔雍對陸以銘家發生的事，因不便進言，要我向佛海說項，他們開給我的一張名單中，《申報》中人被拘的還有王堯欽與幾名印刷工人，共達十六人之多。起初我認為毫無把握，且我與特務工作，毫不相干，未便多事；而經不起這幾位的一再苦纏，終於我答應了盡力而為。

是否受錢自問無慚衾影

第二天，我就去看了佛海，率直地提出了這一問題，他說：「《申報》態度過於偏激，不能不有對付，人既拘來，更未便即予開釋。」

我說：「問題在於為什麼要株連到無辜的婦孺，罪不及妻孥，這將何以服人？」

佛海厲聲說：「既然罪不及妻孥，那重慶當局又為什麼把我老母也拘禁起來了？」

我也針鋒相對地說：「重慶把老太太關起來，你心裏的感想如何？就是為了重慶的措施難滿人意，因此我們要另建政權，如都學它的壞樣，我們又何貴於多一個殘民以逞的政權？」

佛海的長處，也就在這種地方顯示出來，我狠狠的頂撞了他，他非但不以為忤，略一沉吟，就問我七十六號對《申報》捉了些什麼人呢？我就取出了叔雍交給我的十六人名單，他取了一枝筆，批了「以上各人，交金╳╳同志負責保釋」，交給了我。這樣毫不費力的不負朋友之托，我自不免有欣然之感。

我取了佛海的批示，馳往「七十六號」，把十六人保出後就坐了我的車分批送各人回家。此事似已告一段落，更不料七十六號的一批行動人員，竟因此事而會同往見佛海，說他們千辛萬苦冒了險拘捕來一些人，卻都給金╳╳得錢賣放了，以後如再有交辦事件，將不再照辦。這是特工的罷工行動，一時形勢顯得十分嚴重。佛海也曾以此問我，我說：「我是望平街出身的人，對舊時的一般朋友，他們或者真是忠於抗戰，也或者為了生活而忠於職務，良心上我不能坐視不救。至於我是否收受過金錢，不難調查個水落石出。也還幸而我自問無慚衾影，而且，其全家得救後，也就一直並未與陸以銘見過面，直至到了香港，始再於路上偶爾邂逅而已。我那時的天真與愚蠢，所為類此之事，不一而足，難怪勝利後我坐了自己的車向軍統自首時，跟隨我多年的司機葉臻賢，一面開車，一面卻在抽泣，他流著淚回過頭來向我說：「想當年你保了多少人，就是這輛車一車又一車地把他們接出來的；今天，你卻坐了就是這輛車，自己送入牢獄去了，這是什麼世界！」我以為這種傷感畢竟是多餘的，因為這本來就是政治麼！

又上了人生道路的一課

我於一九五〇年來到香港，當離開上海之前，內人向我提出了一個條件，即要我答應以後不再搞什麼政治與文化。我為了遵奉閫令，曾經有一位有錢的朋友願出資要我辦報，而我卻婉謝了。但坐食何能持久？終於我選擇了與朋友合作，從事於對我完全外行的商業來妄圖作苟延之計。居然還從歐洲與日本定來了不少貨，詎意一運到香港，貨價暴落，有些且跌至僅值原價的百分之二十，貨物存在倉庫裏要棧租，向外面挪移來的資金都來逼索，一時坐困愁城，束手無策。本來這家公司是五個朋友一起辦的，陳彬龢是其中之一，有一天，他很氣憤地來告訴我說：「為解決目前公司方面經濟上的難關，我去看了《申報》的老同事陸以銘，他在一家洋行當買辦，情況很好，我用了你的名義，說因經商週轉不靈，存貨無法脫手，市場一片淡風，連銀行也拒絕抵借，因此希望能幫忙視目前貨物的價格，來作為担保，通融一些現金濟急。不料很意外地他拒絕得十分乾脆，他說：『金╳╳手裏還有貨，仍然在做他的老闆，而我只是幫人做事，又那裏有閒錢出借？』我再對他作進一步的懇求說：『念在金╳╳曾經救過你一家的性命，可否於無可設法中勉為其難？』那裏想到他的答覆更氣人，他說：『不提這一件事倒還罷了，如其金╳╳以為曾經施恩於我，那是錯了。我一家被「七十六號」綁去，是為了《申報》而犧牲，即使金╳╳要算這筆賬，也該找《申報》的小老闆史永賡去。況且，我闔家當年的被綁，又安知此事最初非由金╳╳設計而最後又出面來保釋，只是為了見好於我？』」

彬龢根本不應當未得我的同意而自告奮勇去求助於人，施恩望報，就非君子所應為，且細味彬龢告訴我的話，未免有些太出乎常情之外。我以為這可能是彬龢的假托，甚至我還懷疑他是否真去看過他，也有問題。但無論如何，這事卻又給我多上了人生道路上的一課。

名利雙收的一樁好生意

舉例之四：我對當年處身在淪陷區的許多忠貞人士，關於他們的往事，我自信知道得太多，甚至有些在自由區的人，為了局勢一時的不利，遂對抗戰前途發生了無限悲觀，偷偷摸摸、勾勾搭搭與周佛海等人暗通消息的，也為數不少，尤其是文化界的人，都瞞不過我的耳目。為了稍存忠厚，我也儘量代他們隱飾。我總認為多一個「漢奸」，決不是中華民族的光榮，又何苦定要引為同道，而拖人落水。

現在姑以一個朋友為例，以概其餘。這位朋友是數年前在香港逝世的于肇詒。誰也知道他是一位忠貞人士。在他的口中，常以老汪來稱呼汪精衛；在他的筆下，更不少罵「漢奸」的文字，他一切表現，完全顯出是大節無虧的一位報壇傑出之士。而我認識他很早，還是一九三九年的秋季，汪政權正在緊鑼密鼓地在上海延攬人才，我與羅君強那時同住在愚園路一一三六弄六十號的一所大宅裏。有一天，來了一位年紀輕、沉默寡言的青年，君強為我介紹說：「這是于秋士先生，他也是新聞界中的人。」以後我就常常看到他來訪君強，因為過去我與他未曾見過面，也就很少交談。翌年汪政權建立了，我並未担任實際的政治職務，主要就為周佛海在南京創刊一份《中報》。一開始社長是君強，我是副社長；但由於君強對報紙是完全外行，一切用人行政，編輯與業務，都由我大權獨攬。也許那時我太年少氣盛，也急求成功，辦事誠未免太擅斷了一些，甚至就在自己的報上，我還毫不客氣的罵過君強。但君強的為人，更甚於我，什事都要由他大權獨攬，他既無法也無能插手於報紙的專門性業務，卻又不甘心於空負社長的虛名，在他一氣之下，另外創刊了一份小型四開的《京報》，與我競一日之長，而《京報》的社長也就是于秋士。到香港以後，我才知道他的真名是肇詒。

報壇上當然盡是些才智聰明之士，不但都是識時務的俊傑，而且隨機應變，也是戲劇的天才演員，他們會有不同的表情、不同的言辭與不同的動作，適應於某一種的環境，以達成他們為「公」

為私的目的。有時，他們像有保護色的某種昆蟲，在不同的場合，會有不同的態度。尤其在淪陷區中的「漢忠」之輩，有些因能夠善為應付，尚不失為名利雙收的一樁好生意。

有人因條件不合未落水

這裏，也可以提出一些百分之百的事實來作為說明。因為在我的感覺上，新聞界同人的「忠」、「奸」，很難劃分，而且兩者之間的關係，也極端微妙。譬如說，當汪政權尚未建立之前，曾有八個月的時間，我遷住到了滬西愚園路一一三六弄六十號。那裏汪、周等從重慶輾轉到達以後，就由虹口遷住到這個弄裏，除汪氏外，周佛海、褚民誼、梅思平、羅君強等，也都聚居在那裏，初期的組織、宣傳、財務等部也在那裏辦公，這才是初期汪政權中人最高發號施令的地方。極司斐爾路七十六號，以後上海人省略了地名逕稱為「七十六號」，不過是汪氏的國民黨中央特務委員會下的特工總部，但上海人都知道有「七十六號」，而「一一三六弄」之名反而不彰。這兩處都在上海西部英人越界築路的區域，本來就是一個畸形的地區。抗戰爆發，國軍撤退以後，日軍就利用這一段交通便利而又為英人權力所弗及的所在，開設了無數賭窟，以為日軍籌措特務經費之用，賭場林立，盜賊橫行，因之上海人稱之為「歹土」。

汪氏的住宅，位於一一三六弄的弄口，原為王伯群的滬寓，雖寬敞而不一定宏偉，但因為有那麼多重要人住在那裏，所以崗哨密佈，戒備就特別森嚴。外來的人要盤問、要搜抄；有車階級也只能駛至弄口，再步行入內。一一三六弄的警衛隊長是張魯，而橫行不法。上海人談虎色變的吳四寶，也不過是七十六號的警衛隊長。論理，滬西地區是「歹土」，那麼，一一三六弄應該是「歹土」中的「歹土」了。但不少新聞界的朋友曾經並不避嫌而移「尊」光降，他們是想從我口中探聽一些消息，為他們未來的處境作打算。時常剪燭長談，頗不落寞。現在可能不易為人置信的事，則是有些「忠貞之士」，在報上對汪氏領導的和平運動作了份外激烈的攻擊，有些人戰後且貴為國民黨的中央委員，恐怕除了他自己和我以外，不會有人知道他與汪政權中人曾暗通款曲。有好幾位與周佛海面談過參加條件，見面的地點一般就在我所住的六十號；因為形迹恐會外洩，進弄也可不必盤查，大抵都約定了時間後，派我的自備車去迎接。他們最後的不曾「落水」，只是因為條件的不合而已。

《新》、《申》二報求托庇汪政權

在太平洋戰爭發生後，日軍進入了蘇州河以南的公共租界，《申報》與《新聞報》位於三馬路望平街口，都成為日本海軍可以直接控制的地區，兩報中人惶恐不安，此時但求能托庇於汪政權中人而免被日人所攫取了。也曾經有人慫恿我謀取該兩報之一的社長職務，來作為緩衝，經我嚴拒之後，又要求我轉約佛海一談，以便得其一言而稍安忐忑之心。我就為他們作了分批見面的安排，每次一報，每報五六人，都是最高級的人物，事隔已近三十年，去的是些什麼人，已記不真切，清楚記得的：其中有《新聞報》的汪伯奇、嚴獨鶴；《申報》的馬蔭良、趙君豪等人。他們晉見的最大希望，是由汪政權派人主持，以免落入日軍之手。見面的地點就在愚園路一一三六弄五十九號佛海的寓所，仍然由我派車接送。兩報人中見到佛海，態度異常恭敬，汪伯奇且訥訥然至無以為辭。佛海為他們分析了當前的局勢，以及因兩報之故日本陸海軍雙方且以相互爭奪而啟了釁端，所以由汪政權管理，情勢上萬分可能。但佛海最後仍說：以後如受到日軍的無理干涉或有什麼不幸事件發生，請隨時與╳╳（指作者）聯絡，他將以全力相助。談話雖未有直接的結果，但兩報中人聽了佛海的一席話，也如吃了一劑定心丸，悄然而往，也終於欣然以歸。

曾仲鳴介紹認識林栢生

淞滬全面抗戰發生，國軍終於後撤，上海的報紙雖都在公共租界與法租界以內，但《時報》、《時事新報》、《大公報》、《文匯報》、《民國日報》、《正言報》、《中華日報》等等，都先後停刊了，大批新聞界的同業，一時陷於失業。汪氏脫離重慶，以上海為基地，發動和平運動，首先即將《中華日報》復刊，作為唯一的宣傳機構。汪氏本有兩張機關報，在香港為《南華日報》，他自中央黨部遇刺赴歐休養回國，即由曾仲鳴決定在上海發刊《中華日報》，而以林栢生為社長。我本與栢生不相識，汪氏偕仲鳴搭法輪抵滬，我以與仲鳴的關係，也上輪迎接，即由仲鳴為我介識栢生，因為他是廣東人，對上海情形不熟，要我對《中華日報》加以協助，因此數年間我完全以友誼關係而從旁幫忙。國軍自滬撤退後《中華日報》停刊期內，栢生也離滬赴港，而由葉雪松留駐經營，栢生又來托我加以照料。因有此淵源，當《中華日報》於一九三九年復刊時，新聞界中不少失業的朋友，為了抵受不了妻啼兒號的窘境，也就顧不了「忠」「奸」之判，要我介紹進入《中華日報》担任工作，那時確有好幾位編輯，是我向雪松推薦的，這裏，我不想指名道姓，以玷污他們的忠貞了。其實此舉我只是受人之托的一種友誼行為，而重慶特工竟指我已担任了該報的總編輯，有對我下手暗殺的準備，我之所以參加，這也是許許多多的原因之一。

朱鳳蔚投井下石造謠言

上面我提出了幾位與我打過交道的「忠貞之士」的事實，為了此一時、彼一時，他們最後的不念舊誼，不過是患了健忘症，對我尚不至於投井下石；但有一位新聞界的朋友，卻忍心地公開造作謠言，正在我生死關頭之際，意欲置我於死地，說來又是一件十分可笑而可哀的事。當上海市政府沒有撤退以前，有一位担任中文秘書職務的朱鳳蔚，他也歡喜舞文弄墨，以「老鳳」的筆名，經常為各報寫稿，那時我辦了一份《海報》，居然風行一時，特別可喜的則是搜羅盡了在淪陷區中所有的健筆，現在在大陸的、香港的與台灣猶活躍於文壇的知名人士，不少是當年《海報》的作者，老鳳也是其中之一。他是《海報》的長期作者，在他筆下，除了風花雪月與捧他的過房女伶以外，也不免談到和平與戰爭，我只記得他曾經對《雙照樓詩詞》，作過刻意的譽揚，以表示他對汪氏的敬佩。有一次，我以《海報》社長身份假跑馬廳畔的金門飯店，大宴上海文藝界人士，文星燦爛，濟濟一堂，老鳳夠朋友，也著實討人歡喜，他看到來賓簽名簿的封面上還留著空白，欣然提起筆來就寫上了「賓主盡東南之美」的七個大字，用這一句成語來襯托這樣一個盛會，真使我滿懷高興，也可見他對我的觀感不惡。

農曆年關告貸者難應付

那時，我還開辦了一家銀行，因有做財政部長與中央儲備銀行總裁的周佛海支持，真如上海俗語所說的「生意興隆、財源茂盛」，而別人的想法，以為銀行中客戶的存款，也就是我私人的財富，因之向我求濟緩急的就紛至沓來，特別是望平街上一班清廉自持的新聞界同業，不再怕我的「骯髒錢」會沾污了他們，我可以自矢，當時非但來者不拒，而且絕不減少任何一位所希望的數額，讓他們一一能如願以償。但是一到農曆年關，來告貸的就使我窮於應付；是親友、甚至只見過一面的人，都來商請借款，沒有担保品，甚至沒有保證人，而每一位開口的數額都是十分巨大，假如要滿足每個人的希望，即使把我摩頂放踵也還不敷。因此一到臘月二十五，也算是為了避債，我即不再到銀行辦公，直至翌歲新年正月初六日銀行假滿開門為止。

那應該是一九四五年的農曆新年，我一回到銀行，就看到老鳳給我的一封來信，還是上年年底寄到時，因我沒有到行而遲未拆閱，一看信是老鳳因難以過年，商借一筆不大不小的數字，當時我頗以不能於年關前讓他可以應急為歉，但立即飭人如數送往，並備函表示了歉意。而送款人回來對我說：「朱先生很不高興，錢是照收了，但他卻對我說：『金××真是辣手，過了年關再將錢送來，這明明是要窮人好看，哼！』」我聽到了這幾句話，真為之哭笑不得。即使是我欠他的，為了沒有看到信而遲了幾天，也應該予以曲諒，那裏料到老鳳竟然還認此為深仇大恨。

送款太遲惹來意外磨折

一九四六年我自己投身牢獄，在軍統的看守所時期，由「漢奸」一變而為法官的程克祥、彭壽等，已不斷逼問我的財產，內人本為一個基督教徒，堅守十誡中不說謊的戒律，確已連她的粧奩與我祖先遺留給我的薄產，都一古腦地全部獻出。迨我轉入了提籃橋高院的監獄以後，當局似乎不在追究「罪行」而還是對財產有著較大的興趣，無日不嚴追。只要聽到一些傳聞，就毫不放鬆，而檢察官問案的技術，只幼稚淺薄得可笑。譬如有一天，檢察官問我：「某處一所巨廈是你的嗎？」我說不是的。他拍一下案桌厲聲說：「如其不是你的，你有什麼證據？」我忍住了笑答覆說：「請檢察官大人明鑒，假如你說上海最大的一塊土地跑馬廳也是我的，我也同樣提不出證據呀。」可是另一天形勢更嚴重了，檢察官提我問案，劈頭就對我說：「你最少會有著幾萬（每條十兩）金條，藏到那裏去了？」我對這一句的問話，正如對一個丈二和尚，摸不著頭腦，半開玩笑地說：「我感到高興而又自豪，如其我真能有幾萬條金條的話。但是十分遺憾，我卻從來不曾有過。」檢察官說：

「有人指證，你還想抵賴嗎？」我說：「那麼請這個人到庭與我對質吧。」檢察官擲下一張小型報給我看，上面登載著老鳳的一篇稿，大意說：「淪陷時期中，金雄白是最會搞錢也積聚太多者之一，我曾經有兩天連續到他的銀行去，親眼看到他每天買進了金條五千條。他的財富，也就可想而知。」為了這一篇稿，檢察官不斷向我嚴追，使我在獄中一段時期中，受到了意外的磨折。

老鳳假定說的是事實，倒也罷了，無如上海淪陷的前後六年中，他雖常到我的報社，卻從未來過我的銀行。即使有朋友來看我，也都在會客室中招待，不會看到我在怎樣處理業務。銀行買賣生金銀，是規定為正當業務之一，進出當然是有的，但即使上海是全國最大的商業都市，如每天要買進現金條達五千條，非但不會有那樣多的現貨，而且也將激起風潮，老鳳的說法，顯然並無常識。況且我在銀行中，並不直接處理業務，買賣生金銀，通常由襄副理用對講電話與市場秘密進行，老鳳又安從得見？他的所以作此讕言，還是為了送款太遲，耿耿於懷，而作了有甚於睚眦的報復。

上面的閒文，還只能說是本篇的楔子，但已嫌寫得太多了。我應該聲明的，這只是為了《大人》雜誌刊載了有關於我的記載後，勾起的種種回憶，一不在炫耀我當年的如何好友尚義，二不在要對某些人揭發他們的隱私。因為，政治本來是無情的，尤其在亂世時代，斤斤於友道和道德，更將失之於迂腐。但現在想來，有些忠貞之士，行之有道，著實可以名利雙收。有人是發了國難財；也有人是發了國難跡。如寫〈血淚當年話報壇〉的張志韓，就是「不成仁；便成功」者之一，我在為他慶幸之餘，也想談談他筆下所涉及的若干真實的舊事，以互相印證如何？

我認識張志韓，最少已有四十多年，大約在一九二五至二六年前後，那時我正服務於上海《時報》，沈秋雁辦了一家華東通訊社，志韓就在那裏工作；我有時去看秋雁，也自然看到了志韓。

提到秋雁，年輕時美豐姿，是一個洋場中的風流人物。他前後兩位妻子，都出身於北里，第一位夫人，事實上還是由我所撮合，到他們發生情愫論嫁娶時，他的生母四阿姨堅決反對，還經我從中疏通，才成好事；因此當他們結婚時，我還居於介紹人的地位。秋雁人風流，連他辦的通信社也位置在眾香國裡。地點在上海跑馬廳旁的汕頭路，即西藏路的轉角處，借了我鄉陸士諤中醫樓上的一間統廂房作為社址；而望衡對宇，全是長三堂子的香巢，隔街可以看到水晶簾下梳頭的景象，也可以聽到鶯啼燕叱的嬌聲。我初初看到張志韓的時候，他既非外勤，也非編輯，僅任抄寫與奔走取稿之役，他後來的成就，一半靠了他的「忠貞」，一半靠他自己的苦幹；在新聞界中，他是一個特出的人，也是使我刮目相看的人。雖然我與他相識了很久，但我與他之間，卻一向很少來往。讀他在《大人》雜誌上所寫的那篇大作，就我所知道的，有些不盡是事實，而有些即不免失之於誇張。

最多只能弄弄筆桿辦報

我並不想為汪政權辯護，因為「七十六號」在當年確是一處聲名狼藉的所在。還記得有一次，我奉命去看丁默邨，經過傳達處而要進入二門的時候，警衛人員也居然毫無禮貌的要對我搜身，幸而我也帶有保鑣同去，他們拔鎗對我，我們也就拔鎗相向，弄得幾乎真要開火。「七十六號」的氣勢，也似乎除了日本人以外，什麼人也不在他們的眼裏。吳四寶之流根本上原是地痞流氓，又那裏知道什麼天理人情？有一天我曾經對佛海說過這樣的話：「七十六號的名聲太壞了！為什麼要容納那些人讓他們去為非作歹？」而佛海的答覆卻更妙，他說：「在打天下的時候，雞鳴狗盜，兼收並蓄，而後才能成大事。北伐時期國民革命軍抵達上海以後，上海幫會人物，也不是同樣曾紅極一時嗎？」又有一次我也曾對李士群談過，因為「七十六號」拘押人犯的看守所，就在二門以內右側的幾間平房內，有時白晝用刑，凄厲的呼叫聲令人毛骨竦然。我對士群說：「那樣來對重慶份子，而且不避外人耳目而施用酷刑，成何樣子！」士群聽了我的話就哈哈大笑說：「因此，你最多只能弄弄筆桿而辦報。」

其次，我內心上一向對特工深惡痛絕。我以為不論中國古代的東廠西廠、外國的格別烏或蓋世太保，也或者「七十六號」、或軍統中統，都不例外。因為即使其人罪在不赦，儘可繩之國法；用暗殺手段來置人於死地，置國家法律於何地？即使說：因一時權力有所不及，不能不以非常手段來加以制裁，但對重慶來說，既然「最後勝利，必屬於我」，則認為賣國之徒，最後仍將何所逃於天地之間，何必爭時日之遲早？尤其新聞記者手無寸鐵，言論既賦予自由，殺戮又豈非過當？但最不幸的也就是新聞記者：逆鱗之語，即罪不容誅，北洋政府時期的林白水、邵飄萍等；國民政府時期的鎮江記者劉煜生，都罪不至死，而終於難逃一死。這是政客們在不得已時借記者的性命來用以洩憤；但決沒有如淪陷時期上海一地，記者被殺的竟會有如此之多。

與新聞界聯絡所委非人

就我所知道所以成為「血淚」的過程是這樣的：一九三九年秋，汪、周等抵達上海以後，即展開政權的籌備工作，主要是與日方交涉，延攬當地人才以及聯絡上海新聞界三事。對上海新聞界而言，目的僅在希望減少攻擊而不是要求幫助宣傳；但汪方一開始就犯了嚴重的錯誤：汪氏所建立的國民黨中央黨部、秘書處、組織部、宣傳部等都已在愚園路一一三六弄開始辦公。宣傳部長一職，初為陶希聖；陶與高宗武離去後，由林栢生繼任。照理而論，與上海新聞界聯絡，應該由宣傳部主持，卻不料竟委之於「七十六號」。周佛海自己，僅與少數人接觸，也限於過去新聞界中原來相識的朋友，如委托葉如音擬為他在南京創刊一張日報（如音攜款避匿後，這副重担就加到了我的肩上，也就是以後的南京《中報》）。又如他在漢口任代理中央宣傳部長委任了《申報》的金華亭為駐滬特派員，因此舊誼，就請趙叔雍與章正範每月送給華亭五百元，作為彼此間的一種默契。華亭錢是受了，但又唯恐人知，也唯恐人疑，在《申報》以內，調子卻唱得更高，表演得比之「漢忠」還要忠漢，結果也終於召了殺身之禍。

一份通緝名單天大笑話

「七十六號」的作法，更是莫名其妙：一方面托人分頭活動，向各報的主持人、編輯、記者實施收買政策，每月給以固定的金額，而其間就有太多不盡不實之處，有人以為這是淌來的意外之財，既然天外飛來，也落得圖個眼前收益。因為通過私人友誼關係之故，分派等既不均勻，亦且未收實效；有些想要而向隅的，更加強了對汪方攻擊，從中予以破壞。「七十六號」更在每一報社拉攏一個人來參加其「新聞小組」，每週舉行會議一次，各自供給「七十六號」以情報，其中更有以平時個人的恩怨，作了不實的誣指。以後發表的新聞界八十三人的通緝名單，更是天大的笑話，其中太多人是決無資格列入這名單之內的。我總算是對上海新聞界相當熟悉的人，但有些人的姓名，連我也從未聽到過的，又其中如《新聞報》的陳達哉，且已由我聘任為《中報》社長室秘書，居然一樣還要加以通緝。他們對各報的情形既不清楚，也不調查，隨隨便便就開出了這樣的名單，終於造成了無數枉死城中的冤鬼。

政治上暗殺絕不是好事

在《大人》雜誌上寫那篇〈報壇血淚話當年〉的張志韓，當我讀完他所寫的全文之後，有著說不盡的感想：敬佩、傾幕以外，更夾雜了無比的憐憫。如前文所說，到今天，我認識他已四十餘年，最初我對他的印象，正如他自己筆下所寫的是一個「土生土長的上海鄉下人」，屈居在毫無規模的華東通信社沈秋雁之下，僅供抄寫奔走之役，不意國難來臨，一朝發迹，竟貴為執政的國民黨唯一機關報——《中央日報》的總經理以至昆明分社主任。勝利以後，又一力恢復了《華美晚報》，而且是上海報業公會的常務委員之一，他在文中表示出他能片言解紛，成為最有「份量」也最具「力量」的人物，當初我有眼不識泰山，實為始料所不及。

在抗戰當年，腥風血雨，上海報壇真是充滿了血淚，新聞界卻首當其衝，不少同業，都成為政爭中的犧牲品。在張志韓看來，參加和平運動的自然都是死有餘辜，但他又不得不認為暗殺也者，只是「兇殘成性，殺一個手無縛雞之力的文人」的罪惡行為，也似乎有時真還有著一份悲天憫人的慈悲胸懷。但在這方面，他又顯得很矛盾，殺死參加和平運動的人，就不再認為兇殘，也且並不以為是血淚了。我與他有不同的想法，我總以為政治上的暗殺，不論出於那一方面；也不問以何種理由，總是兇殘的、卑鄙的與非法的。甚至這個人真是該死，國有國法，應該依法拘捕、依法審判而後予以明正典刑。況且勝利以後，對汪政府中人，曾大舉逮捕，而審判結果，上海報壇方面的人，無一判處極刑，連我這樣一個先後辦過三張報紙，應該是罪大惡極了，也未命喪刑場。可見重慶特工所暗殺纍纍的，即使有罪，也還不至於死，只出於少數人的「兇殘成性」而已。而張志韓對其同事趙國棟、朱惺公、張似旭、程振章、李駿英的死，表現得好似一腔義憤，大有如喪考妣之意，至錢華、蔡釣徒、穆時英、劉吶鷗、余大雄等的伏屍街頭，則一味歡喜讚嘆，引為壯舉，對朋友們的慘死，了無同情惋惜之心，雖不能指他為殘忍，但無疑是一個忍人也。就暗殺一事、原則上是否兇殘來論，作者無疑是有失公平的。朱惺公等即使為了忠貞而殉難，現在試問屍骨已寒，還有多少人在想念他們?可謂忠貞何價;而張志韓當年不但以此發了國難跡，今天還可在海外表揚他的豐功偉績，則可謂「忠貞」有價了。

義不容辭回上海辦《平報》

我既然在原則上反對暗殺，也因此，不論站於那一方面的同業，在兇殘成性的人手下遭到毒手，同樣寄以同情、惋惜與憤怒，這也許是我太天真了，實在太不懂得所謂政治。但上海的暗殺之風，事實具在，先下手而作俑的，則是重慶方面「軍統」與「中統」這兩個特務機構。在死亡纍纍之後，汪政權方面才出以報復。我所目擊的一幕，是「七十六號」於一九三九年秋冬之季舉行了一次被重慶特工所殘殺的「十二烈士追悼大會」，原意本在對死難家屬作一種撫慰。那天作為中央特務委員會主任委員的周佛海（七十六號原為日本大特務土肥原屬下的組織之一，汪、周等抵滬後，接收而置於中央特委會直接管轄之下），也出席了這次追悼會。當追悼儀式完成之後，佛海正退坐在一間辦公室內，不料十二被害者的家屬，滿身縞素，蠭擁而入，跪滿了一屋，呼天搶地中要求佛海為她們的父親或丈夫報讐，其它有些好事的工作人員，也隨聲附和，表示如再不同樣採取必要手段以為對付，則生命全無保障，決意停止工作。佛海到底還是個書生，我看到他面色由紅而白而青，終於以顫抖的手，寫下了還擊的命令。所定的原則是：你打死一個我方新聞界的人，我們也打死你一個新聞界的人；你打死我方一個銀行界的人，我們也照樣打死你一個銀行界的人。以牙還牙，以血還血。而慘劇終於這樣造成。即以我的遭遇來說，不僅幾度險遭殺身之禍（事詳拙著《汪政權的開場與收場》一書中，茲不再贅）。說來慚愧，我的所以幸而未遭毒手，僅僅因為防範的嚴密。因為我在上海所主辦的《平報》，社址在四馬路石路口，是一處最繁盛也是行人最混雜的地區。《平報》的前身是《文匯報》（勝利被接收後，又改名為《正言報》），國軍西撤後，《文匯報》停刊了，丁默邨忽然動興予以收買，先後委任了穆時英與劉吶鷗為社長，正籌備出版的時候，兩人又先後為重慶特工所暗殺，至此丁默邨無意刊行，於是以順水人情，送給了周佛海，佛海也糊裏糊塗的予以接受了。那時我正在南京一面創辦「南京興業銀行」；一面則主持《中報》的全盤業務，事實上萬難分身。而佛海則因《中報》出版半年，已將南京由老報人秦墨哂辦的《南京新報》予以擊敗，認為《中報》可以交給羅君強而由我到上海去再辦《平報》。佛海左右，既全無可以辦報的人，在義不容辭的情形下，我以必死之心，毅然赴滬，負起創刊另一報紙的重任。

深居簡出幸而未遭毒手

我的幸而未繼穆時英、劉吶鷗而死，讀了張志韓的大作，深覺未能使他再度拍掌稱快一次，實在感到莫大遺憾。但問題不在重慶特工對我的「網開一面」，而是因為實在無隙可乘。《平報》臨街的牆壁，中間都夾了鋼板，所有窗門，都裝上了鐵網，我又雇用了三十六名警衛，保護報社外，進出也作我的私人保鑣。他們隨身都有短槍，報社的每一道門口，又都設置了崗位，任何來客都很不敬地予以搜身。當然，我更是深居簡出，在《平報》創刊的最初那一年，身兼了社長、總編輯、總經理三項職務，食於斯、睡於斯、工作於斯，寫字桌旁邊滿藏臭蟲的一隻雙人短沙發，即是我的睡舖，朝夕辛勤，既勞且苦。記憶中在這一年間，我僅出外了三四次，事前也沒有人會知道我的行踪。除了我坐的車是一架防彈車，又穿上了防彈背心以外，更有多名保鑣隨護，我自己也居然還帶了兩枝槍，當然，我僅僅打靶過寥寥幾次，帶鎗不過用以壯胆而已。而即在這樣偶一外出中，還不斷遭遇到危機，其終於未遭毒手，以有些人看來，也許是「惡貫」尚未滿盈吧。

然而南京的《中報》於創刊的第三天，即遭人投擲炸彈，還傷了一名包車夫，這是汪政府成立後在南京最先的一次，也是僅有的一次。而《平報》則先後遭過兩次投彈與一次放火，徼倖又能僅以身免。儘管我自己處身在危機四伏中，卻仍為對方設身處地著想，對於汪政府在暗殺上針鋒相對的手段，更表示了極大的不滿。我雖然人微言輕，曾不斷向佛海勸阻，我一再向他說：「手無寸鐵而又待遇清苦的文化人，是已夠可憐的，他們有些為立場不同而真是忠愛國家；有些不過敬業樂業或為事蓄所累而堅守崗位，我們又何忍殺之？」佛海起初認為我多事，要我不要管此閒賬，我又向他說：「我是望平街上出身的人，這許多被通緝或被殺的同業，有些是我過去朝夕相見或同遊共樂的朋好，況且有些被殺的人，不論其在報館中的地位與所表現的態度，都無殺他們的必要，我實不忍見到往時的同道，死於非命，如其我不說，也再沒人向你說了。」佛海經我無數次的喋喋不休，深知我並無作用，也不免為之動容。

金華亭如何遭殺身之禍

但可憐的我，非但不是特工組織的人，那時我是住在上海愚園路一一三六弄，而作為汪政府特務機關的「七十六號」，是在極司斐爾路，他們的所作所為，我一無所知。佛海固然是特務組織的最高負責人，由於丁默邨與李士群兩人的擅權拔扈，已有尾大不掉之勢。關於暗殺事件，竟然有些是先斬後奏，有些也不過於決定之前，作形式上的呈報備案。我的所以能知道「七十六號」將對某人將採取行動，則以七十六號有公文送給佛海，而我每於無意中看到。佛海家裏的辦公室，即在他樓上臥房外的一間小室中，他散亂地把公文都堆置在桌上。有時我去看他，而他尚未回家，我就老實不客氣地在他桌上亂翻，每次看到新聞界同業將成為行動目標時，或向佛海勸阻，或暗中通知本人戒備。我所能獲得這一方面的線索，就如此其稀少。

在這方面，我曾經遭受過無數次的奚落，甚至可說是侮辱。舉幾個例來說：第一件就是前文所說的《申報》記者金華亭在一九二〇年前後，上海各報的新聞來源，還依靠所謂「老槍訪員」的供應，非但家家千篇一律，而且寫作技巧又簡略而低劣。我與華亭等人，是上海各大報第一批的外勤記者，也可說是中國第一批的專業外勤記者。為了採訪上的關係，自然而然地成為密友。我們常常一起出外工作，一起打牌，一起飲食，甚至一起逛舞廳、玩長三堂子。華亭為人脾氣不好，性吝嗇而又好慷他人之慨，在同業中人緣極壞。平時不慊於他而投効汪方的人，就不斷作了不利於他的報告，「七十六號」憑了情報，認為他是新聞界唯一的阻力，決計殺一以儆百。有一次請求執行的呈文已送給佛海，剛好我又在他書桌上看到了，我向佛海力言：「華亭也是你的朋友，放言高論，正是他的性格，又何忍取其一命？」經我長時間的力爭，佛海最後把公事上已經批好的「准予執行」改為「暫緩執行」，不過佛海要我向華亭警告，不要再做得太過份了。我回到報社，即以電話托唐世昌告訴金華亭，希望他能明哲保身，不要鋒芒太露，以自貽殺身之禍。而華亭的答覆，竟然說：「金雄白自己做了漢奸，他居然還來恐嚇我。」當時我的確一笑置之，認為但求於心無愧，又何必定要見諒於人。

保釋倪灝深無端受侮辱

第二件事實是《新聞報》的本埠新聞編輯倪灝深也被「七十六號」拘捕了。灝深是一個迂士，除了致力於其本身工作外，向不預聞外事，在外面的酬酢場合中，他也從不參加，我與他雖為新聞界的同業，又同在望平街上，而我且不識其人，其人的如何安份，就可想而知。忽然我聽到了他被捕的消息，我又以灝深平時的為人來向佛海解釋，佛海確是一位無城府也無成見的人，他就說：「既然聽你如此說法，我通知『七十六號』，就由你去保釋吧！」一切保釋手續也都由我辦好了，釋放的日期也已決定了，但他身無分文，要通知他的家屬去陪領他回家，而又苦於不知道他的居址，只好打電話到《新聞報》去詢問，起初他們以「不知」兩字相答，以後電話打多了，也知道了我是誰，有一次接電話的人就厲聲對我說：「你這個漢奸！以後不要再打電話來嚕嗦。」倪瀾深最後雖仍然由我保釋，我卻又受到了一次侮辱，真是誰教我瞎熱心、瞎多事呢。

通知張志韓未免太天真

第三件事實是關於張志韓的。在他的筆下，也承認我的確有過通知他格外當心的電話。經過是這樣的：有一次我又在佛海書桌上看到「七十六號」的公文，不是對志韓呈請執行而只是對他行踪的情報。公文上說：「有人發現張志韓於上一天改裝穿了短衫褲在河南路棋盤街附近走路。」公文雖不是申請執行，已為「七十六號」所注意則已無可置疑。雖然我與他並無深厚的友誼，但以一念之仁，也可說是一念之愚，又直接打電話告訴他以我所知，希望他不要再在路上亂闖。當時他在電話中的答覆，正如他最近發表的文稿一樣，口頭上是客氣，而在他的內心上顯然也認為我在造謠恫嚇，他說：「你的消息是不確的，根本上我從未出外行經棋盤街。」隱然有我只是砌辭見好之意。當時我並沒有說這消息是千真萬確的，僅僅因我看到了情報要他自己防範而已。老實說，那時我沒有討好他的任何理由，而他的答覆，也僅是較金華亭略為和緩罷了。

今天，我後悔了，後悔太幼稚、太天真，實在不配搞什政治，古人說：要在政治上能獲得成功，有三個要素，即：「揮金如土，愛才如命，殺人如麻。」這樣的大氣磅礡，當然我沒有這個資格，也且沒有這個野心。我只是為了朋友，婆婆媽媽地一味作婦人之仁，如此心不狠、手不辣的人，不失敗不身敗名裂，還不應該？我認為今天共產黨的所以能夠成功，就是深得搞中國式政治的秘訣。毛澤東公然說：我就是要專政，我就是要鎮壓。不但沒有婦人之仁，而且對所作所為毫不諱言。張志韓也具有與毛澤東同樣的心腸，竟以得一《中央日報》經理而躊躇滿志，長才未展，我真要為他叫屈！

抗日戰爭國軍從淞滬地區西撤以後，租界以內，雖暫未受到直接影響，但《時報》、《時事新報》、《中華日報》、《民國日報》、《大公報》、《文匯報》等以大敵當前，都紛紛自動停刊；少數幾張報紙，如《申報》、《新聞報》等則仍在繼續出版。在日軍勢力可直接控制下的虹口地區，則由日本軍部刊行了一份新《申報》。除此而外，全滬各報抗日情緒的高昂，並未因國軍的撤退而有所減弱。

《大美晚報》報名吸引讀者

張志韓謂中文報紙中抗日色彩最濃，反汪最激烈的是《大美晚報》。他又把《大美晚報》說成是「消息報導，準確而快捷。」這應歸入於賣瓜的說瓜甜一類之內，而事實則並不盡然。所有在上海租界以內而在戰前發刊的報紙，無一不有濃厚的抗日色彩，也無不激烈反汪，以上海最老的報紙《申報》為例，在一九三九年秋冬之間，由於該報社評對籌備中之汪政權，大肆攻擊，「七十六號」處心積慮欲以嚴厲手段對付，尚幸該報防範嚴密，僅在社外投擲了一枚小炸彈了事。因此而說《大美晚報》為那時上海最反汪與報導最準最快的報紙，未免有些失之於誇張。

也無可否認，當時的《大美晚報》是確有其一定的銷路的，那只是因為（一）報名用了「大美」兩字，就佔盡了便宜。嚴格來說，在中國的土地上而且是一張中文的報紙，竟然於「美」字之上，還加了個「大」字，以中國人的立場來說，覺得頗有過份崇美的味道。也假如太平洋戰爭前夕，美日妥協而携手了（在太平洋戰爭之前，美之以大量物資助日、以及美日在幕後談判，都為無可否認之事實），「大美」的人，如真是「忠貞」的話，勢將陷於十分尷尬的境地。但在抗戰初期，以美國來作為招牌，就發揮了很大的作用。國民政府所發表的戰報，有時不必要的甚至相反的宣傳；有時失地敗退了，卻偏要用「轉移陣地」、「改變戰略」等的字眼來作為掩飾。一般市民以為美國人所報導的應該較之國府的戰報為準確，報名就吸引了若干讀者。

（二）一個重大事件發生了，自然而然刺激了報紙的銷路，如最近香港所生的李小龍暴斃事件，事實上並無真正的新聞價值，尚且所有報紙，都被爭購一空，更何況全面抗戰發動於淞滬地區，砲聲、爆炸聲、飛機聲震耳欲聾，上海市民為了關心戰局，更為了關心到切身的利害，必然是報紙銷行最多的時期，也非但《大美晚報》一報為然。尤其因為太多報紙停版了，物以稀為貴，更形成了一枝獨秀之局。

張似旭原來竟是自己人

論理，美國人辦的報紙，應該首先要顧到美國本身的利益，美國人決不可能也對中國作無條件的同樣「忠貞」。其次，《大美晚報》內部的華籍人員，是否個個如張志韓所說是「大漢民族之好男兒」呢？我又不能不沉痛地說：張志韓實在太天真了，他以為《大美晚報》的消息最快捷而準確。可憐的他！連內部主要人員的事也且懵然無知，不是成了「明察秋毫，而不見輿薪」嗎？《大美晚報》的主腦人物張似旭，並不如他想像中真是一個「血性男子，也是一個很聰明的人物」，我以人格保證要指出他的所謂「血性」，僅是一位刀頭上舔血的人物，不幸又是一個身在南朝、志在番邦的人物。我與張似旭，是相識多年的朋友，起初我絕不知道也且不會相信連像他這樣的人也會向「七十六號」輸誠。我很少去「七十六號」，偶爾前往，卻會不時遇到他也總在那裏。他看到我，總有些赧然之態。一次我問李士群，是否張似旭也與我們發生了關係？他但笑不言，內中情節，也就不言可喻。我見到張似旭的最後一面，大約在一九三九年聖誕的前夕。重慶國民政府下令通緝與汪方有關人士二十九人，區區小卒如我，也居然列名榜上。也許我中了古人的毒，認為不論流芳遺臭，總可名垂青史，有了一如我家聖嘆所說：「無意得之，豈不快哉」之感。因此邀集了少數親友，在跑馬廳畔「國際飯店」的十四樓，為慶祝「遺臭」而宴。不料入座未幾，發現張似旭也在那裏，那時雙方暗殺，正在最激烈的當口，他看到我竟敢出現於稠人廣座的公開場合，滿面表露了驚愕的神情，不久又看到他偷偷去打了個電話。我既然知道他有著「南朝」與「番邦」的雙重身份，明哲保身，就不敢多事逗留，結果在十分掃興中不及進餐而散席。

朱作同也搭上七十六號

他們的另一位主腦人物朱作同，張志韓雖在他的那篇文稿中也頗有微辭，但為親者諱，並不曾露一些私通「七十六號」的痕跡；但他們兩人交誼之密，是無可抹煞的。朱作同我與他也相識多年了，他原是二十六軍周鳳岐的部屬，是一個善於揮霍的人；也是一個不擇手段的人。汪政權在上海籌備時期，一經展開活動，他立即與「七十六號」搭上了關係，公然出入，不避旁人耳目，他錢拿得不少，也拿得很久，得了錢既不推磨，也不與人消災，在報上依然大唱其高調，「七十六號」的錢豈是白拿得的？逼到最後，他出賣了《申報》的金華亭，自已也被「中統」所殺（事詳拙著《汪政權的開場與收場》一書中），這是號稱「忠貞」人士的下場，也是號稱「忠貞」人士的悲劇。

「明察秋毫」的張志韓，我相信他當時才是一頭真正渾然無知的燒鬚老貓。我同情他政治上魔術般的花樣，自會出於「土生土長的上海鄉下人」的想像之外。但到事過境遷已三十餘年的今日，而猶侈言當年《大美晚報》的同事如何忠貞，以及遭暗殺者如何慘烈，不僅顯得太天真，抑且多少有些失實。就我所知道「七十六號」之所以特別嚴厲對付《大美晚報》，就因認為是受了該報主腦人物的欺騙，先殺幾個食人之祿而不忠人之事的主腦人物手下幾個職工，這是警告；也是立威。

等連此也失敗了，於是使出了最後的絕招。該報趙國棟、程振章、李駿英等，除朱惺公可說成是「忠」不畏死、求「仁」得「仁」表示出他一副好漢氣概外，其他都是殃及池魚下的無辜犧牲者，我寄以萬分的同情，當時也就感到無限的難過。難道張志韓當時真是「渾然無知」，到今天還是「渾然無知」嗎？天下的事，不會如他所說的會那樣地簡單，又會那樣地純潔的。

祝尊譽中飽私囊被拘捕

張志韓為《大人》所寫的那篇文稿中，一開始就因祝尊譽吞沒了「七十六」號所給他的錢，表示了無比的痛恨。我所知道的事實是這樣的：這事發生於一九三九年九、十月間，周佛海抵達上海不久，我也被他說服而還剛才參加。一天，祝尊譽的一位表弟倉皇來看我，他曾經在我所辦的「大白通信社」担任過採訪記者，他的對此事也不十分清楚，約略告訴我說，「七十六號」有一筆錢，為分別收買新聞界之用，由《新聞報》的陳達哉經手，但以達哉與張志韓不熟，而祝尊譽則與他常因共同採訪而有良好的交情，因此托他暗中代付，那時老祝處境很艱窘，一家四口，侷促在一間小亭子間內，一時竟利令智昏，全數中飽。「七十六號」只看到錢已送了，而《大美晚報》態度卻依然未變，一經徹查，就東窗事發，祝尊譽立被拘押。他表弟來看我的目的，就是要為他設法營救。本來此等事顯得老祝太胆大妄為、卑鄙無恥，而我又以一念婦人之仁，允其所請。但我與「七十六號」並無直接關係，由我出面說情，「七十六」也未必賣賬，只有請周佛海幫忙了；然而這樣的事，教我又怎樣好意思告訴他。因為當時佛海部份在上海招兵買馬，是由我和羅君強主持，以學藝研究社的名義而羅致的，不管張三李四，只要我和君強決定了，他決不查根究柢。因此我就寫了張字條，短短幾個字：「查祝尊譽已由此間錄用，希查照，此致丁默邨、李士群同志。」佛海也並不查問，在字條上簽了個字，由我送往「七十六號」，當天就釋放了。

一所小廟容不了大菩薩

不過在張志韓筆下有幾點與事實顯然有點出入。第一、他說：祝尊譽經手要給他的錢是一千元，我不以為會有此數目。雖然到底多少我不知道，但就我所主持的一部份來說：由我經手送給上海洪幫首領徐朗西的僅為五百元，學藝研究社受薪最高的五人為羅君強、徐蘇中（以後為政府文官長）、易次乾（以後任中央儲備銀行發行局長）、陳之碩（以後任財政部政務次長），都只有五百元。那時抗戰雖已歷時兩年，法幣尚未慘跌，十兩一條的金條，時價尚不到千元，即使張志韓是堂堂《大美晚報》的總編輯，而「七十六號」也未必會有此大手筆。

第二、似乎張志韓頗以得任一張報紙的總編輯，認為有莫大的光榮，因此說陳達哉是我南京《中報》的總編輯，錯了錯了！達哉是一位老好人，事實上他無意投身政治漩渦，尤其為了祝尊譽的事，已弄得焦頭爛額，難安於《新聞報》的舊職，因而希望我能為他安插，無如《中報》已聘定了褚保衡為總編輯，自不能無故更易，連其它各部的人員，亦且早已決定，結果只能給他以社長室秘書的一個空名義。其次，張志韓說，我又曾經請他担任上海《平報》的總編輯；也許又是他有些記憶上的錯誤吧。《平報》是一所小廟，原則上就如何能容得了這樣的一尊大菩薩？在汪政權前後八年的時間中，凡是遇到有被捕被殺危險的，一旦求助於我，就在《平報》中給他以一個名義，並通知有關機構，作為消解的方法，換句話說，我是以兩張報紙作為有些朋友一時的掩護所或避難所。尤其像張志韓那樣充滿了如其所說充滿了「國家恩仇、民族大恨」的「忠貞」之士，試問我又如何會請他來主持編務？大約在形勢最緊張的時候，很有可能也說過要不要在我報社暫時掛一個名義的事。總之，我之動輒自附於朋友之列，而又不能在政治上劃清界限，是天真，也是糊塗！

對祝尊譽只是以德報德

祝尊譽實在是一個太不足道的人，在我近百萬字有關汪政權的拙著中，即從未提到過他的名字，可以想到對他所留下的印象如何。而張志韓卻說我「篤念舊交，委以重任，成為金雄白手下的紅人。」是由於一知半解而出於想當然的說法。最早，我在京滬主辦《中報》外，更創設了一家南京興業銀行，鑒於祝尊譽的行為如此，不想再讓他在報社中工作，於是安插他為銀行的董事會秘書，即是為了不欲他担任任何實際工作。不錯，以後我不斷把他調為銀行上海辦事處主任，再升為南京行經理，最後做到副總經理，名義固然節節升高了，但始終未給他以一些實際權力，甚至未給他以看到任何賬冊之權，所以說他是我手下的「紅人」，是完全談不到的。

我又為什麼已明知他為人如何，而仍予以不次之升擢。我或許不會大量得像別人那樣可以以德報怨，但至少盡量要做到以德報德或以直報怨。使祝尊譽在我左右表面上好似很走紅，即基於以德報德的一念所動。一九四〇年之冬，南京的《中報》方始辦得有些眉目，正想謀進一步的發展，乃以丁默邨在上海買了《文匯報》也擬改名出版一張新報紙，而在籌備期內不意所委出的兩任社長劉吶鷗與穆時英先後為重慶特工所暗殺身死，丁默邨無意續辦，而以之推給周佛海，而佛海要我去負責開辦，這就是以後曾出版五年的《平報》，並曾附帶刊行了一張風行一時、四開的《海報》，今天在香港與台灣的著名作家，很多還是當年兩報的編輯與撰稿人。

丁默邨移交了一個空殼

丁默邨所移交的等於是一個空殼：陳舊得不堪再用的機器，殘缺不全的鉛字，簡陋狹小的租屋，尤其是編輯經理兩部不留一人，即使我有通天的本領，如其沒有全盤的人才，勢將使我一籌難展。但要延聘專材，一因許多老朋友以立場不同，未必肯來屈就；尤以那時暗殺正在如火如荼之際，新聞界人士幾人人成為暗殺的目標，又誰肯為了斗升而拚命？事情既不容我推諉，首先即想到在《中報》中抽調一部份人員，赴滬協助。那天在社內召開了一次社務會議，宣佈了我的意思，大家聽到地點在四馬路，既無防暴設備，又且已先死了兩個社長，大家面面相覷，上自總編輯、總經理，下至工友，竟無一人願意前去，性命攸關，我自不便相強。

退回寢室，我呆呆地獨坐沉思，在如此險惡的環境中，我不應責怪《中報》許多舊友的畏難怕死，但想到如孑身前往，又將如何展開一切籌備工作？正在籌維無計之際，不料尊譽推門悄然而入，他力勸我應推卸這一項任務，因為在腥風血雨之中，將決無倖免之理，言時居然還聲淚俱下。我告訴他說：死生有命，既然已捲入這一場政治漩渦，且已接受了這一任務，萬無中途畏縮之理，正如前線的兵士，臨陣衝鋒，有進無退，生死只能置之度外了。不料尊譽說：既然你非去不可，則你將已成為暗殺的目標，報館的籌備工作，主要在延聘各部人員，一旦分頭出外接洽，則危機四伏，報社猶未開辦，而你已繼劉吶鷗穆時英之後而首先犧牲，既然你意已決，那麼我願隨你同去，聊供奔走之役。我頗感於他的拔刀相助，事情就這樣決定，《平報》也於短期內創刊了。我為他當時的態度而感動，也一直懷念著他這一份難得的友情。我之所以不斷把他在銀行方面予以提升，即基於以德報德的一念之故。至於勝利後他對我的如何如何，這裏不想再予以贅述。張志韓不明內情，因私怨而隱約指我為昏瞶糊塗，未免失之於主觀直覺。

不究事實而輕易下斷語

在他的那篇文稿中，他又提到了《平報》一位編輯芮信容潛伏社內，為重慶不斷提供不利於我的情報，為「七十六號」發覺而予以拘捕的事，因我還為他親往保釋，張志韓又認為我太昏瞶糊塗，說成是「老貓燒鬚，渾然無知。」我為他可惜，寫掌故一類的文字，不究事實而輕易下斷語，不是作為一個報人應有的態度。芮信容為重慶提供情報，事前我確是並未覺察；他被「七十六號」拘捕時，我正去了南京。老實說，也儘管李士群那時炙手可熱，但我與他既同為周佛海左右的十人組織之一，而且私人交誼也不錯，甚至我與羅君強發生摩擦時，他也總站在我的一面來主張公道。他要拘捕我所主持《平報》職員，論公論私，他非事前取得我的同意不可，正因我不在上海，而他又認為事態嚴重，於是迫不及待地提前動手。

此事發生後，《平報》方面以長途電話通知了我，當晚我就趕回上海，立刻往「七十六號」去看了士群。他知道我的來意，不待開口，取出了一大束在重慶特工機關內搜獲芮信容親筆所寫的情報給我看。老實說，在報社中我只談社內的事，他並不能獲得任何重要的消息，因此他所寫的僅是「金雄白定於某日搭╳時╳十分車赴京」之類，以為塞責。看完了全部情報，我仍表示要担保釋放。士群倒說我糊塗，他說：「重慶特工事前知道了你的行踪，你就隨時會有被殺之虞，這樣要間接送你性命的人，何以你還要保他？」我堅持說：「到今天我卻並沒有死，況且我相信他之所以提供這樣的情報，是他的任務，內心上決不是為了要我之命。」士群違拗不過我的決意，芮信容還是由我保釋了，這樣能說我真是「老貓燒鬚」嗎？

發覺原洗凡的真正身份

張志韓因赴渝途中受到了前《新聞報》記者杭石君的照顧，在文中表示感激涕零之意，因而也提到了他的妻舅原洗凡，但他並不知道原洗凡也是我《平報》的記者，而且又是與芮信容同樣為重慶方面的特工人員，他不斷以電話供給情報，卻為我所發覺了。《平報》原為在鬧市中的一所三樓單開間的市房，本不適為報社所用，不知當初《文匯報》何以竟租來作為社址。我接手以後，因為機器等設備，不便遷移，就因陋就簡地繼續用了下去。以後與鄰居商量，又分租了三樓一室，予以打通，編輯採訪兩部，即集中於三樓原有的一間大室中，新租的一間，又間隔分為兩室，後半闢為經理部，臨窗的一面，則作為我的辦公室，有時太疲倦了，即偃臥在沙發上小睡。到了晚間，經理部闃無一人，我小睡時又熄了燈，原洗凡就往往於入夜後在經理室中輕輕打電話，以為可神不知鬼不覺的，但有時他不知道我就睡在前面，電話中講的話，就清晰可聞，聽得一明二白。既然我發覺了他真正的身份，自無法再繼續借重之理。有一次當他打完電話之後，我突然從暗室中出來，他一見到我就不免為之驚惶失措。我開門見山的同他說：「士各有志，我毫不怪你，但你的身份既已暴露，對你也有所不便，後會有期，明天起請不必再來社了。」他原以為或者我會採取其他行動的，這樣的結束，他除連聲道歉與道謝之外，還有何話可說。像我這樣的人，那配搞什麼政治？又豈如張志韓以一個文人而一味好殺者所能了解？

提提胡憨翁的當年舊事

最後，我想再提提《大人》那篇文稿中一再道及的胡憨翁的當年舊事。憨翁真是我五十年的老朋友了，現在香港為多家報刊寫作，對上海掌故之熟悉，一時無兩。一九二四年我初初進身報界，第一家是上海《時報》，地址在望平街（山東路）與四馬路（福州路）轉角街之西側，而同街的東側望衡對宇的一所屋，就是憨翁服務的《商報》所在。隔街不但可以清楚彼此望見，立在騎樓上談笑也且不必大聲，我與他由頷首起而終成稔友。他辦過一張小型的《報報》，還拉過我為他寫些補白，在香港的故人中，他算得是我最老朋友之一。

他一向不事生產而又兼食指浩繁，在淪陷時期處境很艱窘，當《中華日報》復刊時，似乎曾由我介紹去担任過編輯職務，但不久就離開了。以後還曾不斷來看我，但都是到我京滬兩地銀行的辦公處所。張志韓說他到過我家裏，我正在打麻雀，而祝尊譽熟視如不相識云云，絕非事實。因為在勝利之前，憨翁卻從未到過寒舍，祝尊譽愛財如命，唯恐輸錢，更從不打牌，僅有時因我有客過訪，為我代打幾手而已。張志韓即使為了前事而耿耿於懷，又何必揑造這樣的小節來宣洩他三十年前的舊恨，也適見其胸懷之不廣。

銀行的門房實在太聰明

說祝尊譽對憨翁的勢利是冤枉的，反而我對他卻有不週不恭之處。本來門房與隨從是社會上最勢利的小人之一，記得有一次他來南京銀行看我，我正有要事要立刻出去，隨從把他的名片遞給我，這樣的老友，也許這次他還是特地由上海來京看我的，如何可以不見他？我在兩難中不免綴了一下眉頭，結果還是說了個「請」字。我這個隨從卻太聰明了，同時憨翁一生不修邊幅，在勢利人眼中，來看我好像定然是有求於我。其後若干時候，我那位隨從又把憨翁的名片遞給我，我方說出了一個「請」字，他說：「我回他說先生（指我）出去了，已打發他走了。」我說：「這是我的老友，為什麼不得我的同意，竟然自作主張。」他出乎意料之外的向我道：「上次他來見先生時，看到您縐著眉頭，顯然是不願見他，因此我斗胆為您擋駕了。」這樣把故人摒諸門外，我想，當時憨翁一定很不高興，也一定以為我同樣是個勢利小人。到今天，每一憶及，還覺得對老友無限的愧歉。

替憨翁鑽營了一個優缺點

憨翁也確然曾經囑咐我代辦一件事。一次他又突然枉駕，說聽到江蘇的薄荷稅，大有可為，要我為他謀全省局長一職。義不容辭，我自樂於效力；但我問他以閣下的誠篤，向不懂生財之道，是否會入寶山空手而回，辜負了這一個機會？他說：「他有個朋友張浩然，是此中斲輪老手，可以由他出面代做。」為了私誼，我放心了。那時主管稅務的江蘇財政廳，廳長是董修甲（鼎三），我立刻去蘇州向他說項，他召秘書與科長一問，各方推薦鑽營此優缺者已達十七人之多；也可以相信，這許多人都是將本求利之舉，而我無論如何不能向鼎三提到報效問題，總算結果他太給我面子，通過發表了。事後憨翁告訴我張浩然把淌來之物照單全收，他卻未能分潤涓滴。憨翁就是這樣一個忠厚的人，我則認為勞而無功，仍以未能使老友稍得實惠為憾。

雞零狗碎有關我個人的小事說得太多了，我一向總抱著但求無愧的想法，而不求人諒。我也以為任何政權都有其可罵之道，汪政權自更有其可罵之處，但要攞事實，講道理。有些人以一知半解，捕風捉影，道聽塗說，膠持成見，以自我陶醉的態度來炫耀他往昔的風光，這豈是立言之道？質之張總經理以為如何？

記上海《申報》滄桑與史量才死

金刀

提到老《申報》，在上海幾已成為代表各種報刊的總名詞。提到史量才，則以其為《申報》主人，又擁有《新聞報》百分之九十的股份，一紙風行，遍及全國，其大名自亦不脛而走。其實當初史氏接盤《申報》，與其說為於政治文化具有抱負，毋寧說為於商業價值獨具會心。故其初所致力的無非為銷路的推廣和廣告的爭取，把重點置於經理部門。至其言論之不著邊際，編排之因襲成規，雖經五四巨潮，反應猶自遲鈍，其重要而不重質，於此已可概見。以故史氏的財富雖由此積累增厚，而讀者之於《申報》則迄貽以「老爺報」的徽號。直至一九三二年《申報》六十週年紀念，始以返老還童的精神，衝破舊的堡壘，從事於全面革新，配合時代潮流，指陳時政，並改進副刊，負起新文化運動的使命。此一轉變，其前半截自使史氏聲光倍茂，囊橐益豐。其後半截則打擊甚重，卒使史氏以身殉報。但就《申報》整個生命而言，則此一階段實為其光輝燦爛時期，不愧為全國性的權威刊物。本文分為兩節，本節內容，即自《申報》六十週年紀念說起。

決計革新設總管理處

《申報》於六十周年紀念開始全面革新時，恰在「九一八」日軍進佔東三省之後，而與「一二八」中日淞滬之戰同在一年。當時全民抗日情緒至為高張，在客觀形勢上，《申報》已不容一味保守，故步自封。其在主觀上，史氏雖已「實」至，而「名」則未全歸，頗思乘機有所作為，以提高其個人聲望，進而償其領袖欲望。此外尚有隱衷，即史氏雖為《申報》最高當局，但其權力迄受阻於團結堅固的「編輯」與「經理」兩大部門，行政用人，絕難干預。亦思利用革新名義，逐漸滲入而進於完全掌握。因此於「九一八」前即有《申報》總管理處之設置，企圖統馭以張蘊和總主筆為首的編輯部和以張竹坪經理為首的營業部，俾作為全面革新的樞軸。

史氏自任總理，以黃炎培為總管理處主任。並羅致陳彬龢、馬蔭良、趙叔雍（中文秘書）及一錢姓英文秘書為基幹。黃炎培可以辦理職業教育為務，但又好以策士自居。趙叔雍為名父之子，文采斐然。馬蔭良為史氏遠房外甥，老成篤實。陳彬龢則被人視為不學無術，目為廖化式的先鋒。如就其人的政治立場而言，陳、趙皆不滿於現狀，同為反蔣人物。黃以北伐初期曾被目為軍閥走狗、東南學閥。其實他是一熱中之人，可以反蔣，亦可以不反蔣。有時感情衝動，反視一般後生為烈。

編輯同人不理黃炎培

在「九一八」事變發生後之次日，史氏召集高級人員集會討論，準備於《申報》的社論中有所表示。黃炎培首先發言，主力嚴厲批評政府，趙亦隨而附和；陳則以政府固應負責，但外患當頭，當以一致對外為先，如因批評政府而有傷於對外一致，則期期以為不可。史氏雖無明顯主張，但以先入為主，即囑張蘊和依照黃氏意見起草社論。卻不料張老先生逕以「我寫不來這種文章」為詞，改由陳彬龢就其所見製為社論。此即為陳氏進《申報》後所寫的第一篇論文。

張蘊和為松江人，其在《申報》任職，早在史氏接盤以前，於編輯部中夙負人望。他並不反對革新，但自承不能發揮領導作用。而於總管理處主任黃炎培，則編輯部同人一致不予重視。因此黃氏所寫的社論，統被擱壓。甚至由他人所寫的職業教育專題論文，其中如有涉及黃氏的亦皆摒棄，不予發表。惟張氏於那位廖化式的先鋒（指陳彬龢）倒能彼此談得合攏。這因陳氏以後學自居，遇事請益，馴至編輯部中不設他的專用檯子，他亦能屈就張的案頭辦事而甘之若素。因此實際上能發揮一點革新作用的倒全虧這位先鋒，而被視為漢家大將的黃炎培，即連編輯部的門兒亦無法闖入。

其時黃氏所能主持的僅為為紀念《申報》六十周年而繪製的中國新地圖和中國分省新地圖。這是根據北京地質調查所勘測的藍本，因迄未見有更佳之圖本能出其右。史氏於此投資二十萬元，始成其事。但獲利甚厚，不失其為生意眼。

其於革新工作，則分作幾個步驟進行。首先為社論，針對時局，儘量獻替，一掃以前不談時事的積習。其時國中大事環繞於抗日和剿匪兩個問題。對於抗日，《申報》督促政府，激揚民氣，成為輿論中心。對於剿匪，別具風格，不願譁眾取寵。它以「共產黨」與「匪」不能混為一談，無論在言論上和新聞上從不採用「共匪」兩字。它又曾以「剿匪與造匪」為題，說明亂有亂源，不清其源，徒剿何用？從而指出時政之得失。鞭辟入裏，讀者自以先睹為快。

第二步改革對象為副刊自由談。這原是周瘦鵑所主編的，所載多為鴛鴦蝴蝶派的作品。張資平所寫的三角戀愛小說，連篇累幅，即以此為推銷市場。其改革辦法首於腰斬張資平的文章入手。此在報界確為一樁破天荒的大事；但《申報》並不虧待他，所有未經付刊的原稿仍照字數致酬，俾無損失。此時黎烈文適從法國研究文藝歸國。其先出國深造，史氏曾予資助，向具淵源，當即邀其主編副刊，致力於新文化運動。至此，郁達夫、李青崖、魯迅、茅盾等皆為〈自由談〉寫稿，其氣象自是不同。一面培養新作家，使新文化領域得以擴展。〈自由談〉於文化人確能以禮相待，每月稿費，登門送奉，不取收據。新作家的作品，其未採用者必予退還，並說明原因。文稿致酬，至少每千字為十元。魯迅作品，則不論用與不用，或被當局檢扣，統付稿費，每千字提高為三十元。此一數額，當時可換白米六石，無怪史氏於簽押時不禁手頭發抖。但因魯迅作品，諷刺時事，尖酸毒辣，以致《申報》更為當道所忌。

高語罕三句不離本行

周瘦鵑被辭退，當有人以風月文字，現雖不合時宜，但在當年實有助於《申報》之發行，周氏自與有功。而在此新舊交替之間，其迷戀於腐朽文學者猶屬不乏其人，為了營業上的目的，亦未便遽予斬絕。因此闢一欄仍請周氏主編之。

第三步為將「讀者通訊」改為「讀者顧問」，其主持人為潛匿在滬的共黨托派高語罕。高氏學識淵博，下筆千言。《申報》以政府要殺他；社會卻得養他。故不以黨錮為嫌，特加借重。他自不能到館辦事，當將稿件責成專人接送。但其性情過於固執，在答覆讀者問題中，他必轉彎抹角地滲入些托派理論，即使涉及經學和宗教問題亦不平白放過。因此其自認精要之處即為必須加以刪除之處。以致彼此之間，不免時有爭辯。

此外就所需要，增闢不少副刊。又發行以綜合政治、經濟、文藝為體的《申報》月刊，其內容充類，足與《東方雜誌》、《大中華雜誌》相頏頡。主編者初為胡愈之，繼為俞頌華，後為張梓生。其《申報》年鑑，亦即由張梓生兼辦。以故其時《申報》館中，可說人才濟濟，就中令人遺憾的即為於新聞事業具有濃厚興趣和抱負的戈公振，投閒置散，僅畀以主編《圖畫週刊》的任務而未能展其所長。

史量才謁蔣大發狂言

《申報》於社會服方面，則先於大陸商場創辦流通圖書館，繼又開辦業餘補習學校及婦女補習學校，其於啟發民智、掃除文盲均有長足的貢獻。主其事者為李公樸。今在大陸以共產理論馳名的艾思奇，其時即在流通圖書館任職。

經此大刀闊斧的改革後，《申報》聲譽達於巔峯，其發行額亦闢新紀元，由七萬份躍昇為十三萬份。史氏之躊躇滿志，自可想見。可是中樞方面的勸告不斷而來，警告亦接踵而至。最後則採取封鎖政策，使《申報》不得越租界一步。這一措施，直使《申報》的生命線為之動搖，於是史氏不得不表示讓步，陳彬龢亦不得不脫離報館。僅越兩年，種種革新，都成泡影。惟黃炎培則因忙於其他活動，又因託由黃郛代向當局疏解，早告妥協。故其去職與此無關。

迨後史氏由於張岳軍、虞洽卿、杜月笙、錢新之等的拉攏，曾去南京謁見蔣先生。他於夜車啟行，翌晨到達，蔣先生很有禮貌地立予延見。據聞座間蔣先生曾告以政府對於抗日問題的苦衷，並約略地透露國軍準備的實況。詎史氏於答語中竟有「你有軍隊二百萬，我有讀者數十萬」的詞意，鋒鋩凌厲，大有筆鋒掃盡千軍之概。蔣先生蘊怒甚深，不由不於其告退後拍案怒斥，但亦止於憤怒而已。卻不料逢君之怒者大有其人，揣摹意旨，擅自施為，於是史氏危矣。

翁家埠閘口變起倉卒

關於史氏被暗殺的經過：是在一九三四年十一月十三日午後一時許，他於杭州西湖「秋水山莊」休養匝月後乘自備汽車循滬杭公路回滬。同車的有其子詠賡及詠賡同學鄧祖詢。詠賡原肄業於上海聖約翰大學，以成績不佳，轉學杭州之江大學，取其距市甚遠，可以專心攻讀。史氏愛子心切，並就該校附近建一小洋房，備供住宿，伴讀者亦寄寓其中，祖詢或為其伴讀中的一人。下午三時左右，史車駛抵翁家埠閘口，迎面駛來一黑色汽車，盤旋路中，不肯退讓。迄史車招呼讓路時，車中突跳出暴徒多名，各持短槍，紛向史車發射，當場司機首先中槍，旋鄧祖詢亦中槍斃命，史氏父子乃自車廂逃出，分頭奔避，暴徒亦分頭緊追不捨，及史避入一茅屋從後門穿出時，卒被包圍殺害。詠賡以擅長賽跑，奔逃甚速，暴徒在後亂槍齊發，統被閃避，幸免於難。

據說史氏於離杭前，夫婦之間，發生詬誶，史氏憤然說道：「我死也不到這裏來了。」又據堪輿家言：「秋水山莊」的地理成一刀形，不利主人。一語成讖，凶地墮車，其然豈其然乎？

史量才遇害後，各方致送的誄詞中，筆者記得某一公團的輓對上有「世少鉏麑；誰為豫讓」等句，明白地指出史氏之死的來龍去脈，並致慨於復仇無人。其文字好壞是另一事，當時言論自由的尺度，於此已可概見。有些人則以史氏為一讀書明理之人，而昧於明哲保身，以致自速其禍，深表惋惜。但又有人認為史氏的老命是送在黃炎培的手裡，雖不免於穿鑿附會，似亦不為無因。

崖岸自高不理杜月笙

按自國民黨清黨以後，杜月笙在上海的地位，就另一角度看來，已不失為風雲人物。草莽英雄，泥塗崛起，加以腹誹的固大不乏其人。而在「花花轎子人抬人」的世情下，誰亦不願在表面上故予蔑視。史氏卻過於涇渭分明，崖岸自高，不屑予以一盼。一九三一年杜氏家祠落成，排場之大，在上海為破天荒的創舉，在全國亦為轟動遐邇的大新聞。各方代表，南北名伶，無不遠道而來，聯翩踵賀。史氏近在咫尺，又曾接到請簡，卻全不加理會。此在人情上既非所宜，即在報館立場上亦屬說不過去。後經多人勸告，史氏才以賞面的姿態略備禮品，稍加點綴。而在車水馬龍的浦東高橋道上，則始終未見史氏的高蹤。按之當時上海人公認的社會「毒」物，吾輩新聞記者竟居其一。準是以言，史氏不啻為此中一個頭兒。因在那時開辦報館，使非為「有辦法」的人物，確亦未敢輕於嘗試，史氏於大場面中，衣冠整潔，吐露儒雅，固為一道地的縉紳；而在私人交際中，有時斜戴帽兒，敞著領兒，揎起袖管，翹上二郎腿口講指劃，則又是一種格調。他以為你杜月笙是夠狠了，我史某比你還要狠；人家要買你杜月笙的賬，我史某卻偏視你如無物。好高逞強，有心鬥勁。那知杜氏在那爭取上游的當兒，毫不計較，反而低首下心，向之多方巴結，直把他捧到雲霧裏去。

史氏寓邸在上海哈同路，近市不囂，為一佔地甚廣的大洋房。花園草地，青翠欲流。屋內設備甚周，但非華麗。來訪的重要人物如張岳軍、吳鐵城、顧少川之流，他總在小客廳延見。矜貴自持，落拓不甚檢制，在送客時尤其表現得功架十足，他一踏到小客廳的門限，　然便止，頷首作別，決不再浪費一步。但亦有例外的，如來者為有助於其創造財富的得力助手，則紆尊降貴，儘可一路伴送，直達大門口。

幕後安排全仗黃炎培

《申報》六十周年紀念之際，「一二八」淞滬之戰同時發生。在黃炎培的策劃下，「上海市民地方維持會」於砲聲響後即告成立，以杜月笙等經營的福煦路一八一號賭場為會場。這是以民間力量直接幫助十九路軍抗日的大結合，其中會員多屬上海市金融實業教育文化以及買辦階級的頭兒腦兒。旋經黃炎培的安排，史氏被推為會長而高踞於一般頭兒腦兒之上。該會所辦的戰時後方工作確屬幹得有聲有色，但其時當局尚未認已到最後犧牲關頭。迄後淞滬協定成立，該會以經募餘款為十九路軍高級將領在法租界購置住宅，事與後援無干，用意何在，自不免為人所疑慮。「維持會」原為臨時性質的團體，戰事告終，理應結束，則又由炎培以抗日的大題目遊說各方改組為「上海市地方協會」，使此一依法無據的團體延續其存在，仍推史氏為會長，並將會址移設於靜安寺路。當局雖非所甘，但以其人為上海巨頭，不得不遷就事實，予以認可。而實際上所謂會長會員於戰時固皆敵愾同仇，在平時則各以其心血專注於其固有的事業。黃氏因利乘便，乃以該會總秘書的身份一手包攬。其間有關全國性的事件，如熱河之役及東北義勇軍等等；關於地方性的事件，如抵制日貨及洋米進口問題等等；地方協會都有所主張，亦都有所行動。黃氏分別其事件的輕重緩急，或慫恿會長史量才出頭干預，或攛掇會員褚輔成等提起抗議，而其自身則隱居幕後，以退為進。其最為人所不齒的，則為褚輔成等或為某事抗議，尚未行抵上海市政府時，黃氏的電話已先接通市長室，使其有所準備，並暗示此舉非出己意，玩弄兩面手法。

史氏既死黃炎培變向

按之黃炎培的政治資本為其一手創辦的「中華職業教育社」。他憑藉此一組織以聯繫各界人士和吸收一般青年，而以省議會與教育會為其槓杆，把持操縱，成為東南學閥。自經過北伐後的挫折，他雖深抱戒心，但仍不甘寂寞，故乘抗日之機，捧出史量才作為替身，企圖假借上海各業領袖的聯合力量，間接遂行其所主張，藉以影響當局的決策。而史量才則因領袖慾沖昏了頭腦，在黃氏的煽惑下無所避忌，致為當局所注目。衡以「我雖不殺伯仁，伯仁由我而死」，雖不免過於刻轢。但當時社會上的批評，固不為無的放矢。黃氏所創的「職教社」經費原甚短絀，向賴熱心人士捐助維持。地方協會會員既屬資本家，黃氏周旋其間，乃大有助於其經費之籌募。史氏之被推為該社社長，則為黃氏加以力捧的副作用。及後史氏遇害，黃氏又搖身一變而為反共擁蔣的先鋒。當年紅軍一度接近浙江邊境時，上海的資本家猶漠然視之，他卻奔走駭汗，皇皇不可終日。紅軍退出江西後，他為向當局暗送秋波，首先在「上海地方協會」提議組織廣昌救護隊，由會員龐京周醫生率領馳往贛境，為政府效其撫綏療治之勞。西安事變時，他更焦灼徬徨，恨不得以身作替。及蔣先生脫險後適值五十壽慶，杜月笙於漕河涇黃家花園串演祝壽戲時，他又不憚於北風凜冽中趕往參加作「啦啦隊」；以表現其內心的興高彩烈。這些雖屬後話，然已足見其為人了。

張竹坪與史量才之間

史量才驕氣既盈，又近慳吝，其重視金錢，手面狹仄，殊與其領袖慾大不相稱。他於每年年近歲晚之際，總有一個他所認為最傷腦筋的大日子，即為他開始酬應各方捐款和餽贈的那一天。他必待細斟密酌，才能定出一個數額來，而這個數額之微妙，則與其全年收益之龐大無法並論。有時若干捐款還是杜月笙代付的。他在杜月笙說過「我墊了」一聲後，便始終沒有下文，而杜月笙之樂意墊錢則因揣摩著他的性格而加以籠絡。他平時所用以招待客人的茶點，無非西瓜子、花生米及普通糖果，莫說比不上杜月笙等一流，即視其屬下的經理張竹坪亦大遜色。張竹坪倒是慣於一絡大派的，飲料食品，中西具備，故其住宅內往往有客滿樽盈之概。

提到張竹坪，確為史量才的大臣。他出身於廣告業，態度和靄，言辭捷給，以故交遊甚廣，路路俱通。《申報》的經理部門在其策劃下，廣告與發行，都有長足的進展。但其生活費用則遠非薪給所能維持，逢年過節，自須仗史氏的調劑。在最初一個時期，史氏固不能不予通融。但在《申報》營業達到某一階段後，史氏在商言商，則不免用其心計。《申報》六十周年革新運動時，如前所述，經理部門亦屬革新對象。但恐遽加變動，將貽人以鳥盡弓藏之誚。史氏於熟計之下，乃以另一方式使竹坪樂意而自動地脫離《申報》。其時史氏屢向竹坪為言，以其才具開展，屈就《申報》經理，大為可惜。同時又向竹坪慫恿，勸其自立門戶，作為《申報》的外圍據點。竹坪不知其另有用意，猶以為老闆獨厚於我。在勸促交加下，於是竹坪始則接辦《時事新報》，繼則接辦英文版的《大陸報》，最後又創辦「申時通訊社」和《大晚報》。以四個單位的業務集於一身，竹坪自無餘力過問《申報》；兼以史氏一口氣保證幫忙經費五十萬，竹坪更樂於脫離《申報》；因此賓東之間，各以愉快心情，結束其多年關係，而由史氏另派其親信馬蔭良起而代之。無如由辦報而致富，既非一朝一夕之事，且須預籌巨款，準備賠墊。否則傾家蕩產，辦報為最捷途徑。以五十萬與竹坪在《申報》的勞績言，不為懋賞，且屬另有作用。而竹坪以五十萬分配於四個單位，則其消受固可屈指以待。以故竹坪經過相當期間後，便由捉襟見肘而至於焦頭爛額。又益以其他因素，終不得不將所業轉盤於人，從而了結其在新聞事業上的生命。

能文能武確有真功夫

史量才嘗自詡其《申報》館為一大烟囪，在這大烟囪下分佈著幾百個小烟囪，必先大烟囪冒烟而小烟囪才能有烟可冒。這話是說明他養活了不少人，一面是勗勉其員工得為報館努力。其實小烟囪內冒的是什麼烟，他並不加以理會。因此某些外勤人員不得不藉其職務上的便利，以不正當的手段攫取財物作為生活上的補助。史氏有意於革新，當有人向他提到此類事件，認為這是整個報館的恥辱，應於員工的生活上有所調整，俾能知所自愛。史氏卻認為這是個人行動，報館不能負責。以故嚴格說來，他的革新也只是片面的。

於此，筆者得將史氏的出身與其接盤《申報》經過以及《申報》沿革作一概括的敘述：

史量才為松江縣泗涇人，於瞿鴻禨為江蘇學政時取中秀才。遜清末年，風氣初開，史氏既具才氣，又留心世務，即在上海創辦蠶絲學堂，所收學生幾全屬於女性。上海開辦女學，以務本女學為最先。蠶絲學堂則為僅次於務本而成立的女學。民國初元，徐靜仁綜管鹽政，史氏曾一度出任松江運副。其接盤《申報》，即先由於徐靜仁的支持，嗣經徐的援引而得到張季直的贊助，又以其秋水夫人奩資甚厚，此中助力亦不在小。史氏誠得風氣之先，但其最初著眼，固不能自脫於商業立場。其平生修養，文學以外，並重武功，技擊之中，頗諳劍術。雙手均能發槍，左手槍法尤見準確。在途中遇難時，其手槍原放置於公事皮包內，卻因臨行前與其夫人齟齬，匆遽中忘帶皮包鑰匙，故在暴徒動手時無以自衛，否則此五六人恐非他的敵手。其寓邸地下層，為鍛鍊體力之所，各種兵器，羅置其中。興酣時亦常露手，曾見其左右兩足，交換翹起，可高達頂心。又將兩腿前後劈開，坐地成「一」字式，接連不息。文武兼資，當之不媿。他之自視不凡，固亦有其真功夫在焉。

《申報》創辦於一八七一年（清同治十年），為英人艾雷斯特（ERNEST）等所合辦。一九〇六年，艾氏返國，讓渡於席子佩。一九一二年，又由席氏讓渡於史量才。自史氏接辦後，經過不斷的改進始得蒸蒸日上，史氏畢生心血，幾耗於此。其起家亦基於此（遺產單就現金一項已達八百萬），其犧牲亦由於此。至《申報》在此七十餘年中的詳細過程，則報刊所記已多，茲姑從略。

上海當年四大報之一：《時報》之憶

過雨青

上海四大報，《申報》最老，《新聞報》次之，《時事新報》發行最後。《時報》則於一九〇四年六月十二日誕生，早於《時事新報》三年，為狄楚青先生所創辦，以嶄新的姿態面世，自編排以至內容，一掃舊時窠臼。首創社論短評，分版扼要論斷。論說、諭旨、電報、要聞，皆有一定地位。本國新聞以「地」別之，外國新聞以「國」別之。文中圈點、符號悉備。又增闢教育、實業、婦女、兒童、英文、圖畫、文藝等週刊，以適應讀者的需要。副刊則開始注重文學趣味性，文字力求生動活潑。新聞欄分別以大小字號排印，表示其性質的重要或次要。凡此措施，雖非為輿論的革新，而於代表輿論的報紙予以革新，則《時報》實為先導，在中國報業界放一異彩。館址初在福州路（近河南路），後移入自建新屋，地點在望平街（山東路）口。

胡適之對《時報》的佳評

《時報》可分前後兩個時期，前期為狄楚青主辦，後期為黃伯惠先生接辦。伯惠於新聞事業具有深厚興趣，接辦以後，力倣美國赫斯特的作風，著重社會新聞與教育新聞，首用套紅標題，大量刊載圖片，充滿刺激性。其標新立異，又在上海報業中掀起另一高潮。館址初在浙江路小花園地段，後遷入大新街口「神仙世界」舊址，兩處均為黃氏自有物業。

以故，《時報》歷史雖淺，而其前後兩期所發生的影響則大，《申報》與《新聞報》從此不敢安於故步，相率改革，急起直追。茲先述前期《時報》，其特點不待筆者臚列，可以借用胡適之先生所寫〈十七年回顧〉作為說明。

適之對前期《時報》所作總評，為「中國智識階級的一個寵兒。」他說：「當時的幾家老報紙仍舊做那長篇的古文論說，仍舊保守那遺傳下來的老格式與老辦法，故不能供給當時的需要。」「《時報》應此時勢而產生，它的內容與辦法，也確然能夠打破上海報界的許多老習慣，能夠開闢許多新法門，能夠引起許多新興趣。」「我在上海住了六年，幾乎沒有一天不看《時報》的。」「若有一天的報遺失了，我心裡便不快樂，總想設法揣己它補起來。」

關於《時報》特點，適之分作兩項：

「第一、《時報》的短評在當日是一種創體，做的人也聚精會神的大胆說話。」「能在讀者腦筋裏發生有力的影響。我記得《時報》產生的第一年裏有幾件大案子：一件是周有生案，一件是大鬧會審公堂案。《時報》對於這線件事都有很明決的主張，每日不但有『冷』的短評，有時還有幾個人的簽名短評，同時登出。這種短評在現在已成日報的常套了，在當時卻是一種文體的革新。」

「第二、《時報》在當日確能引起一般少年人的文學興趣。」「那些『大報』好像還不屑做這種事。」「《時報》出世以後，每日登載『冷』或『笑』譯著小說，有時每日有兩種『冷血先生』的白話小說，在當時譯界中確要算很好的譯筆。他有時自己也做一兩篇小說，如〈福爾摩斯來華偵探案〉等，也是中國人做新體短篇小說最早的一段歷史。」「這些譯本如《銷金窟》之類，用很暢達的文筆，作很自由的翻譯，在當時最為適用，倘《基度山恩仇記》全書都像《銷金窟》這樣的譯出，這部名著在中國一定也會成了一部『家喻戶曉』的小說了。」「我們可以說《時報》的第二個大貢獻是為中國日報開闢一種帶文學興趣的附張。自從《時報》出世以來，這種文學附張的需要，也漸漸的成為日報界公認的了。」

至如編排方面，適之亦略論及，指出《時報》的「專電及要聞分別輕重，參用大小字；又如專電加多等等，在當日都是日報的革新事業，在今日也都成為習慣，不覺得新鮮了。我們若回頭去研究，這許多習慣的由來，自不能不承認《時報》在中國日報上的大功勞。」

宗旨不合康有為要拆股

狄楚青先生，名葆賢，又號平子，溧陽人，善畫竹，書習虞世南妙堂碑，好古富收藏，傳家的元黃鶴山《樵青卞隱居圖》，與《宋五老圖》，並為希世之寶，故其人為名士。性好佛學，習密宗，《時報》新屋門樓建成寶塔式，在市廛中獨標一格，即所以表示宗教的皈依。自日本留學回國後，與《湘學報》主筆唐才常先烈在上海組織「獨立協會」，假名「東文譯社」以掩官廳耳目。初擬結連秘密會黨乘間入京活動，會拳匪亂作，八國聯軍陷京師，乃邀各省人士組織「國會」，推容閎、嚴復為正副會長，以為對外代表人民的團體，一面購軍火密運漢口為起義作準備，故又為維新黨要員，負「糧台」的重任。

庚子八月，維新黨領袖唐才常在漢口起義時，楚青已先回上海，以事機早洩，武漢風聲甚緊，力勸留滬的唐氏不宜西上。唐氏則以責任所在，生死以之，毅然赴漢主持大計，致為張之洞所殺害。楚青因灰心於武力革命，倡辦《時報》為文字的鼓吹。

因此，《時報》初成立時，人多目為維新黨的機關報，又謂《時報》經費由維新黨轉移而來。其實不然，《時報》並不帶有維新黨色彩，文字上亦嗅不出維新黨氣味。惟在最初一個階段，經費來源與維新黨首領康有為有關則為事實。其時有一個名叫歐陽石芝的廣東人，在上海南京路開設賓記照相館。他的技術是從德國人傳授而來，拍攝沖晒，特擅勝場，營業鼎盛。他不是黨人，但於康有為則極致傾倒。《時報》費用，一部分由他供給，作為康有為的投資。康氏雖不過問報務，卻派其學生羅季高來館充任總主筆，但不為楚青所重視，所有新聞編輯，另聘陳景韓先生主政。其後康氏以楚青辦報宗旨不合於其意圖，曾委日籍福岡律師向日本領事館申訴，提出拆股要求，將帳冊完全取去，因《時報》成立時是向日領事館註冊也。嗣經調解，拆股以外，楚青另贈康氏四萬元，其事始解，羅季高亦即去職。由此，《時報》始為楚青所獨有，改在法國領事館註冊。

狄楚青辦報有幾大原則

楚青辦報，定有原則，論說以「公、要、週、適」為主；記事以「博速真正」為主。人事分配，以陳景韓先生為主筆，楊翼之先生為要聞編輯，林康侯先生為本埠新聞編輯，楊心一、楊蔭杭兩先生任譯電員，夏奇峰先生任駐法國通訊員，黃遠生、濮伯欣兩先生任駐京特派員。今在香港、老而彌健的包天笑（朗聲）先生亦為編輯部中重要人物。其人或為文壇健將，或為留美留東學生，鳳毛麟角，濟濟多才。業務方面，楚青則引其弟狄南士為得力助手，吹壎吹篪，聲和調協。楚青曾寫《平等閣詩話》連續發表，胡適之評為「對現代詩人的介紹選擇最精。詩話雖不如小說之風行，也很能引起許多人的文學興趣。」

楚青在報館內闢有一室，名曰「息樓」，類似於俱樂部，江浙名流，如張季直、趙竹君、湯蟄仙、應季中、吳納士、張一鵬、陳陶遺、王勝之、沈信卿諸先生，不時出入其中，談話休　。文人生活，往往難以繩墨拘牽，故在當《時報》館中，可以搓「麻將」，叫條子（徵召妓女），甚至可以開燈吸鴉片煙，雖屬不成體統，而若干重大事件，如反對兩江總督端方私鑄銅元，反對漕糧徵銀解銀，反對滬杭甬鐵路借款，即在四方城畔，脂粉叢中，氤氳陣裏，由動議、決議、以至抗議，向當道進行鬥爭，故《時報》又不僅為一報館，隱然構成東南方面的政治中心。

此外，楚青又辦《民報》及「有正書局」。《民報》延楊蔭杭為主筆，文字較《時報》為激烈，後因款絀，僅兩年停刊。「有正書局」以保存國粹提倡美術為宗旨，複印碑帖名畫，為中國印刷業採用珂羅版的第一家。

陳冷血的筆名恰如其人

名主筆陳景韓先生，名琦，松江人。前清秀才，先在王培孫先生所設「育材館」教書，後去日本留學，與楚青相遇，以志同道合，莫逆於心。此公自形態以至內心，恰如其所用的筆名——「冷」與「冷血」，類於寒鐵。他很少說話，話亦極短，有時他攀談，所得反應，等於俗語所說：「熱面孔貼冷屁股」，拒不睬答。眼鏡、板煙斗、司狄克三物，為其一身表徵。步履無聲，使人不知其何時光降。對麻將卻有大舖的癮，隨時樂於開檯。有次，楚青嫌牌聲妨礙工作，懸條禁止賭博，他視若無睹，依然設局，並捉楚青入局，直使楚青為之啼笑皆非。

中國的報紙，最初在清廷不准議論政事、不准臧否人物的禁令下，是沒有評論的。後來總理大學堂大臣孫家鼐奏請「倣陳詩之觀風，准鄉校之議政」，經清廷批准，禁令始解，報紙才有論說。其由論而進於評，則以景韓所寫的短評為首倡。短評極短，短到不夠百字，但其冷語冰人，則較火辣辣的文章，刺激性反見深刻。茲錄他一篇題目為「誰謂我政府乏財」的原文如次：

「鎊虧矣！鎊虧矣！而今日乃有鎊餘一千數百萬以上。

「廣西以災亂而捐，捐之溢款又達百萬以上。

「奉天以亂離而賑，賑之溢款又達二百萬以上。

「然則苟有一於國於民不利之事也者，政府必得多金。」

北伐期間，他在總座北上專車中，曾為運籌帷幄的一員，這不是由於他的中腸忽熱，而是由於葉琢堂的「拉夫」。此後國有大事，北方的張季鸞（《大公報》），南方的他（時已入《申報》任主筆），同為當局諮詢的兩報人。相傳文官長、部長等大官職，一度曾經屬意於他，皆被峻拒，安於寒素，故其與挾筆干時之輩，釐然兩途。

據悉他於一九六五年病故，在所謂「人民專政」中，中共並未找他麻煩，過去抗戰期中，日本人亦未找他麻煩，其原因則完全得力於一個「冷」字。唯其「冷」，故能遺世；能遺世，故世亦遺之。對於辦報的旨趣，他曾留下兩句話：一是如何才能使人樂於看報？一是如何才能使人看報受益？其人雖亡，其言可法，今天的報紙佬，仍應以後一句作為致力的目標，退萬步說，受益談不到，亦不應使人中毒。

黃遠生人格戰勝了極權

名記者黃遠生先生，德化人，甲辰進士，留學日本，歸國後先入郵傳部，後從事於新聞事業，性好客，議論風生，當時有所謂中國三少年，遠生其一，另兩人為張君勱、藍公武。他為《時報》所寫的長篇通訊，讀者以先睹為快，茲錄〈苦海呻吟錄〉一節，以見一斑。

「議員賣身於甲乙各黨，已成公然不掩之事實。有人為擬賣身契云：『末員某甲，今以本身所買得之議員一名，賣與某貴黨，連皮帶骨，一切不留。自賣與貴黨之後，任從貴黨為非作歹，本員無不服從。』可謂窮形盡相矣。然其實乃未畫得鬼象一半，蓋此輩之賣身者，以一回賣盡為最笨伯，必分作無次賣。又似作一次賣完者，更於其中作種種鬼怪……此輩有似一身兼賣與四、五黨者，賣完之後，一律脫黨，自名厭棄黨爭。其實將等到將來有大宗買賣時做一回大買賣，免得受黨議拘束。若以一次連皮帶骨而賣者，其人尚是三代以上之人物也。」

嘻笑怒罵，可謂慨乎言之，懸之今日，尚足為燃犀之照。惟今日政客已不止於賣皮賣骨，買賣市場亦不止於祖國宗邦。祖宗三代，可以躉售，也可以零沽。無論山姆叔、約翰牛，以及北方之熊，有奶便是娘，亦不暇問其為何種何族也。

帝制事起，某內史啣袁項城之命，要他做篇文字表態。淫威之下，處境大窘，不得已做了一篇似是而非的東西，以資搪塞。經過幾番考慮，又把那篇文章末一段改了，比原作分量尤輕。項城看了不滿意，叫人示意，要他再作。到此地步，他再無可轉身了，於一九一五年九月三日，直往前門，上了火車，離京他適，以人格戰勝了極權。旋去美國，不幸於是年十二月廿七日在舊金山被人暗殺。其致死原因，簡單說來，是因他對於某黨中某部分人一向太瞧不起，筆頭招怨所致。外間不察，以為他是政治上有作用的腳色，替洪憲假皇帝幫忙，因而自食惡果，那是千個冤枉，萬個冤枉。

他於新聞記者的品德與工作，曾定下幾句簡單而正確的信條，即「新聞記者須尊重彼此之人格；敘述一事貴能恰如其分，調查研究，須有種種素養。」他既實踐了此項信條，而理論力和文字組織力又確有過人之處，故當他的作品在南北報紙刊布時，無不「叫座」，大家都把他看作當《時報》界奇才。遺著由友哀輯出版，今仍不失為新聞界參考資料。

濮伯欣打油詩萬人傳誦

濮伯欣先生，溧陽人，家世清華，其祖濮清士先生為清末大名士，庚子之亂，由大刀王五護送南歸。伯欣淵源家學，文墨甚佳。民初年間居北京時，朱啟鈐任內務總長，其女朱三小姐，治服蕩行，儼如摩登伽女，每天早上九、十點鐘起，坐她的父親汽車出門，必有兩個以上的青年護駕，天天不同。她先到燈市口一家咖啡館用早點，再到中央公園招搖一番，然後安排當天游樂節目，故以浪漫名震春明。肅政史夏壽康具摺奏請整飭風紀，以重官箴，即對朱家父女而發。當時北京流傳一首打油詩云：

欲將東亞變西歐，到處聞人說自由。
一輛汽車燈市口，朱三小姐出風頭。

此詩出於伯欣手筆，不脛而走，萬人傳誦。會其時袁項城任命張謇為水利局總裁，伯欣便將兩件絕不相干的事，結合寫成通訊，冠以一個絕妙的標題，寄《時報》發表，題云：

張四先生與水利；
朱三小姐出風頭。

對仗之正，無懈可擊。且極渾圓自然，絕無斧鑿痕，可謂文章本天成，妙手自得之。其他通訊，亦多類是。大陸變色前，聞在武進天寧寺講經，今尚健存。

及史量才先生接辦《申報》，《時報》班底如陳景韓、黃遠生等均被挖走，而楚青之弟南士又不幸故世，替手沈能毅，雖具幹才，但於辦報則為外行，重以楚青積勞致疾，經營地產又不如意，以致精神資力，均感不支。乃將《時報》出盤，由黃伯惠接辦，時在一九二四年，距創刊之期已歷二十三年矣。

《時報》接辦人黃伯惠（承恩）先生，上海人，原籍安徽休寧，家世豐厚，在滬擁有大量地產，並設有承裕、安裕、賡裕、恒祥四大錢莊。他的父親公續先生，熱心地方公益，於慈善、教育事業捐獻甚鉅，名流巨賈經常出入其門。對於有才氣的人，樂於支援，以史量才為例，他初在南洋中學任事，鬱鬱不得意，公續和他向無淵源，但知其才具甚美，贈以二千金，量才才能憑此創辦蠶桑學堂，以後逐步發展，成為中國報界的巨擘。他於新聞事業，頗欲嘗試，席子佩出盤《申報》時，公續有意承受，但為謝綸輝勸阻，始予放棄，由量才接手。綸輝時任中國通商銀行總辦，以前為黃家錢莊的當手，他以純商業觀點衡量新聞事業，自以費巨款報紙為不值得也。

黃伯惠八萬元接辦《時報》

《時報》館內的「息樓」，既為江浙名流議政的集會地，黃公續是常去的，伯惠那時不過十六七歲，亦常隨父同往，因此報館中人和息樓中人也都認識了他。以後他便獨個兒去，有時幾於排日去，耳目所及，濡染自深，積久他由編務以至印務，頗能略悉端倪，對於報紙的興趣不禁油然而興。其他環遊歐美，雖未進過什麼大學，而眼界大開，知識益廣，看到西方國家報業的發達、無冕帝王的權威，不惟提高了他對報紙的興趣，且促長了他辦報的雄心。

歸國不久，會值《時報》陷於困境，狄楚青屢謀出盤，他由陳景韓的慫恿與拉攏，乃於一九二四年以八萬元的代價接收續辦。景韓是以冷僻出名的，對此事獨見熱心，他向伯惠說：「你出錢，我出精神。」暗示有貝之才與無貝之才通力合作之意。伯惠卻從另一角度冷冷的答覆他：「我的報紙是決不拿人半分津貼的。」景韓嗒然，話頭便接不下去了。

其時史量才除擁有《申報》外，已取得《新聞報》大部份股權，並於《時事新報》亦能發生影響力。上海四大報，他幾已控制其三，如再在《時報》插手，便達成了一把抓的權威地位。他恃著世誼關係，要求伯惠讓給他股份三成。那知這位倔強的人，界限分得極清，事業歸事業，世誼歸世誼，不肯賣帳，量才當然很不痛快。

陽春白雪不及俚曲山歌

大概那些老報人，起初多抱同樣看法，以為黃伯惠辦報是大爺鬧著玩的，正好利用他的地盤，擴展本身的利益，賠錢蝕本，則由這位大爺一手包帳。及見此路不通，加以傳統上的同行必妒，於是對《時報》始則採取不合作的態度，繼則運用圍困封鎖的策略，要把它壓抑到抬不起頭來，如假手外來勢力，企圖禁阻《時報》採訪杭州全國運動會新聞，則為最顯著的一例。

可是這類把戲對《時報》並不能造成困擾，一因伯惠是實心辦事的人，當花即花，絕不計較工本，二因他另經營股票，進入甚豐，根本不靠報紙賺錢；三因他所聘用的同事，多屬精明強幹之輩，眾志成城，儘能打破同業的壓力。不僅如此，《時報》且能別出心裁，由編排以至內容，不時創造新的形態使人觀感一新，因此在銷紙上亦不斷地創造高潮。每當新形態出現時，老報人是看不順眼的，不斥為庸俗化，即鄙為迎合低級趣味。殊不知報紙不是辦給衛道者或知識分子專看的，應為廣大民眾的共同讀物。與其高唱陽春白雪而落得曲高和寡，則何如高唱山歌俚曲之能引起共鳴。以是，當《時報》銷數突增時，《申》、《新》兩報便大大地相形見絀，而為維持銷額之故，徒事批評是無用的，只好掉轉頭來，依模倣造，以《時報》的「庸俗化」作為辦報的正宗了。故就《時報》的先後兩期而言，狄楚青有狄楚青的革新，黃伯惠亦有黃伯惠的革新，其趣不同，而於新聞界所起的帶頭作用則一。此外，伯惠又辦有外埠版和晚報。

金劍華受聘是為了逃難

由前所言，陳景韓既慫恿伯惠接辦《時報》，又願賠精神做硬裏子，按說主筆一職應由景韓兩頭兼（兼《申報》）的了。那知不然，伯惠和楚青交割辦妥後，第一件事，趕到青浦，敦請金劍華（詠榴）先生出山，主持筆政。劍華為光緒癸卯舉人，曾與鈕永建等共讀於南菁書院，舊學新知，根柢甚厚。歷任《申報》、《新報》、《中外日報》主筆，其在新聞界資格，亦屬元老一流。清末江浙名流反對漕糧徵銀解銀一案，劍華與公續同為個中堅決分子，往還甚密。當時伯惠雖尚年少，不甚解事，但已知為持正不阿的人，故在自辦事業時，必請這位父執，居中把舵，以匡不逮。

劍華為大地主，歸隱盤谷，美茹鮮食，早無問世之心，他的家人預測他將婉謝其事，伯惠難免於失望而歸。詎知晤談一過，劍華即以肯定口吻，斷然接受伯惠的禮聘。其願捨去林泉之樂，而投身於鉛槧之勞，大為家人所詫異。事後，他的胞姪雄白先生叩詢所以，他說：「我不是貪過主筆癮，而是想逃難。」

他想逃的是什麼難呢？說來卻很風趣。事因他的子嗣艱貴，置有兩房簉室，嫡庶之間，雖無醋罐可翻，而誶語喧聒，已足使心神不寧。他說：「一隻碗不響，兩隻碗叮噹，何況這裏還多一口碗，越發的擺不平了。我既不能加以禁阻，又不便左右袒，更不能充耳不聞，為求耳根清　，只有逃的一法。當主筆原是老本行，伯惠既來相約，我便順水推舟，與剪刀、漿糊、紅黑筆再結一段因緣了。」由此，雄白亦即隨同他的伯父，參加《時報》，擔任編輯。

採訪主任第一人金雄白

在此以前，上海各報並不聘用記者，本埠新聞全由外界投稿而來，論件計值。這批投稿人分散於捕房、法院、公眾場合，以及各大馬路里弄。遇有事件發生，他們根據現場見聞，平鋪直敘，絕無渲染，更不深入調查。其體裁積久成為公式化，除時、地、事由及初步結局外，不會多添一句。儘管是火爆的案子，他們卻寫得平淡無奇；儘管是有趣新聞，他們卻寫得枯燥無味；儘管是可寫千萬字的大事件，他們卻惜墨如金，縮龍成寸，至多寫二、三百字完卷。這批人多數是癮君子，所以當時稱為「老槍記者」。

由於時代進步，環境日趨複雜，民智進步，讀者要求提高。記者對於新聞的採訪，已不容守株待兔，必須從各方面進行發掘；報導已不是記錄現場情形所能了事，必須追求來龍去脈，略事啟發性的作用；文字的應用，已不止於詞通意達，必須新穎活潑，略帶煽動性以期引人入勝。這些都不是「老槍記者」所能勝任愉快的，而報館不自聘用記者根本也不成話。於是《時報》首先成立採訪部，以專責成，委雄白為主任。故就中國新聞同業內部的組織與人事言，《時報》實為設有採訪部的第一家，雄白為出任採訪主任的第一人。他與本埠新聞編輯吳靈園先生悉心規劃後，《時報》乃以社會新聞的特殊風格，把銷數不斷地推進到雄視上海各報的高潮。

訪問美專寫畫學舍春光

關於本埠新聞方面，雄白第一次出馬採訪的對象為「上海美術專門學校」。這是一個最聰明的選擇，他的特寫，恰正滿足了一般市民的渴望，由此得知所謂「模特兒」的內容。事緣該校校長劉海粟，向以「藝術叛徒」自居，作風大膽，選用妙齡女郎，作為「模特兒」，在眾目睽睽之下，袒裼裸裎，一絲不掛，擺出各種姿態，作為人體寫生的活樣板。此在西洋畫室中，已屬司空見慣，毫不足奇，而在中國則為衝破禮教大防的最後堡壘，視為大逆不道。因此引起輿論公憤，一致加以抨擊，衛道者流，提起劉海粟三字，便掩耳疾走，深惡痛恨，以為鳥獸不可與同群。其時孫傳芳以五省聯帥，開府南京，聽到這個消息，他不懂得什麼叫「模特兒」，只知道課堂內出現了光屁股的女子，大發虎威，竟至通令所屬，要捉劉海粟將他槍斃。

在此一片抨擊聲中，畢竟女人是可愛的，尤其是脫光身體的女人更具強烈的攝引力，即使其為道學先生亦寧捨去兩廡冷豬肉，而以眼福為重，爭取一瞥。這篇特寫，既以輕鬆筆調，描寫學舍春光，復以圖片透露臀波乳浪，使人眼花撩亂，自是一紙風行，贏得萬人爭誦了。

石女離婚案極引人入勝

他第二次採訪的為上海南市地方法院審訊石女離婚案，這又是一件好資料，轟動一時。當時院長鄭毓秀，以事關風化，禁止旁聽，拒絕記者入席。他以此案應屬生理問題，與風化無關，與鄭院長相互辯論。鄭院長認輸了，乃照常開放。這回他為維護報紙風格，力避黃色氣味，純以客觀立場，記錄法官與原告的問答，此外不滲一語。如：

法官問：「你怎樣知道她是石女呢？」

原告答：「大老爺！我弄不進去啊！」

法官問：「你試過幾次了？」

原告答：「自結婚起夜夜弄，弄到現在『滿月』都過了，還是弄不進。」

法官問：「為什麼不找醫生看看呢？」

原告答：「用不著找醫生。姆媽是內行，她把我養得這樣大，我底下還有弟妹，她看過摸過好多次，斷定是石女，難道還會錯？」

諸如此類的話，他像記流水帳般一筆一筆寫下去，就案情的本身說來，不添花巧，已是引人入勝。妙的是他不用白話寫，而依照原告的浦東話寫。原告是浦東農民，土語村言，想到什麼說什麼，有時還夾著當地的鹹濕語，不知避忌。這些供詞都收進了他的筆底，而以白描工夫寫出奇情。因此刊載以後，讀者大樂，務以先睹為快。陳景韓認為帶有《金瓶梅》的筆法，倍加欣賞，特來《時報》查問是誰手筆。可見其文雖屬於急就之章，而個中妙處，前輩亦為之傾動。必後雄白有一時期即以「瓶梅」為筆名，合上他的姓氏，可謂天造地設。

主僕戀愛案忙壞各報社

此後上海又發生開埠以來還是第一件的特殊新聞，即黃慧如與陸根榮的主僕戀愛案是。案情大致是這樣的：黃慧如家住赫德路春暉里，父親是商人，家道相當優裕，雇有男女佣人兩三名，陸根榮是其中的一個。慧如就讀於晏摩氏女塾，能說英語，於戀愛、自由之說，自有所聞。根榮則眉清目秀，品貌頗佳，但於書算均所未諳，略識之無，不會寫字。他倆在相戀中，頗能避嫌，並未露出顯著的痕迹。然而紙是包不住火的，時日較久，佣人眼內自會發覺出來，家裏雖不敢講，小菜場卻是情報流通市場。始而是一部份鄰居的女傭竊竊私議，過後則全弄的住戶，幾於「家喻戶曉」。惟有慧如的父親是懵查查的，始終木然無覺。

榮根聽到了閒言閒語，知道再獃下去，一定會鬧出大事來，因向主人辭工，準於翌晨歸里。次日，榮根起個大早，打好包袱，走出春暉里，直向北站進發。到了車站，突見慧如迎面而來，滿臉淚痕，一把抓住他，怒責他狠心負心，堅決同到鄉下去，有苦大家吃。根榮看她哭得像淚人兒一般，心早軟了，事實上亦無法將她勸回，只得把心一橫，將她帶上火車，免得哭哭啼啼，驚動大眾。但他還有一個計較，為免將來背負拐帶的罪名，一到真如，便偷偷的跳下車去，不料警探已在等候著他，而慧如亦於崑山被警探截回。這因她父親起身後，看到她留下的字條，說明和他同行，立刻報案，故能及時截獲。根榮被逮後解往蘇州判刑，慧如則於返家後第二天晚上，服毒自殺了。

當年上海各報，對於這件案子，均以全力追踪採訪，《時報》則由雄白總其大成，立異標新，累月不輟。

吳靈園金雄白是好拍檔

前面提過的那位本埠新聞編輯吳靈園先生，和雄白正是對手，外勤內勤，拍合無間。靈園賦有時代頭腦，往往別出心裁，獨闢蹊徑，創造新的局面。他摸透了社會上的一般心理，對於社會新聞特感興趣，當和雄白拍檔，專揀那類哀感頑艷的資料，就報紙上已經發表過的，彙集成編，再加渲染，附以圖片，製為小冊子，交由報販零售，每本二毫。他倆第一次發行的是《汪世昌、馬振華殉情哀史》，一夕之間，竟銷兩萬份，盈利甚鉅。以後他倆陸續泡製，出書頗多，居然開了一爿「鳳凰圖書公司」。靈園又編了一本杭州遊覽指南，給它題上一個最新穎最雅緻的書名，叫做《西湖一朵花》。復在西湖邊開設一爿小店，招牌也叫「一朵花」，由其妻主持，即以發售《西湖一朵花》

為唯一業務。生意卻是不俗，儘夠支持。因遊客看到這個書名，總以為內容必定風趣，蓬窗展閱，亦足怡情。及既開卷，所談不過是武林勝蹟，未免索然，但念書名畢竟可愛，花幾毫子亦不全為白費也。過後，他又專揀上海最新出廠、市面尚屬罕見的日用品，分次以小量託人帶往杭州，交與其妻發售。因物新貨少，杭垣又無別處可買，隨到隨銷，脫手極易。及該項物品大量湧到，他已先拔頭籌，改營另一種去矣。因此，幾年之間，他由「一朵花」小店擴展為「大喜百貨公司」，由清波門外湖邊搬到杭市中心地點，由一名握筆管的記者變成腰纏萬貫的富翁。可是他的本行並未由此放手，直到伯惠決心停刊時他仍為《時報》的一員。

民國十五年，國民革命軍自廣東出師北伐，東路軍由閩入浙，於次年二月進佔杭州。上海頓為革命氣氛所瀰漫，群情激奮，憬然於新時代的到來。其時中共頭子汪壽華，早駐上海，進行工人運動，組織工人糾察隊，企圖在北伐軍抵達以前，威脅租界，攫取淞滬，渾水摸魚，製造出一個政權來，其活動的強烈，遠非過去的張國燾、劉少奇所能比儗。在另一面，孫傳芳則派第九師師長李寶章任上海防守司令，實行血腥鎮壓。南市一帶，行人身上如被搜出字紙，無問為帳單或家信，一律視為亂黨宣傳品，不須審訊，當場格殺，以致方浜路老西門的沿街電桿上，掛的全是人頭，鮮血淋漓，慘不忍睹。報館對於這類新聞是不容放過的，金雄白則恰由採訪社會新聞轉到政治新聞。正是身當其局。處境危殆，吃飯傢伙（滬諺：指人頭而言）隨時有搬場可能。

兩面不討好各報齊罷市

初時，汪壽華對於記者是著意聯絡的，常請吃飯，約定某時某弄某一門牌集合。屆時前往，則見此一弄堂為最破敗最骯髒的弄堂，不待行抵某一門牌，斜刺裏已先跳出一個戴鴨舌帽的傢伙來，截住去路，和應邀的記者宛如熟識，自我介紹，聲稱「吃飯不在這裏，請隨我去。」他領記者們由此一弄堂穿到另一弄堂，又由另一弄堂穿到別一弄堂，經過不少轉彎抹角，才到達吃飯地點。汪壽華已備席以待，酒菜不壞，款接亦殷，但記者們經過一路周折，已不省身在何處。酒闌人散，仍待戴鴨舌帽的領路，才能認識歸途。其行動詭異，黨羽密佈，見多識廣的新聞記者亦為之咋舌。及至北伐軍前鋒逐步迫近上海，汪壽華拉下臉孔來了，公然跑來報館，勒令以後言論與報導，必須依據他的宣傳方案，逐項照辦，否則不能保證安全。他以嚴厲的口吻，清晰地吐出每一句話，不時搖幌拳頭加強他的聲勢。搦筆管的老編與記者們無不噤若寒蟬，任由他口講指劃。

李寶璋又有一套，他時常電召各報記者到龍華司令部聽訓。當記者汽車駛入警戒線時，四個手握大刀的丘八，已從左右面跳上汽車搭板，像押解犯人般向轅門駛去。記者進入司令部後，瑟縮一隅，無人理睬，偶爾問訊，回報的是幾聲吆喝。當晚能否同去，誰也不敢多想。如此僵立三四句鐘，才見一個副官模樣的人跑來，裂開血口，先罵一輪「混帳」，而後數說：「你們這批壞蛋，專門造謠，謊報戰訊，搖惑軍心，全為亂黨張目，摸摸脖子看，你們長著幾顆腦袋。今天姑饒一次，滾吧！明天這時候再來，少一個提頭來見。」此項情形，直如秋審，隨時可以勾決，所以當時在《時事新報》專跑社會新聞的名記者胡憨珠先生，寫過一篇〈刀下留頭的金雄白〉，內容就是描繪他在龍華司令部所遇的風險。

由於兩面的重壓，各報簡直喘不過氣來，《申報》史量才、《新聞報》汪伯奇等同來《時報》館，商量對策。面面相覷，除了停刊沒有第二條路，大家決定自即晚起，關閉機房，一體罷業。又恐人心不一，陽奉陰違，表面同意，背地私印，《時報》因派人分往各報，站在牆根窗底，偷窺動靜，只要聽到一家機器響，《時報》亦即開動機器，照常出版，免因獨異招來禍患。那知各報亦皆如此，同樣派出暗探偵察。所以各報當晚雖未開工，工人仍留館內候令。及至次晨，全市無報，停刊乃告實現。這是上海新聞業的第一次罷市，時在三月中旬，距北伐軍克復上海前約十天。其後兩方因報業罷市，有礙國際觀瞻，態度轉緩，各報始出版如常。

千辛萬苦掙來一個第一

北伐軍於三月廿日進攻防守松江三十一號鐵路橋的畢庶澄部，右翼以便衣隊為先導，由浦南抄出明星橋，截斷畢部與上海的聯絡，並分兵向上海進迫。一時市面轟傳黨軍已抵龍華，人心振奮，卻苦消息無法證實。雄白乃於是日黃昏之際，隻身冒險探訪，由楓林橋一路翻遍鐵絲網，直向龍華前進。此時孫傳芳的隊伍和直魯聯軍不見踪影，華界和法租界毗連處僅站著幾個法捕房華捕和安南兵，知是記者，並無攔阻。從楓林橋到龍華，距離並不過遠。徒步而前，卻是夠辛苦的。莽莽郊原，一片死寂，聽不到一聲犬吠，看不到一縷燈光，頭上閃著幾顆疏星，腳下踩著沒有影子的路，渾身越走越熱，心頭卻是別別跳的。好容易捱到龍華，已苦腰疲腳軟。卻喜迎面喝問的果是黨軍的哨兵，待知其來意後，又領他到草棚裏去。這一下他可真的喜出望外了，這草棚不是普通地方，而是前進指揮所；在草棚內見到的不是普通軍人，而是前線指揮的師長薛岳和劉峙，不惟疲勞驅盡，精神且大大的抖擻起來。反之，薛岳和劉峙亦復如此，他倆自入蘇境後這才見到記者，而且是漏夜趕來的，那有不表歡迎之理？因此問無不答，知無不言，盡量供給了寶貴的資料。雄白忽忽摘錄要點，旋即告辭，連走帶奔的趕回報館寫稿。也許興奮過度了吧，他走的不是原路，而是一條岔路，及至發覺，冤枉路已走了不少。經此差錯，他到報館已是深夜四時，黃伯惠、金劍華尚在燈下守候，面對一檯冷菜，未嘗動箸，以為他出了毛病了。明日出報，他的〈前線訪問記〉，大出風頭，全上海報紙找不到第二篇，既為讀者紓其望眼，更為《時報》掙到一個第一。

沒有坐過牢不算名記者

清黨事起，汪壽華被殺，傳說是共進會杜月笙等這批人幹的，蜚蜚揚揚，遍於全市，但始終無法證實，官方亦模棱其詞。過了兩天，雄白特為此事，前往楓林橋清黨委員會（交涉使署舊址）訪問陳群。閒談一過，雄白以不經意的態度，將話題兜到汪壽華身上。陳群不虞其為採訪而來，而話題又正對準了他的得意之作，便很輕快的答道：「別說汪壽華，連宣中華也斃了。」宣中華為中共杭州負責人，雄白佯作不知，問：「宣中華又是什麼神聖？」陳群一邊答覆，一邊拿起筆管，在白紙上寫下「汪壽華宣中華」的姓名，隨手又把它揉成一團，向字簍扔去。此時他才意識到眼前人是記者身份，這些話會被採為筆底資料，因向雄白叮囑，不能發表。那知次日《時報》，不僅依據陳群所言，證實汪壽華確已被殺，且將陳群字蹟，製成電版，赫然登出。原來陳群走開，雄白四顧無人，便從字簍中將紙團檢回，懷之而歸，作為證據，官方縱欲否認，亦將無法自圓其說。以後雄白雖因有此過節，在短期內，不好意思和陳群會面，可是在新聞價值上，他是證實汪壽華被殺的第一人，又為《時報》掙來一個第一。

北伐以前，于右任先生在上海，常去新開河「一林堂」菸店（專賣陝西煙絲）搓「小麻雀」，記者們也到菸店去找他。他向這批後輩說：「不坐牢不算名記者。」雄白經此耳提面命，所似他的採訪，不避艱險，無所顧忌，幾次都有坐牢可能，幸緩頰有人，得以解脫。事因不屬《時報》範圍，茲皆從略。

出奇制勝設下十面埋伏

《時報》另一突出的業績為體育新聞，此一業績是在同業傾軋中經過奮鬥而取得的。民十九年，杭州舉行全國運動會，事先江浙兩省，分在上海、蘇州、鎮江、南京、杭州開預備會，遴選選手，以備參加「全運」。《申報》經理張竹坪為採訪五處預備會新聞，與《新聞報》、《時事新報》結成一條陣線，獨將《時報》踢出，使其坐困。吳靈園見處境甚劣，急語黃伯惠，早定辦法。伯惠說：「別慌，新聞落齊到我房裏來。」夜半，新聞落齊了，靈園到伯惠房中商議。伯惠告訴他：「我很想採用赫斯特辦報的作風，幾年來總算完成了一件，由於雄白和你的改進，已將社會新聞辦得相當出色了。中國對於體育運動，尚未重視，這是一個缺陷。難得的是『全運』將在杭州舉行，這是國府定都南京後的第一次，不管張竹坪對《時報》如何，我們必須一顯身手，在體育新聞中出現赫斯特的風貌。蘇浙兩省的五處預備會，每處都得作現場採訪，你的頭子活、交遊廣、同道多，人事安排全盤由你主持。錢、不成問題，多多少少直接向我要。」伯惠接口又提出幾項條件：一、絕對秘密，以防風聲走漏，有人從中破壞；二、採訪面要廣，場中競賽是主要資料，運動員在場外的生活也是好資料；三、圖片要多，務使圖文並茂。至於如何編排，你是行家，儘量耍花樣好了。」靈園接受此番指示後，趕往各地，分別布置，設下了「十面埋伏」。張竹坪還在捏鼻頭暗笑，以為這遭《時報》吃瘪定了。那知各處預備會展開後，唯有《時報》的報導，獨門創見；唯有《時報》的圖片，多采多姿；唯有《時報》的內容，充實詳盡；而《申》、《新》、《時事》所刊載的該項新聞，則由於來源相同，千篇一律，提不起讀者興趣，加以鎮江一處，並未派員專訪，全抄當地報紙，敷衍搪塞，更為讀者所非議。以是，黃伯惠在不動聲色中打了一場勝仗，張竹坪反在盛大陣營中倒了下來。

《時報》體育版「一枝獨秀」

四月一日，杭州全國運動會開幕，會期十天，到有天津、北平、南京、青島、上海、遼寧、河北、東特區（哈爾濱）、湖北、湖南、江西、四川、廣東、山西、江蘇、浙江、福建、安徽、山東、綏遠、香港、神戶（華僑籃球隊）廿二個地區運動員，共一千六百三十人。張竹坪於惱羞成怒之餘，又想出法門來了，他勾結體育協會會長何卓之，對《時報》實行封鎖，不准入場採訪。伯惠對於此類把戲，全不放在眼裏，直接向浙省主席張靜江辦交涉，只費一席話，便粉碎了他的新聞壟斷。經過上次的採訪，伯惠、靈園更是胸有成竹，他倆把得力的人員全部調到杭州，又約好了幾位名攝影家參加拍照。郎靜山先生即為其中一人。平津南下參觀「全運」的學生，因見《時報》上次的報導，出色、過癮，亦紛紛加入客串，義務採訪。人手如此充足，資料豐富，自屬不在話下。

然而滬杭畢竟相距一八六公里，上海報紙樣才能與杭州當地報紙同時上市，不致落後？杭州「全運」資料怎樣才能以快速方法遞到上海，及時付印，不致虛耗時間？仍為具有關鍵性的大問題，分秒必爭，不容忽視。結果，伯惠想出了兩個主意，包飛機運報，解決第一問題；利用火車解決第二問題。前者簡單，錢到即行。後者則班次規定，無可取巧，非有特殊辦法不可，而伯惠的巧妙即在於此。

他在包好的一節車中，裝好黑房，備足沖晒圖片的材料與文具。規定每天「全運」停止後，所有記者立刻到「城站」，登上駛滬班車，採訪的在包車中據疾案書，攝影的入黑房沖晒照片。一到嘉興，稿子寫齊了，圖片也沖好了，紮成一包，交由專人隨原車送滬，其餘統在嘉興落車，等下行車開到，搭返杭州。照此辦理，果然稿件送到報館，可比別家提早幾小時，而包機運報，又比別家提早幾小時，杭州讀者如想看到上海報，無論就內容說、就時間說，自非搶票《時報》不可。及至時近中午，《申》、《新》等報由快車運到，已如「宿貨」，杭州人很少問津了。

事後，伯惠在杭州舉行慶功宴，蔡孑民、衛心微兩先生不速而來，許為大大的成功。從此《時報》體育版，「一枝獨秀」，為讀者所重視。

精打細算火車快過飛機

民廿二年，杭州又舉行全省運動會，規模雖遠遜於「全運」，但因距滬不遠，仍為上海各報爭取的新聞。《申》、《新》、《時事》三報偷師故智，也包飛機運報，由汪英賓出馬，領導採訪，和伯惠對台戲，一決雌雄。那知這回伯惠玩的花樣，別出冷門，出人意表，他不僅不包飛機，且不用特別快車，卻揀牛步化的貨運火車運報，所需費用不到包機的百分之十，而報紙到達杭州反在包機之前。他的方法是利用長途電話傳達「省運」新聞，單獨編成《時報》運動版，據他預計，由收聽電話起以至撰稿、檢字、拼版、付印，次晨報紙，可於前夕九點鐘出版，比通常辦法可以提早四小時。北站每天最後開往杭州的夜班貨車，經梵王渡、徐家匯等站裝貨卸貨，迤邐而行，到曹河涇站恰正十點。他的報紙用汽車送曹河涇交貨車運杭，恰正銜接。而這班貨運車必須在天剛發白時抵達杭州，則為行車表所鐵定，決無延誤。他便照此預定計劃進行，一切果如所期，毫無困阻。等到他的《時報》已在杭州叫賣，《申》、《新》、《時事》三報的包機還未從上海起飛呢！

汪英賓也是能幹的人，辦事認真，「省運」開幕後第二天，他起個絕早，趕向市場巡視，看到報販擎著一捆一捆的上海報，陸續而來，他認為是他的報紙，滿心歡喜，黃伯惠這回無法搶先了。那知報捆打開，大出意外，竟是《時報》，套紅標題，鮮明奪目，一時幾於不敢相信自己眼睛。及待問明報販，知從火車運來，更是氣滿胸膛，怒不可遏，急步回去，掛通上海長途電話，向報館跳腳罵：「猪玀！幹的甚事？火竟竟比飛機跑得快。」

這一仗，伯惠打的很輕鬆，而且很經濟。誠然，《時報》為了配合貨車行駛鐘點，限時印就，圖片是不會多的。但這回他所爭取的是一個「快」字，先拔頭籌。其敢以貨運火飛與飛機競「快」，出奇制勝，則為精打細算的功效。「省運」閉幕，伯惠將「運動版」改為「外埠版」發行，為報業又創下了一條新的途徑。

《時報》曾刊出巴金成名作

伯惠接辦後的《時報》副刊，分「小時報」、「餘興」兩版，由畢倚虹先生主編。倚虹，美風儀，有「揚州才子」之稱，所著《人間地獄》即在「小時報」刊出，纏綿愴惻，不知瘋魔了多少人，至今仍為說部名著。他的寫字檯，和雄白的緊對面。每晚八鐘，他來報館，人甫坐定，找他的電話便如連珠砲，琅琅不絕。話匣中傳出的，全屬燕語鶯聲，花言俏語，他一手握聽筒，一手寫稿，應份交卷的一篇「小言」和一節小說，便在聽話答話中一氣阿成，和毛西河的五官並用，殆相伯仲，所費不過三、五十分鐘，直是倚馬可待。一到九點，儘管編務未了，他已鬆人，趕往花叢酬應。臨行總是繞過寫字檯，拍著雄白肩膊說：「老兄！一切拜託。」及後《時事新報》闢「學燈」版，《民國日報》闢「覺悟」版，副刊文體一變，《時報》因將原有兩版縮為「新光」，由張碧梧主編。「新光」有兩篇出色的連載，一篇是〈西行豔異記〉，誰寫的記不清了；一篇是《激流》，後出單行本改名曰《家》，為巴金的成名作之一。最後，伯惠在副刊內發現了莠言邪說，為免惹出是非，便將版子拆了，另從新聞版劃出若干欄，刊載美國通訊、日本通訊作為代替。徐彬彬先生的《古城返照記》即於此時「登場」，以「老北京」用通俗有趣筆調，寫出春明掌故，白雲蒼狗，世變靡常，讀來別有一番滋味。

未曾拿過半文錢津貼

大約《時報》自經伯惠接辦後，內容形式，與狄楚青時代幾已完全不同，始終繼承舊制的僅有向由戈公振先生主編的《圖畫時報》，第一號創刊於一九二〇年六月九日，為中國畫報進入銅版時代的開始。當時公振寫有一篇短引，文云：「夫象物有鼎，豳風有圖，彰善闡惡，由來已久。今國民蔽錮，政教未及修明，本刊將繼文字之未逮，一一揭而出之，盡畫窮形，俾舉世有所觀感，此其本旨也。若夫提倡美術，增進閱者之興趣，又其餘事耳。」

其詞在今天讀來，似嫌迂腐，但彰善闡惡，用意良佳，以視眼前畫報，事以女子大腿大胸脯迷人，假此擴展報紙發行額，從而招徠廣告，則在冬烘腦袋裏，轉認迂腐勝於「開明」。

公振於新聞學，素養很好，而個人遭際，則頗迍邅。他的太太是一位村姑，他為改造她送往北京讀書，不料她別的沒有學好，自由戀愛卻已在行。她回南向他提出離婚，百般苦勸，終歸無效。他見她去志堅決，只得順從，臨別前幾天，他為她添置好多東西，又為她整理箱籠鋪蓋。臨別這天，他更親送她到站登車，珍重道別。如果愛情必須犧牲才夠偉大，則除陸小曼的前夫王賡以外，公振亦是愛情偉大之一人。公振後與南京路某一照相館老闆的千金（又說是女職員）相戀，這位小姐眼界甚高，聲稱非留學生不嫁。公振於是摒擋所有，去蘇俄留學，藉博歡心。那知學成歸國，這位小姐卻已嫁人，而且綠葉成陰子滿枝了。公振嗣入《申報》，主管的仍是圖畫週刊，鬱鬱以終，一生並未顯其所長。著有《中國報學史》，為關於中國新聞界最早的一部著作。

抗戰軍興，東南淪陷，報館是宣傳機構，自被敵偽注目，伯惠艱苦支撐，尚無隕越。及見情勢大非，人心莫測，乃自動停刊，抗戰勝利後亦未復業，時在一九三九年九月一日，適為二次大戰開始德軍進攻波蘭的一天，距他接辦之期為十五年，距狄楚青先生創辦之期則為三十五年。

黃伯惠先生，今在香港，一樓塊處，茹素唸彌陀；提到前情，歉然自責；《時報》在他手內並未辦好；稍可告慰的一點：始終硜硜自守，未曾拿過半文津貼。

「揚州才子」畢倚虹傳奇

筠廊

《春秋》載有過雨青先生所作的〈時報之憶〉一文，記三十五年前上海《時報》的故事。讀後不勝人世滄桑之感。《時報》可說是我讀好報紙的「啟蒙師」，也是我最先讀上海報紙的一份。

我讀過雨青先生大文後，最令我感到有興趣的是《時報》的副刊「小時報」編輯畢倚虹。我當年以讀者身份和他通了幾年信，剛要去上海見他時，他卻早一個多月前逝世了，緣慳一面，為我生平一憾事。

十里洋場、揚州才子

過雨青先生曾在文中說：「時報副刊，分『小時報』『餘興』兩版，由畢倚虹先生主編。倚虹美風儀，有『揚州才子』之稱，所著《人間地獄》即在『小時報』刊出。……他的寫字枱，和雄白（即朱子家）的緊對面。每晚八鐘，他來報館，人甫坐定，找他的電話便如連珠砲般，琅琅不絕。

話匣中傳出的，全屬燕語鶯聲，花言俏語。他一手握聽筒，一手寫稿，應份交卷的一篇『小言』和一節小說，便在聽話答話中一氣呵成，和毛西河的五官並用，殆相伯仲，所費不過三、五十分鐘，直是倚馬可待。一到九點，儘管編務未了，他已鬆人，趕往花叢應酬。」這段文字是畢倚虹的實錄，可見當年上海的「洋場才子」寫作態度之一斑。

畢倚虹確不愧為「揚州才子」，他的岳丈是「江東才子」楊圻（字雲史，一九四一年死在香港的一個詩人），翁壻堪稱「冰清玉潤」，喜向花叢胡混的風流人物。倚虹是儀徵人，據說是乾隆間一個風雅的大官畢秋帆（沅）之後，他的父親畢畏三是清末一個小官兒，在杭州頗有聲望，民國後，也曾在杭州做事，似乎還辦過學校，如有人訪他，跨上人力車，只說「找畢畏三」，車夫就會把客人拉到目的地。

一篇小傳、自我吹噓

要說這位「揚州才子」的故事，最好先讀讀他自撰的小傳。這篇文字，是畢倚虹自己所作，用他的朋友出名，交給蘇州出版的《星光》上集（蘇州星社編印，一九二三年出版，不久又出版下集。星社是當日上海一些鴛鴦蝴蝶派文人所組織的文藝機構，主持人為趙眠雲、范烟橋），刊在他的短篇小說〈離婚後的兒女〉文前，由鄭逸梅署名，不知者以為係鄭君所作。今錄如左：

「畢君倚虹，蘇之儀徵人，髫齡侍父宦浙中，遂家西子湖上。年十二，即以詩文與海內外聞人相質證。光緒末葉，至上海，《同文滬報》，消閒詩社，倚虹即列席其間，與時流投贈唱酬。十五走京師，官兵部郎中。倚虹恥為貲郎，日閉戶讀書，喜與京曹之落拓名士游。而已改官秋曹，決獄為歸安沈侍郎家本所許。侍郎固中國改編法律之泰斗也。爰為延譽公卿間，奏駐爪哇泗水領事館。中國在爪哇，初無領署，倚虹其第一任也。行李戒途，抵滬而武昌事起，遂罷南溟之行，因流滯海上。南北統一後，勝朝舊官，多彈冠相慶，書來徵召，倚虹卒不北上。喜吳淞海空天闊，乃挾筆硯讀律中國公學，間以論文露布報紙，人多驚其警闢，鄂中黃侃，尤引重之。在淞校聯合同學創刊《夏星雜志》、《學藝雜志》，彼時南北諸高等學校，能出版雜志者，不一二覯，倚虹已得風氣之先矣。民五以後，狄平子、包天笑延之主《時報》筆政，兼主編《小說時報》、《婦女時報》、《小時報》，即倚虹所手創也。是時包天笑主《小說畫報》，倚虹乃託名『春明逐客』，撰《十年回首》一書，詳述其京曹舊事，勝國遺聞，足當有價值之歷史小說。倚虹之白話小說，此第一種也，洹上袁寒雲極稱之。時倚虹流連風月，眷一妓，好事不成，倚虹又以父命以杭，乃成回憶詞百韻，哀艷傳誦江國、葉小鳳、蘇曼殊、姚鵷雛皆有詩以張之。民九（即一九二〇年）復來滬任報事。前年倚虹以憂去杭，幽居不吟詠，遂肆力於小說，包天笑之《星期》，周瘦鵑之《半月》中刊之最多，每一篇出，輒為紙貴，袁寒雲譽為小說界中，今無敵手。椅虹輒不自滿，每有著述，恆惴不信，四方知與不知，投書企慕，飛箋索稿者，月必數十。倚虹必一一觀自裁答，謙沖過人，人益樂與之游。今年將來蘇滬，執行律師職務，以倚虹之明練，必能為法界放一異采。倚虹著作，為余所知者，有《光緒宮詞》、《清宮談舊錄》、《銷魂詞》、《幾庵絕句》。而說部中尤以在申報每日所刊之《人間地獄》為膾炙人口，化名為娑婆生，其他短篇文字，繁冗不能悉舉矣。」

泗水領事、欺人之談

這篇「作者小傳」，說得太過誇大，所謂「十五走京師，官兵部郎中」，「已而改官秋曹，決獄為歸安沈侍郎家本所許」，「奏駐爪哇泗水領事館……倚虹其第一任也」。這些話都是欺人之詞。按畢倚虹死於一九二六年陰曆四月，得年僅三十五歲，生於光緒十八年（一八九二年），算他在兵部做郎中是十六歲罷，當是光緒三十三年（一九〇七年）之事。他是捐班出身的，花錢捐個郎中，並不能說沒有可能，但郎中官居正四品，每部的司設滿洲、蒙古若干缺，但漢缺只有一個，郎中說是一司的司長，是個很重要的官員。例如一司中有三個滿洲郎中，兩個蒙古郎中，一個漢郎中，那就是說這個司一共有六個司長。能做到司長的人，至少要由部中的主事、員外郎，按年資慢慢升上去，起碼這個人年紀在三十左右，斷沒有一個十七八歲毫無行改經驗的青年可以擔當此重任的。尤其是刑部，刑部的郎中，個個都是部中的老職員，經驗宏富，精於律例的，能決獄的人，休說是十八九歲青年，就是三四十歲的人也未必能勝任愉快。何況沈家本是一個精於刑律的人，絕不會用個乳臭未乾的娃娃來決獄的。至於說他是中國第一任泗水領事，因辛亥革命，沒有去得成，那才是笑話！原來當年放新加坡領事的是陳恩梓，倚虹僅為領事館中一個職員而已。這件事是包天笑先生所說的，包先生是陳恩梓的學生，當然知得很清楚。（一九六九年包先生已九十五歲，現居香港。）

陳倉暗渡、春滿小樓

畢倚虹既然南洋去不成就留在上海讀書，他和楊芬若女士結婚，不知是哪一年的事，我猜當在光緒三十四年與宣統元年他十七八歲時，他是宦家子弟，結婚不會遲到二十三歲以外的。楊女士的父親是詩人楊雲史，母親李道清，字味蘭，為李經方之女，李鴻章的孫女，故畢倚虹又是李鴻章的外孫婿。李道清亦工詩詞，著有《飲露詞》一卷（光緒廿二年刊本），芬若家學淵源，亦喜吟詠，著有《綰春樓詩詞話》、《綰春詞》，畢倚虹選輯的《銷魂詞》，即以芬若之作殿後（她的著作我未見過，這是根據王蘊章《然脂餘韻》所說的）。夫婦皆工詞翰，閨房唱和之樂，享受了十二、三年，後來竟然離婚，倚虹所作的〈離婚後的兒女〉，就是在失意後寫的。

為什麼恩愛的夫妻會搞到後來婚變呢？原來倚虹在上海報館工作，家住杭州，他的父親畢畏三在杭州做浙江清理官產處處長，因受到軍閥捉弄，死後虧空公款很多，在舊日的社會裡，父債子還，是「天公地道」的，倚虹既為長子，官廳就把他關在杭州監獄，責令他清償，他在《時報》的編輯職位當然也丟了。還是民國十年下半年至十一年的事（他離職後，狄平子請揚州人李涵秋到上海主編《小時報》，李居上海數月，不慣洋場生活，仍回揚州，只遙領主編之名，為作長篇小說《怪家庭》刊在報上）。等到官司了結，倚虹已一貧如洗，而家庭此時亦發生了變故了。

婚變發生的原因，有兩說：一說倚虹居杭州清波門外一小樓時，戀一上海妓女，時時藉口往上海會友，輒經旬不返。日久楊芬若知道了，大生反感，但又沒有證據，當倚虹往滬幽會時，她獨居無俚，就常往第一台看戲消遣。其時杭州著名飯館聚豐園的少主人李鳳來，也常往第一台，偶見芬若，驚為天人，便設法和她接近。不久兩人認識了，發生愛情。是她為了報復丈夫抑係獨居寂寞，外人不得而知，我們只知每逢倚虹往上海「以文會友」，而李鳳來亦於此時為「畢吏部」入幕之賓。

倚虹所居小樓在湖濱，境絕清幽，甚少人跡，李鳳來安排好了計策，倚虹一往上海，到晚上七八點鐘，湖上已少游人，伸手亦不見五指，此時正好幽會，李鳳來自櫱小舟，搖到畢公館樓下，樓臨水，不高，已有白布一條，下垂水面，鳳來四顧無人，遂攀援而上，如《聊齋》所記之偷桃人凌空也。另一說則是倚虹在監獄中數月，楊芬若時往第一台看戲而識李鳳來。兩說孰是，今亦無從而知。所知者就是倚虹因此事和她離婚，他們所養的五個孩子由倚虹照顧。

消息洩漏、鳳去樓空

李鳳來誘惑楊芬若，搞到人家夫婦感情破裂，杭州人幾乎個個皆知，因為畢家在杭州是有點地位的，而且倚虹也做過幾個月浙江沙田局局長，是個體面人物，發生這件事之後，不久就吹到浙江督軍盧永祥耳裡。一日，盧永祥在督署宴客，席間偶然有人談及楊李之事，盧永祥有點生氣，罵他們有傷風化，非嚴辦李鳳來不可，其不辦楊芬若，則以楊為楊雲史之女，李經方外孫也。於是當面吩咐警察廳廳長夏超抓李鳳來法辦。因為在席間所談的事，夏超雖奉命，也沒有立即打電話回局裡吩咐手下去辦理，至少也等到第二天上班才吩咐秘書辦公文的。但這一「疏忽」，給李鳳來逃走了。原來這一晚督署宴客的菜，正是聚豐園承辦的，盧永祥、夏超等人所談的話，聚豐園的一個侍者完全聽進耳朵裡，心裡一驚，暗想他的小開有難，還不快些回去通知他避避風頭嗎？於是不動聲色，若無其事一般，借故因事要出去一下，便溜出了督軍衙門，連忙雇了一輛人力車趕到李鳳來的住所，一五一十說知。李鳳來嚇到面如土色，來不及通知楊芬若，漏夜避往親戚家中過一夜，第二天清早趁火車逃往上海了。

夏超在李鳳來到上海後第三天才下令抓人，其時楊芬若已經跟李鳳來之後到了上海了，警察到李鳳來家中，真是鳳去樓空，空手而回。此後二十年中，李鳳來與楊芬若都住在上海，一九六四年上海朋友來信，謂李鳳來年已七十餘，生活困難，每早在公園教太極拳，至於楊芬若下落如何，就不知了。

我曾翻遍楊雲史的《江山萬里樓詩集》，從未發見他與女兒芬若女婿倚虹唱和之作，大概是他們婚變後，雲史編詩時，把以前凡有提到他們的作品都一律刪去，不留一些痕跡。而倚虹在其文字中，亦未見提到楊雲史。一九三九年楊雲史住香港，我和他見過幾次面，每次都想問問此事的經過，但因為究竟是他們楊家傷心的事，未便唐突，就不敢提出。即使我大膽問及，他也不會答我的，因為楊雲史為人極愛面子，把離婚看作一件大不道德的事，女兒跟人跑了而致離婚，怎能向人說自其中底細呢？

高莊暫寄、邂逅佳人

倚虹的太太既隨人而去，倚虹亦離開傷心地，移出湖樓，賃居湖上高莊一室。杭州高家是一巨族，主人高爾翰、高爾登，在本地財雄勢大，是有社會地位的人物。（高爾登字子白，光緒廿七年，即與其兄高爾翰同往日本留學，習陸軍。據說，他是浙江仁和人高人鑑之後，高人鑑在道光末年任湖南衡州知府，賞識彭玉麐，指點他讀書，玉麐遂事以師禮。二十年後，玉麐以戰功官至尚書，且巡閱長江水師，為西太后所倚重，但人鑑偏不想做官，一定要隱居杭州湖上。玉麐為了報答師恩，在西湖買地築一別墅，使老師後人安安樂樂過一世。四十年前，高莊在杭州真是鼎鼎大名，無人不知的。高爾登於一九一四年在北京政界頗活動，一度曾與蔣尊簋合辦北京電車公司，但不知何故沒有辦成。）當時住在高家裏的有個蘇州小姐名汪鳳珍，聽說是高家某一位老太太的義女，她的父親是蘇州名宿汪晴初，也是個有名譽和地位的人。不知怎的，汪鳳珍從小就寄居在高家。汪小姐能文詞，慕風雅，高家為她找了一戶人家，招郎入舍，使她早日成家立室，但汪鳳珍聽說女婿不是風雅人物，大違心願，結婚之夕，她不肯與新郎同牀，臨睡時，還把衣褲密密縫緊，以防偷襲。高家的人知道了，百般開導，汪小姐一概不理。高家是很迷信的，認為結婚的日子和新夫婦八字相冲，故此夫妻不能好合，於是又再請精於星卜的人擇過一個吉日良時，仍送新郎新娘入洞房，但汪鳳珍拒之如故。

汪鳳珍婚姻失意之時，正畢倚虹賃居高莊之日，高家忽然來了一個才子，正是汪小姐心目中的風流儒雅人物，因此兩人很快就相戀了。據說，畢倚虹在這個時候是一生最快樂之時，這一年（一九二二年）包天笑主編的《星期》周刊，載有畢倚虹和汪女士同在湖上所拍的照片（《星期》是一九二二年三月出版的，到一九二三年三月停刊，共出五十期。我於一九二三年十月才買得全套），又有〈冷泉亭下的畢倚虹〉一幅相片，這是我第一次見他的面目。他們相戀時，畢倚虹寫有〈湖上詞〉若干首，記其中二首云：

四圍暝色下平山，人影零星塔影閒。
手掇枯枝說憔悴，斜陽無賴一低鬟。

十月湖波淺且清，娉婷雙鬢鑒分明。
郎心莫漫春如水，划過蘭橈碧浪生。

此中有人，呼之欲出，稍知其事者，都知道這個人就是汪鳳珍女士了。

混跡洋場、大有苦衷

一九二三年五月十三日（陰曆三月廿八日）李涵秋在揚州逝世，另一個「揚州才子」畢倚虹又再度回到《時報》主編「小時報」。他拋開杭州神仙般的生活來混跡十里洋場的上海，是有苦衷的。他的家境並非十分富裕，吃了一場官司，生活更感到困難了，於是打算到上海以畢振達（這是他的名，字幾庵，倚虹是號。他在北京做京官及讀書中國公學時，是用振達之名的。他在上海掛牌做律師，事務所在四川路青年會附近，僅佔一小室，地方甚湫隘，一看便知是個業務不振的律師了。他死後第二個月我到上海，特地到他的事務所看了一遍，辦公地方雖已易人，但大門外的招牌尚未除去）之名執行律師業務。剛巧李涵秋逝世，他重回時報館是很自然的事的。其實他的律師事務並不發達，沒有多少人請教他，他的收入仍以寫稿為主要來源，根據和他熟悉的朋友所說，他賣文最好時每月約四百五十至五百元之間，在一九二三至二五年的上海，算是入息不錯的了。

李涵秋死後，遺作《怪家庭》刊到一個段落便因無續稿，就停止了，接著刊載筆名「清波」的一篇連載小說《黑暗上海》。（倚虹死後，由江紅蕉續成全書，出單行本。舊日鴛鴦蝴蝶派作者，很興這一套，據謂效法高鶚續《紅樓夢》云。）我初時不知清波是誰，讀了十天八天後，又看看「小言」中的筆調，已猜出新來的主編必是畢倚虹無疑，便大胆寫封信寄給他，過了半個月左右，居然有回信給我，使我高興到了不得，自此以後，凡在《申報》、《新聞報》的廣告上見到有雜志出版，若有畢倚虹的作品，就買來看，定閱《申報》，也是要看他的《人間地獄》之故。

一九二三年九月，我從周瘦鵑主編大東書局出版的《半月》雜誌，知道《晶報》（是一份三日刊，從一九三二年十月十二日第一千六百二十號起，改為日刊）也載有倚虹的文章，化名為淞鷹、天狼、清波，於是又寄了兩塊錢郵票到上海晶報館，定閱一年。

十月姻緣、廿年一夢

畢倚虹和汪鳳珍相戀後，就和她改個名叫琫琤，音與鳳珍相近。我讀一九二四年《晶報》的元旦特刊，知道在元旦這一天，畢倚虹和汪琫琤結婚了，《晶報》的台柱張丹斧為人非常滑稽，有一聯賀之云：

玉琫在懷，相倚為樂；
長虹飲澗，琤琮有聲。

據說丹斧撰此聯後，正要寫好送去禮堂，後來有人說太過開玩笑。丹斧就另擬一聯，而收此聯登在《晶報》。

他們結婚後，住上海西門路恆慶里，過了十個月愉快的生活，汪琫琤以產後失調，一病而死，年僅二十有二，畢倚虹撰〈十月姻緣記〉，刊《半月》之「另外一欄」中，後來印在訃文之後，我也得到一冊，文中說些什麼，讀後已經沒有絲毫印象了。但倚虹在壽聖庵設奠之日，海上文人所致的輓聯頗不少，我只記得包天笑聯云：

萬轉千迴，寧為才子婦；
廿年一夢，蛻此女兒身。

王蘊章聯云：

綺夢圓鷗波，搖落驚秋，紅葉新題添恨草；
玉塵霏鳳紙，自然好學，碧城仙眷認簪花。

染上肺病、寫作不停

汪琫琤死後還未滿百日，畢倚虹已急不及待，連忙和一位姓繆的女子結婚了（繆女士是學產科的，聞今尚健存，已六十五、六了）。婚後一年多，畢倚虹也跟著逝世，只有三十五歲。

為什麼畢倚虹死得這樣早呢？據和他接近的朋友說，他患的是肺病，而又不肯暫戒色欲，以致不可救。原來畢倚虹生平好色如故，在上海常向花叢走動，入息雖豐，但反而經濟時時拮据，為了維持他的揮霍開支，就日以繼夜的寫稿以求增加收入，日子一久，身體漸弱，便染上肺病。四十年前治肺病還沒有特效藥，得此症的人，十有六七要死亡的，倚虹因此大懼，然而為了生活，不得不冒生命之險，仍執筆作文，一面請西醫臧伯庸和他療治。臧醫生是上海的名醫，又是黃楚九的女婿，和倚虹也有交情的，他勸倚虹非休息四個月，專心治療不可，否則就無法挽救。倚虹淒然曰：「一家八口，僅靠我一支禿筆為活，如果停筆一日，豈非家人有絕糧之虞嗎？」臧伯庸問他每月的家用最低限度要多少才可以應付，他說，以最少來計算，不能少過四百元。臧伯庸略沉思一下，說：「很好，我每月送你四百元，你安心在家養病，過了四個月，我包你身體復元，比以前精神還要好一倍。」

畢倚虹聽後，真是感激到欲哭無淚，緊緊地拉著臧醫生的手，許久許久才擠出一句：「如果我的病好了就是出於你的恩賜！」

從那日起，畢倚虹就請假四個月，所寫的長篇連載小說，也分別找人代筆，他所主編的《上海畫報》，也請周瘦鵑代編。

《上海畫報》、異軍突起

提到《上海畫報》，我得詳細說一下。民國十四年（一九二五年）春夏之間，畢倚虹和幾個朋友商量辦個異軍突起的畫報，是一個小型的報紙樣式，而不是書本式的，定價力求低廉，而印刷必求精美。出版時剛好是在五卅慘案之後的六月六日，《上海畫報》上就揭載了幾幅有關英國警察開槍射死徒手游行的群眾的照片，我記得的有「淒涼之南京路」、「熱心之學生募捐隊」、「南京路之洋兵防守」。接著第二、第三期登載聖約翰大學學生反對美國籍校長卜航濟阻止愛國運動而造成全體退學的照片，如「課堂中之激昂」、「聖約翰之旗杆」、「禁止學生升中華國旗之聖約翰大學校長卜航濟」、「人去樓空之聖約翰大學」等。因為圖文並茂，而且畢倚虹又寫了好幾篇文章評論聖約翰大學校長之橫蠻無理，不准愛國學生在校園升起五色旗是侮辱中國的行為。該大學雖是美國資本所辦，但既然在中國土地上教中國人念英文，也該尊重中國主權。最後，畢倚虹還警告卜航濟道：「卜航濟聽者，今日已不是庚子年時代，勿以為爾恃兵力而可以壓制中國人民之反帝國主義也！」（此文題目為「約翰潮」，我只記得其大意如此，以事隔四十四年，印象已漸淡矣。）一般愛國青年見《上海畫報》有此等言論，大為鼓掌，紛紛購閱，銷路大增。（倚虹在畫報上寫有《新人間地獄》、《極樂世界》二長篇連載小說，不見精采，反不如他所作的〈江南乙丑謠〉、〈銀鐙詞〉，他的岳丈楊雲史亦有一長文〈榆關紀痛詩〉，寫上一年他隨吳佩孚在山海關與奉軍作戰，為馮玉祥倒戈事，詩前有一長三千餘言序文。倚虹死後，《上海畫報》由錢芥塵主持，曾出過一期畢倚虹追悼號，以後就銷路不振，勉強維持了一個時期便停刊了。）

病體未癒、故態復萌

畢倚虹在養病期間，每天早晨到法國公園散步，吸新鮮空氣，臧醫生按日替他打針，兩個月後，他的病已有起色，面貌也豐腴了許多，心中暗暗歡喜，便越加聽從醫生吩咐，不敢再事勞神，甚至書報也減少閱讀。過多一個月，飯量增，能健步，而且不再吐血了，他大為得意，「多病故人疏」，至此他已不能再忍，叫了一輛人力車，駕言出游，以解我憂，出外訪友，這也是人之常情，他的太太見他能外出散心，也很歡喜，只叮囑他不可過勞，少談話，早些回家休息。

某日，倚虹往訪報界前輩孫東吳（蘇州人，別署「東吳舊孫」，先後任《申報》、《新聞報》主筆有年。一九二六、二七年，張宗昌盤踞山東時，在濟南辦一份《新魯日報》，慕其名，請他主持筆政）家中談天。孫東吳是個烟癮極大的「道友」，整天躺在烟牀上，不大理事，家中發生什麼事情，他一概不知，可說是個大胡塗蟲。孫家有個婢女，小名阿根，妖嬈多媚態，年約十八九，因為長得漂亮，左鄰右里的一些浪子見她出門，就時時逗她談笑，久之，阿根的「男朋友」漸多，她一視同人，無分彼此，只要他們相安無事，阿根是樂於利益均霑的。後來阿根覺得她的面首還不夠多，殊無法滿足個人欲望，於是捨身於「韓莊」，為彼中之「皇后」。（韓莊為上海附近一個鄉村地方，一九二四年，江浙軍閥交兵，在韓莊打得很激烈，倚虹曾在《晶報》作〈韓莊一炮記〉，記上海法租界下級妓館麕集之地所謂「鹹肉莊」者，「鹹」與「韓」音近，從此人們改稱鹹肉莊為韓莊。倚虹此文，一語雙關，刊出後，《晶報》銷路增多數百。）畢倚虹向來就喜歡沾花惹草的，曾在韓莊與阿根一度繾綣，現在居然在孫東吳家中再度見到她，只見她面暈淺春，綳眼流視，倚虹心旌搖動，不能自己，他不想再在孫家逗留太久，略談數語，就以目向阿根示意，辭主人而出。孫東吳是個懶於酬應的人，也不堅留，說句「對不起」，就吩咐阿根開門送畢大少爺。倚虹正是求之不得，在門首時，他低聲對阿根道：「我就去遠東飯店，你快來，我等你啊。」

阿根並不推辭，報以一笑。倚虹大樂，連忙往遠東飯店四樓開好房間，因為他是這裡的熟客，四樓的茶房，哪一個不認得畢大少爺呢。（遠東飯店在上海西藏路，是一九二五年年底新建成的，在當時的中國人辦的旅館中，算是「第一流的新型旅館」了。）

過了兩天，畢倚虹忽然病勢大變，咯血不止，他的太太嚇壞了，連忙找臧伯庸醫生來施救，給他止血。臧醫生覺得很奇怪，倚虹的病已大有轉機，決不會陷入危險境地的了，為什麼前幾天還好好地，而轉眼之間又有了變化呢。他知道畢倚虹喜歡尋花問柳的，而且凡有幽會，多借遠東飯店的房間。於是臧醫生不動聲色，走去遠東飯店四樓，問茶房這兩天畢大少爺有沒有來。茶房說前天他曾和一個女子來開房，昨天下午又再來一次。

天不假年、友朋哀悼

臧醫生聽後，長歎一聲，知道他的病勢已深，無可救治了，只有盡力為他醫療，希望挽回他的性命，以盡一場朋友之誼。但畢倚虹終於病重不治死去，時為一九二六年五月，陰曆丙寅四月，到底是哪一天，現在尚未知道。根據我的一九二六年五月二十二日的日記，記云：「得郵至之初五、初六日《申報》，初四日之《晶報》各一份。《晶報》載畢倚虹逝世，為之嗟悼不已。」四月初四是陽曆五月十五日，其死期或為四月初二、三。又檢袁寒雲《丙寅日記》，四月十三日記云：「得海上人書，悲悉倚虹病歿，輓之曰：『人間地獄孰能賡續，論當世才名，自有文章不朽；桃花潭水君猶深情，念西風夜驛，空教涕淚長揮。』上聯指所作《人間地獄》小說；下聯謂余前歲北來，君送別車驛，欲伴余渡江，再三謝阻始罷。不期自茲遂不相見矣！傷哉！」十六日記云：「哭倚虹二首曰：『放眼人間皆地獄，幾回嘔血泣哀絃。可憐初結鴛鴦侶，一瞥東風夢不圓。』『芳燒瑱折古難全，慧業匆匆感逝烟。一語江都真悟徹，不才乃得永天年。』昔地山師輓江陰何邕威進士，有『不才乃得永天年』句。吳縣余冰人，針神沈壽之夫也，悲婦為奸徒所奪，撰《痛史》記之，見寄一冊，漫題曰：『絕代針神余沈壽，彌天冤苦籲無門。可憐一卷孤鵜語，盡是啼殘血淚痕。』冰人自號鵑口孤鵜。」本是哀悼畢倚虹的記事，但忽然又扯上余冰人之妻，且罵南通張謇為奸徒，誠有令人莫名其妙之感。但細想一下，此記亦有深意，蓋感於畢倚虹之妻為奸徒李鳳來誘走也。不過李奪畢妻，事實明顯，張謇並無強奪余冰人之妻的事實，只是強行作主，要把沈壽遺體葬於南通，且為她題墓不循舊制作「余門沈氏」，僅作「美術家吳縣沈女士靈表」，謂沈壽遺言願葬南通，文中有：「捐館顧命，留葬所卒。昔湘靈不從於蒼梧之野，黃嬴別龍於洛陽之原，延陵所謂魂氣無不之，檀弓有言合葬非古制。」居然引經據典一番，十分好笑。袁克文不為世伯留點面子，斥為「奸徒」，未免過份。

倚虹死後，遺族生活大受影響，梅蘭芳和他沒有深交，只在上海見過數面，知道他身後蕭條，立即寄賻金五百元，奉天軍閥畢庶澄也送了一筆很厚的賻儀，草草把喪事辦了，在壽聖庵行禮之日，弔者寥寥，遠不及一九二四年汪夫人受弔時之盛，人情冷暖，千古已然，不足為異。

人間地獄、回目考究

提到《人間地獄》這部小說，舊日上海文人，譽之為「名著」，其實去名著尚遠，這部小說的結構鬆懈，沒有組織，只是每天想到了一段就寫，寫成拿到報館登出來，無非把上海社會發生的種種事情網羅在裡面，以一個名叫柯蓮蓀的人為主角（據說即畢倚虹本人），而以當日在文壇上活動的人物如包天笑、袁寒雲、嚴獨鶴、姚鵷雛等都寫入其中，頗為一般小市民所喜愛，故能風行一時。倚虹本喜詞章，他寫《人間地獄》的回目，一定要求對仗工整，平仄調協，有時先把回目擬好，只求其字面綁麗，不惜將內容遷就回目，據包天笑先生對我說，畢倚虹常常擬好了題目，拿了同他商量。這就太過專講門面了。（包先生說，他從前在報上登載的長篇小說，只寫第一章、第二章，到全書結束後，將出單行本，才安上回目。這樣是很認真的，值得後輩學習。）

倚虹的小說回目太過考究，一些讀者就把它當作對聯一樣來看待，居然也傳誦一時，現在我還記得數回，寫出來給讀者欣賞。《人間地獄》的回目有：

珠鐙千障，熱境訴幽情；涼月一丸，輕車飛短夢。
小院微疴，偷閒彈淚；荒村斜雨，商略歸魂。
蠟淚酒痕，徐娘溫舊夢；竹聲花影，月老示靈籤。
憔悴花枝，哀鵑啼野塚；飄零書劍，古驛弔斜陽。
碧月下桃林，颸輪輾夢；斜陽咽風露，錦瑟悲年。
撩亂青絲，錦衾憐月瘦；燒殘紅燭，杯酒替花愁。
紅樓一角，軟語話杭州；銀燭三更，柔情迷弱水。
宛轉千絲，難迎桃葉；江城五月，又落梅花。
鳳泊鸞飄，青樓淪落；珠香玉笑，客邸迷藏。
雪夜度淒清，量珠換夢；銀鐙照憔悴，射藥回春。
（這是《人間地獄》第一回回目）

就這十個回目，讀者便可知學倚虹是怎樣致力於此道了。我還記得「射藥回春」這一個回目在一九二四年冬間出現在「自由談」時，是「射回春藥」的，我覺得奇怪，為什麼有這樣一個不倫不類的回目，因為上下比的平仄不調啊。大概過了一個月左右，見《晶報》一篇短文〈人間地獄的春藥〉，把作者挖苦一番，過了幾天，「自由談」才予更正為「射藥回春」，蓋寫「打針」也。讓包先生說，史量才很留心連載小說的回目的，往往親自校讀一次才放心，但不知何故這次攞了個大「烏龍」，大概他因事離開上海罷。

與《金鋼鑽》、大開筆戰

畢倚虹在上海賣文，可說是一個文壇上相當紅的角色。他擁有的地盤很多，自己抓著《時報》的副刊，那一欄「小言」，他每天必寫一百餘字的短文，批評社會及國家大小事情。在《晶報》又可以寫文章來罵人。他編副刊很有經驗，上海報紙中劃出一個固定篇幅且為副刊安個名稱，是他首先發起的。（其時《申報》、《新聞報》的副刊尚無「自由談」、「快活林」之稱。）上海人稱報紙副刊為「報屁股」，這一名詞也是畢倚虹所創，後來南北通行了。畢倚虹也是《晶報》的特約撰稿人，每期至少有一篇，他往往在《晶報》罵人，被罵的人因為沒有地盤可以回罵，無奈之何。當時有一班被他罵過諷過的人，惱起來每人出十塊錢辦一個三日刊小報叫《金鋼鑽》，謂金鋼鑽的硬度可以鑽晶也。稍為知道那個時期上海文壇情形的人，大都了然於心，這是為了向《晶報》攻擊而出版的定期刊物。我記得該報是一九二三年十月出版的，我早看到《新聞報》的廣告，便先寄了一元二角錢郵票定閱半年了（全年二元，我恐怕它的壽命不長，只定半年）。果然，《金鋼鑽》第一號出版，就猛烈向《晶報》進攻，寫《晶報》主人余大雄為蹩腳編輯，畢倚虹為跛足蹩腳律師。畢倚虹在《晶報》還擊，寫《金鋼鑽》的編輯施濟群為「腳編輯」，以施濟群曾賣腳氣丸為生也。倚虹出陣，《金鋼鑽》就推出陸澹盦（這位先生，在鴛鴦蝴蝶派文壇中後來的學問大進，他專心研究小說，著有《水滸研究》，用「何必」筆名，於一九五四年在上海出版；又有《小說詞語匯釋》，一九六四年上海中華書局也版。一九六五年，他曾到香港住過兩星期，和他的從美國來度假的女兒相會）出馬，罵畢倚虹不留餘地，甚至罵到他從前閨房私事及新近結婚的太太，文中以西門慶影射畢倚虹，以其住西門恆慶里之故。畢倚虹的陰私為人所揭，便捨陸澹盦、施濟群不罵，而罵無辜的名伶綠牡丹（後來去綠牡丹之名，以真姓名黃玉麟應世，陸向來所捧者也），罵他眼大、腳大、不知羞恥。陸大怒，反攻倚虹更為激烈，黃玉麟被罵，罵紅了，一躍成為名伶。

闊佬稿稿匠、汽車代步

這一場筆戰，足足連續了七個多月。《金鋼鑽》創辦的目的，只在罵罵《晶報》出口鳥氣，並沒有長遠的計劃，所以也沒有指定誰人負責編輯，由那十個股東負責處理稿件，自開筆戰後，《金鋼鑽》的銷路大增，十個股東大為高興，決意辦下去。因為陸澹盦、朱大可（此人今尚居上海，工詞章）都有別的工作，因此編輯事務就由施濟群負多一點責任。每期的第一編文章，多由陸澹盦執筆，畢倚虹有一次向法院控訴《金鋼鑽》主編陸澹盦毀謗名譽，公然侮辱，法院傳陸到庭，陸否認他是主編。結果法官勸雙方不要多事，在外面調解。

畢倚虹用真名畢振達在上海做律師的，但他的業務並不發達，他為了充紅律師的排場，也買了一輛二手貨的老爺車來表示闊綽，因為汽車已屬超齡，機件時時損壞，每修理一次，就得花一二百元，因此這輛車子每月要耗費他一筆很可觀的數目，使它成為一個重負，遇到它壞了，「紅律師」

紅編輯仍須乘黃包車上班。後來畢倚虹不勝負荷，索性把它拋在車房不再理它了。然而在四十餘年前中國的「寫稿匠」能置汽車代步者，不能不數倚虹為第一人了。

五十五年前的《星光》

林熙

一九二三年我在故鄉讀書時，偶見《半月》雜誌（周瘦鵑主編，上海大東書局出版），有一則小廣告，蘇州的星社不日出版一個專集，名叫《星光》，分上下集發行。這時候上海新出的書刊，幾乎每天都有，本不足引起我的注意，但《星光》卻有一特點，使我破費了五角錢郵票，掛號寄蘇州胥門棗市的星社，定購一部。（定價每集二角，上下兩集共四角，寄五角是當時一般書店的郵票代現，九折計算，另五分則為郵費，掛號收條，現在還夾在一九二三年的日記簿中，已五十五年，成為我的「文物」了。）

《星光》有什麼特色呢，現在看來不足為奇，但五十多年前我還是個青少年，所見不多，便覺得生面別開，不得不破鈔買來看了，原來這個專集，所登載的全是短篇小說，而且執筆的都是二十年代江南一班頗有聲譽的鴛鴦蝴蝶派作家，每人附一小傳和一幅肖像。掛號信寄出後約一個多月，便收到這部書，連忙打開來看，真是琳瑯滿目，美不勝收，尤其是那些小傳和玉照，更使我十分滿足，因為我接觸這一派文學的作品，已有半年，現在能看到他們群中的一部分廬山面目，其喜悅可知。

過了幾天，又翻來欣賞，這才發見這部書還另有一特色，是我未得見以前所不知的，就是書中的廣告，全是當代江南一些著名文人、書畫家的潤格，在其它刊物是未嘗見有的，恐怕就是今日七十年代的刊物也不會有這種特點吧。現在我們從這些潤格來看，可以略知道五十五年前江南書畫家所收的潤筆金多少，大名家和小名家又有多少，也可以窺見當時物價之廉，在今日看來，真有天淵之別了。至於書中所刊載作家的小史，也可作為文藝資料看待。這部書到手後初時，寶之逾恒，過了兩年，我漸漸愛好新文學，鴛鴦蝴蝶派作品不但不看，以前所收藏的，也不大愛惜，任人家借去看，或拿去不還了，獨有這兩冊《星光》絕不借出，仍藏在書箱中，從一九二六年起，未曾寓目，但也不會忘記它。一九四九年後，故鄉的田園屋宇，盡被沒收，書籍的下落如何，更不必問了。

二十年前和上海鄭逸梅先生提到這部書，我問他有沒有法子可以在舊書攤蒐買一部。一九五九年十二月他來信說已買到了，即日隨函付郵。收到後忙打開一看，恍惚和三十年不見的朋友重逢，握手言歡，歡喜到了不得。這時候，我並不鄙棄這一派的文學作品，因為覺得當年「圍剿」鴛鴦蝴蝶派的那批新文學作家如魯迅、郭沫若、茅盾、鄭振鐸等人太過偏見，他們批評這類文學作品，指為有毒素為害社會，非趕盡殺絕不可。其實他們的「罪狀」不至於此。所以我在五十年代以後，也不看輕這派的文學了。

六、七年前，有個哈佛大學畢業的美國青年來香港蒐集材料，寫一篇民國初年的通俗文學研究，作為博士論文。他和我談到鴛鴦蝴蝶派文學，見解和他相同，我便把我手上有關的材料借給他參考。他見到《星光》，便歡喜非常，徵求我同意，把那些作家的照片借去影印了。一九七六年他已拿到了博士，在加州大學東方語言學系教中國文學，暑假時來香港，又和我借《星光》去影印其中的小傳和小說。他問我為什麼不寫篇文字介紹這部書，我說我已有此意，遲些時我會做的。豈知一擱就擱了一年多，今日想起才拿出來略看一下，草成此文。

魏紹昌所輯《鴛鴦蝴蝶派研究資料》三四九頁，介紹《星光》有說：

是由《星報》蛻化出來的。《星報》是小說作者組合的星社刊物，發行二十五期，至一九二三年夏，才改出《星光》雜誌，第一集上下兩冊，為不定期刊，可是只出了一集，第二集沒有繼續出版。社址設在蘇州胥門粟市，由上海世界書局總經售，書本三十二開，橫式，封面題簽趙眠雲，由胡亞光繪仕女。編輯者范烟橋、趙眠雲，銅圖中即有烟橋、眠雲在編輯室中的合影。內容完全為小說，且每篇附有作者照相和小傳，這是很別緻的。

所說《星光》第一集上下兩冊云云，似有錯誤，它實際上沒有第一集第二集之分，封面《星光》題字之下，印「上集」兩字，第二冊印「下集」兩字。編者的「編輯餘墨」說：

《星光》分上下二集，約十萬言，計刊短篇小說二十四篇。下集為周瘦鵑、江紅蕉、徐枕亞、程瞻廬、吳雙熱、貢少芹、許指嚴、范菊高、顧明道、范佩萸、鄭逸梅、蔣吟秋諸君執筆。……撰述同志，十分之九是盡義務，這樣的愛護《星光》，我們感激得什麼似的。……

上集所載的小說十二篇，作者是：范烟橋、程小青、王西神、何海鳴、袁伯崇、畢倚虹、姚賡夔、俞天憤、徐卓呆、姚民哀、王天恨、張慶霖。下集已見上引，不贅。

下集目錄的後面，印有李涵秋寫給趙眠雲的信和涵秋遺像。編者趙眠雲識語說：

江都李涵秋先生，為近今小說之第一名家，曩歲鄙人編輯《消閒月刊》，曾撰《情天孽鏡》長編，描寫入微，誠為勝手。稿未竣而月刊第六期停，至今猶覺悵悵。茲輯《星光》，馳函索稿，又蒙允以臂助。豈料書未排印，而先生噩耗遽至，特刊遺墨遺像，以志哀悼，藉留紀念。

眠雲先生道座：接奉手書，知稿件業已入覽，囑撰《新廣陵潮》一事，本應遵辦，無如各方面文債甚多，一時未能捉筆。最好先刊《情天孽鏡》，以後再謀進行。……（按：《消閒月刊》是趙眠雲、鄭逸梅兩人主編的，一九二一年五月，在蘇州出版，到十月停刊，共出六期。「消閒」兩字，最為新文學家詬病，非鏟除不可。他們主張文學要「文以載道」，宣傳一種主義或思想，談天說地、風花雪月是毒草，非斬伐淨盡不可的，這樣的偏見，大違百家爭鳴之旨。其實近六十年的中國文壇最自由鳴放，只有民國元年至十七年那十多年中，以後就「不可說，不可說」了。）

瞭解一下作家在真正鳴放的情況下怎樣活動，《星光》所載的那二十多個作家的小傳，倒可以略見一二，所以值得簡介一下。分述如次：

范菊高所作的范烟橋小傳：「長兄烟橋服務教育行政，兼為小學教師者七年。自來吳門。遂解去，專事著述。辛亥組同南社，刊社錄十集，頗有聲藝林。其為小說家言，亦已十餘稔矣，散見於《時報》之「餘興」及《小說叢報》、《小說月報》，至《半月》雜誌誕生，興益豪，著益多。去夏與眠雲創刊《星光》名重一時。……」范烟橋在一九五七年後，偶然也和香港幾家報紙寫些短文，從蘇州寄稿來，但文革期間，他想在海外賺點外匯來養家，也被剝奪了。」

范烟橋所作的程小青小傳：「程君小青居吳門，人咸以東方柯南道爾稱之。民國初元，始為小說，傾向言情，後以情場敗北，乃絕口不言，肆力於偵探。生平著譯，除科學外，小說約二百餘萬言，《東方福爾摩斯探案》，長短都三十餘篇，《偵探世界》亦為君所主編。」

趙眠雲所作的王西神小傳：「王君西神，名蘊章，字蓴農，別號西神殘客，無錫人，前清光緒壬寅科舉人，時年僅十六也。嘗為商務印書館主辦《小說月報》，先後共十一年，有《十年說夢圖》，海內文人，題詠殆遍。又主《婦女雜誌》筆政七年，生平所著詩文甚多，南社中之巨子。君精英文，工書法，得二王神髓。喜填詞度曲，有《雪蕉吟館集》待刊。辛亥秋，佐南京戎幕。一游南洋，不樂棄去，今息影申江，執教鞭於滬江大學云。」一九三二年我在上海時才和王君相識，那時候，他已辭去上海各校教席，專心辦他的正風文學院了，抗日期間逝世，不過五十二、三歲。

何海鳴的小傳，作者署一個「星」字，大概是范君或趙君所寫的。「衡陽何海鳴，字一雁，別署求幸福齋主，今年三十三。十五歲時，隻身走湖北，考入兩湖師範，以無力付學費罷學，投常備軍中為步兵。旋畢業於下士隨營學校，在營二年，組織文學社秘密團體，謀倒清室。以事洩出軍伍，為漢口《商務報》及《大江報》主筆，又兼為上海《民吁》、《民立報》通訊員，鼓吹革命尤力。鄂督瑞澂忌之，封《大江報》，捕入獄囚三月，辛亥義軍起於武昌，始得脫，時首義者固皆文學社中軍人也。……民國成立，復回武漢，恢復《大江報》，以提倡社會主義，又被封，來上海為《民權報》主筆二年。癸丑入金陵，都督軍事，繼黃興之後，血戰一月，退出游日本。民國五年，加入護國之役，為廣東汕頭民軍司令。袁世凱死後，即寄寓北京。著有《求幸福齋隨筆》、《求幸福齋叢話》、《海鳴說部》等書，《海鳴詩存》在印刷中。又主辦《僑務旬刊》雜誌，為中國專門研究華僑問題之第一人。」

這篇小傳，雖說是《星光》編者所作，但看來似係何君自己執筆的。他參加辛亥革命戰爭時二十一歲，民國二年癸丑（一九一三年）反袁戰爭，他廿三歲，以孤軍與袁軍對抗將近一個月才退出南京，他的英名曾喧傳內外，這是他最光榮的日子。他曾在汕頭住過一個時期，所以潮汕人士對他的印象頗深，一九二四年人們見他寫給我的對聯，都不覺訝道：「何海鳴還生存嗎？」我和他通信始於一九二三年年底，我知道他的《海鳴詩存》快將出版，寄了兩塊錢去定兩部，後來又請他寫六尺對聯，仍照一尺一元之例致送，很快就寫好寄來了，聯語至今還記得，句云：「江山連暮雨，身世隔殘虹。」過了半年左右，他的詩集出版了，我收到後，更高興的是他又寫了自作的一首詩送給我，題為〈葬心室〉。詩云：「回溯年來所擬名，如何今日竟題旌。死生一例皆芻狗；方寸相殘甲兵。佛說鈎玄空色相；霸才無地足縱橫。萬千人海低徊遍，孰為娥眉矯此情。」這是他《詩存》中〈葬心室詩〉的一首。他的詩存早已失去，但因為喜歡這首詩，所以五十多年來還能背得出。

何君的晚年怎樣，我不大清楚，抗戰後，我曾寫信問北方的朋友，一說他在抗日時期，參加汪偽政府，在郝鵬舉處做事，不知真假，如果屬實，他早年的光榮事跡就晦暗失色了。

袁伯崇的小傳是趙眠雲作的：「袁君伯崇，寒雲主人之哲嗣也。年少雄於才，為文多奇語。是稿尤爽快無倫，北洋派之有頭風症者，此正陳孔彰妙劑也。」伯崇是寒雲的長子，名家嘏，他寫的這篇小說名叫〈我胯下這虎〉，附印他騎在虎背上伸拳打虎的照片。不過，這篇文字，說是小說，不如說是散文。文中提到他的祖父袁世凱築的養壽園，中有很多飛禽走獸，又說到「王龍、段虎、馮狗」。（王士珍龍，段祺瑞虎，馮國璋狗），是當日袁在小站練兵時，人稱「北洋三傑」的。）寒雲有四個兒子，二子家彰，字仲燕，三子家騮，字叔選，四子家楫，似乎是早死的。四子中最傑出的是家騮，其餘三人都平凡得很。傳說家騮是寒雲外室花元春所生的，寒雲的太太劉梅真認為花元春比寒雲大七、八歲，就不讓她正式入門，不久，花元春也死了。這年是癸亥年（一九二三年），寒雲已從上海回居天津，住河北地緯路六號，輯錄他一家人所作的詩文名《豕尾集》（意謂癸亥年終也。亥屬豕），其中便有伯崇的詩，又有叔選的小說〈風雪孤兒〉。這一集就刊在下一年正月出版的《半月》雜誌。

畢倚虹小傳，作者署「逸梅」，當是鄭逸梅了。文云：「畢君倚虹，蘇之儀徵人……年十二，即以詩文與海內外文人相質證。……十五走京師，官兵部郎中。倚虹恥為貲郎，日閉戶讀書，喜與京曹之落拓名士游。已而改官秋曹，決獄為歸安沈侍郎家本所許，侍郎固中國改編法律之泰斗也。爰為延譽公卿間，奏駐爪哇泗水領事館。中國在爪哇，初無領署，倚虹其第一任也。行李戒途，抵滬而武昌事起，遂罷南溟之行，因留 海上，喜吳淞海天空闊，乃挾筆硯讀律中國公學，間以論文露布報紙，人多驚其警闢。……民五以後，狄平子、包天笑延之主時報筆政，兼主編《小說時報》、《婦女時報》。時倚虹流連風月，眷一妓好事不成，倚虹又以父命去杭，乃成回憶詞百韻，哀艷傳誦江國。……民九復來滬任報事，前年倚虹以丁憂去杭，幽居不吟詠，遂肆力於小說，包天笑之《星期》，周瘦鵑之《半月》，刊之最多……而說部中尤以《申報》每日所刊之《人間地獄》為膾炙人口，化名娑婆生。」

我讀過這篇小傳後，對畢倚虹非常歆仰，便開始和他通信，鴻雁來往，約有二年之久，一九二六年二月我有信給他，本年五月我已中學畢業，決定在六月往日本求學，屆時將取道上海，我們就有見面的樣會了。豈知我還未往上海，而倚虹死訊忽見於《晶報》，而「自由談」副刊的《人間地獄》也不見有下文。我到上海後，一日在四川路的青年會沐浴後離去，偶然見附近一所房子的門邊，有「畢振達律師事務所」的招牌，我吃驚說：「畢倚虹的辦公處就在這裏！」

倚虹死後三十多年，我在香港重讀鄭逸梅所寫的小傳，覺得有很多疑點，尤其是所說他十五、六歲就在兵部做五品的郎中，不久又改在刑部做事，為沈家本賞識。他的郎中既然是捐納而來的，在兵部的經驗，是搬不到刑部來實用的，刑部決獄，向來是倚靠幾個熟識法例的老司員，在部裏沒有熬上一二十年，是沒有決獄經驗的，而倚虹以未足二十歲的少年竟能決獄，還受到上司激賞，在我略懂掌故的人看來，是絕對不會有的。我便在某報寫談倚虹文中，提到此事，又懷疑他並未發表為泗水領事，便寫信問逸梅，他所說的是根據什麼材料，回信說《星光》的倚虹小傳，是倚虹自己寫成交來的，他也知太過吹牛，不便出名，請逸梅允許用他的名字發表。

後來我問包天笑先生關於泗水領事是否倚虹，他說哪有其事，原來辛亥年夏，包先生的開蒙師陳恩梓放新加坡領事，倚虹做陳的隨員。後來去不成，陳回蘇州去了。這可證明畢倚虹吹牛，寫自己的事不肯老老實實。我又遍查《宣統三年搢紳錄》（每季出版一次，刊登全國官員人名、職銜、出身籍貫的半官方刊物，由琉璃廠榮祿堂印行，由吏部供給資料），法部中，就有畢振達這個人，不過他的官職卻是額外司員中的郎中。所謂「額外」是有些候補之意。因為捐例大開之後，人們花一千幾百兩便可捐個五品郎中（捐京官，最高只能捐到五品），捐得太多，無實缺可資容納，不得不設「額外」來容納，法部的額外司員，單是郎中就有六十二人。郎中等於司長，一個部裏頭，怎有這許多司長呢？又查宣統三年《冬季職官錄》，則駐荷蘭使館一欄中，泗水正領事一條，「領事官陳恩梓，江蘇吳縣人，廩生。三等書記官畢振達，江蘇人，監生。」那麼，畢倚虹的確在法部掛個名，而後來陳恩梓發表為泗水領事，才把他奏調到外務部的。包天笑說陳是新加坡領事，不確，當時新加坡的總領事是譚乾初（廣東順德人），倚虹的岳丈楊雲史（當時名鑑瑩）是二等書記官，翁婿皆同時任外交官，也可說是「佳話」。

不過這「佳話」維持不太久，後來畢倚虹和他的太太楊芬若離婚。小傳中說民國初年，倚虹在上海眷一妓，他的父親命他回杭州做官，後來他的父親死了，欠下一筆官款，沒錢可還，當局責成倚虹償還，但遺產只有候潮門那所房子，不過值三千銀，所差還遠的很呢。於是官廳便把倚虹扣押在花廳，失去自由約一年之久。他的太太為杭州一家著名館子的少東李鳳來勾搭上，私奔到上海，倚虹才和她離婚，剩下六七個兒女由他撫養。楊芬若後來的下落如何，不詳，但十年前，李鳳來還在上海。自此事發生後，楊雲史的詩文中，從不提到他的女兒和倚虹。至於倚虹所眷的妓女，據包天笑先生說：倚虹吃花酒，也是包天笑帶去的，以後，凡是包天笑請客，當然有倚虹，包的朋友請客，也有倚虹。包先生的《釧影樓回憶錄續編》說：

有一次，蘇曼殊從南洋來上海，我請他吃飯。蘇曼殊雖號稱蘇和尚，但不穿僧衣，不忌酒肉，出入於青樓也不足為異。我請他的地方記得是在悅賓樓一家京菜館，離望平街很近。便約了葉楚傖、姚鵷雛諸位，大家都是報館裏朋友，一呼而集。曼殊自己不叫局，而總是慫恿人家叫局，他說：「喜公開不喜獨佔，為愛美故，自己叫一局來，坐在背後，不如看大家所叫的局，正在對面呢。」楚傖不服道：「你只是利己主義，採取眾人之所長，而自己不盡義務。」因令所叫來之局，都坐在曼殊那邊去，使他欣賞。所以我的詩有「萬花叢繞一詩僧」之句也。

那時倚虹還未深入花叢，亂叫堂差（按堂差即是叫局，依我的考證，應為堂唱。吳語「唱」與「差」為雙聲。）朋友們稱他為打游擊，但沒有一個中選當意的。這時，曼殊忽發言道：「他昨天在惜春老四家，見一女娃兒，頗嬌憨活潑，可取材也。」鵷雛說：「和尚正法眼藏，必無錯誤，何妨叫來一看。」曼殊道：「我不破戒叫堂差，我想介紹給幾庵兄（倚虹字），來一個『打樣堂差』如何？」我說「好！」取出局票來，曼殊道：「你只寫三馬路樂第好了。」花箋飛去，不及半小時，樂第來了。……樂第誠如曼殊所說的有嬌憨活潑之致，號稱十六歲（上海租界工部局章程，非滿十六歲，不得為妓女），其實不過十五歲。面帶圓形，一笑有兩個酒渦，雙瞳如點漆，雖說不出怎樣的美，而令人見之覺得是可喜。坐在倚虹背後，不言亦不語，倚虹握其手，惟作吃吃笑。大約坐不到十五分鐘，匆匆即去，臨走時，說一句「請來叫」，這也是她們出堂差的常套。既而我問倚虹道：「這一本薦卷如何，能中主試之目否？」他不置可否，實則心已好之。當時自曼殊以及在座諸君，以為此不過打樣堂差，如驚鴻一瞥而已，誰知這一個娃娃，竟支配了倚虹半生的命運，這真是佛家所謂孽了。……

原來畢倚虹相識樂第是蘇曼殊介紹的，包先生說這個娃娃竟然支配了倚虹半生的命運，但怎樣支配法，包先生文中似乎沒有交待，只說到他重來上海，重入時報館，離婚後再娶，不久第二夫人死了，半年後，又娶一位太太，幾個月後，倚虹就死了。

引致倚虹和楊芬若離婚的人，不知是否那個樂第。包先生文中說倚虹再來上海，已和她疏遠了，難道後來又碰在一起，於是倚虹虹冷落了在杭州的嬌妻，李鳳來乘虛而入嗎？《星光》所刊倚虹那篇小說叫〈離婚後的兒女〉，說自己離婚後兒女的苦楚，同書中王西神那篇〈十七年後的離婚〉，說的是倚虹因納妓花想容（或即影射樂第）為妾，楊芬若一怒，也自由行動，常往戲院找對象，致為浮浪子弟李鳳來所勾搭。

據包天笑先生說，倚虹和芬若一共養下四子三女，長慶昌，次慶康，三慶芳，四慶杭。慶杭在三十年前已加入共產黨，一九五〇年以後，在駐印度大使館做一等秘書，並迎養她的母親楊芬若。畢慶康我倒有和他一面之雅，那是倚虹逝世十四年以後的事了。抗日戰爭期間我在香港，有一次老友蔡致通在家中請客，他本和我在中國銀行同事，後來劉攻芸入中央信託局做副局長（張公權拉他去的），就把這個得意門生也移了過去。座客中有個廿四五歲畢姓青年，我心想這人不知是不是倚虹的後人，故意問他是揚州人嗎？他說是。我暗想有幾分中了。又問他，「你們揚州人有個叫畢倚虹的，認識嗎？」他答：「是我的父親。」我見他生得很英偉，談吐還不十分粗俗，便約略問到他們兄弟姊妹的近況。《釧影樓回憶錄續編》說：

> 最後，我還要記述一筆，倚虹長子畢慶昌，是研習地質學的，當陳儀在台灣當長官，他是台灣關於地質部分一個機關的主任，我在台灣時，他來訪過我兩次，是個溫良摯厚的人。次子畢慶康，在上海商業儲蓄銀行以練習生升為行員，後及又入國家金融某機關，最後又經商至南洋各埠，在曼谷遇一華僑富商，見之大為賞識，招之為快婿，關於船務經營事，均由他主理。（按：慶康入上海銀行做練習生，是天虛我生介紹的。）

姚賡夔的小傳，作者沒有署名，不知出何人之手。它說：「姚君賡夔，字鳴韶，別署靜香樓主，吳縣人也，年僅十八，所作已多可觀。現肄業於蘇州工業專門，治土木工程之學，而課餘之暇，每以著作寄上海各雜誌報章，故海上各雜誌報章間，時得見君之著作矣。近君與范君菊高輯《諍友》，頗相得。二君年相同，學相若，皆年少多才人也。君著作時有奇癖，桌上陳書籍文具等必使勿整，整則雖隻字不能出，是亦怪矣。君嘗為長篇小說一，曰〈茶寮春秋〉，刊《蘇州公報》中，描寫頗工，見者莫不稱道之云。」

原來一九二三年那時，姚蘇鳳才十八歲，看他登在《星光》的相片，果然「嬌小玲瓏」，不負「姚小姐」之稱。他在香港主編《星報》晚報時，兼輯副刊，有「某夫人信箱」一欄就是他搞的。和他同事的某君說，蘇鳳很女性化，修飾雅潔，甚至有時還敷粉呢。姚賡夔這人，自一九二三年時我便留意他，一九三九年他編《星報》副刊時，朋友介紹我去寫稿，一兩月後，他約我見面，一副尖瘦的臉型，一舉一動，頗帶點女性美，我心中暗笑，無怪十八七年前上海有人稱他為「小姐」了。一九四一年日寇攻佔香港，蘇鳳轉入內地，到了重慶，和平後，他又回到上海，在電影界工作，一九七四年逝世。

俞天憤的小傳是趙眠雲作的。「俞君天憤，常熟人，好作社會小說，狀下等社會之生活，富翁之貪客，惟妙惟肖。……最初之作，多載《小說叢報》中，其單行本僅有《薄命碑》、《鏡中人》、《繡囊記》及兩探案耳。」

原來俞天憒是徐枕亞的親戚，又是翁同龢的親戚（父名金門，翁氏外甥，翁日記中常見金門之名。據俞天憒在《逸經》半月刊撰稿，翁氏的遺摺，是俞金門撰寫的），怪不得他在常熟無人不知俞憒的大名。自金門死後，他遵遺命，不作無聊的小說，轉而究心佛學。

徐卓呆小傳署名嘖嘖，不知什麼人。「徐君卓呆在二十年前，為我國輸入學校體操之第一人，在十二年前，又為我國提倡新劇的第一人，第今日已不彈此調，注其全副精神於著述矣。其小說自稱『神經病之排泄物』，滑稽新體詩《不知所云集》乃徐君最近得意之作，亦其滑稽之結晶品。」

徐卓呆是蘇州人，名傅霖，在日本時已經和歐陽予倩等人努力提倡新劇，回國後又開辦中國體操學校，培育體操教員。一九五三年以後，他在上海還出過一本書，是談上海舊事的，一九五九年十一月廿八日在上海逝世，年七十八歲。

姚民哀的小傳是自己寫的，略說：「小說家云何哉？楊子所謂雕蟲小技耳，何足道也。民哀行年三十一歲矣，世居虞麓，稍長浪游南北。……民哀生於吳門之山門巷，小時多病，長又失學……光復之時，竊嘗學軍旅之事也，雁行魚貫，斬將搴旗……幸能樂道安貧，賣文餬口……常熟姚民哀應《星光》之命，自述於滬濱之花萼樓。」

王天恨的小傳是范菊高作的：「泰縣王得泉君，字益吾，號恨廬，別署天恨，年二十一歲。……著有長篇多種，或刊之日報，或單行成冊。始為言情，繼為社會，今則為偵探矣。……君能詩，曾為家兄烟橋題《鴟夷釀詩圖》，步韻成七律五章，妙句如珠，固不僅以小說鳴矣。」

張慶霖小傳出趙眠雲手，「張君慶霖，字病鴛，喜弄翰墨，其為短篇小說，冷雋異常，散見於前之《小說叢報》及京津各日報者至多，為吾黨之健將。」

以上是上集所載的小說作者十二人的小傳，其中最早死的是一九二六年的畢倚虹，最後死的是程小青，他晚年多病，後來也碰上四人幫的迫害而死。至於俞天憤、王天恨、張慶霖，早在一九四九年前的內戰中逝世。

下集的作者十二人，短篇小說十二篇。第一篇的作者是江紅蕉，小傳是范烟橋所作：「吳門江紅蕉，為小說界之紅客，編輯《小申報》及《家庭雜誌》，頗有聲譽。其為小說寫兒女之情，細膩熨貼，如畫中宋元小品也。……」

江紅蕉是吳縣人，名鑄，是包天笑的親戚，他學寫小說是受到包公和畢倚虹所慫恿，他雖是新文學家葉聖陶的妹夫，但不喜歡新派作品，一九七五年受四人幫荼毒而死。

貢少芹小傳是何海鳴作的：「貢君名璧，字少芹，一署天懺，江都人，邑之優廩生。光復前，余主漢口《大江報》筆政，君適就《中西日報》之聘，曾讀君所製之《亡國恨》、《蘇台柳》、《刀環夢》諸傳奇，以為可奪古人之席，因與君交。君文固豪放，人亦抗爽無城府。……及民軍起義，余入軍政府，邀君創辦《新漢報》，比漢口失守，余及君幾瀕危，蓋生死交也。……去歲，君主《小說新報》，抵書約余製小說，雖該書局短我值，慫我期，而余作無間斷者，與君摯也。君歷充各書局編輯，成書有百餘種，行諸世。……」《小說新報》是一九一五年創刊的，初時由李定夷主編，一九一九年，改為許指嚴，一九二三年才由貢少芹接手，不到一年，便和該出版的機構國華書局不合，辭職而去。

吳雙熱的小傳是自作的：「《星光》編者書來，囑自草小史，握管久之，詎乃無從下筆，無已，乃憶述梗概。予初能文，便喜專攻稗官家言，曾草短篇曰〈啞教員〉，投刊《上海時報》，更草理想短篇曰〈夢之小學〉，投刊上海中華書局，由是益放胆為之，則撰零星諧著、長短說部，絡繹投刊於上海《民權報》，而未嘗索酬，主辦者周少衡，遽以函招，委編文藝，此余小說生活之發祥時代也。……」吳雙熱和徐枕亞在民國初年以駢儷文體寫小說，很受到讀者歡迎，儘管後來新文學家惡意斥為鴛鴦蝴蝶派文體，但這種文學居然能在全國各地流行，愛讀小說的人幾乎人手一本，可見它影響之大，其能深入民間，遠過新文學家提倡的歐化文體。所以新文學家就把徐枕亞、吳雙熱號稱為鴛鴦蝴蝶派的巨子。吳雙熱自作的小傳，歷述他創作的經過，末後又說跟他學寫小說的弟子有數十人之多，刊在《星光》的那篇〈詩圓記〉是他的弟子王亞丹所作，潤色後寄給《星光》的。

吳雙熱名恤，常熟人，和徐嘯天、枕亞兄弟同鄉友好，三人又再結金蘭。民國六七年間，他和徐嘯天應廣州《大同報》之聘，主持報務。《大同報》是廣東某些政客所辦的，他們見《民權報》在上海辦得有聲有色，反對帝制，致遭袁世凱封閉，那麼吳雙熱其人者，必定是辦報高手，便滿肚密圈，請他到來主持。豈知這批外江佬只能在上海稱雄，一到廣州，人地生疏，語言不懂，便時時鬧出大笑話。有一次新會縣的通訊員寄來一篇通訊，詳細描寫「巡城馬」被暗殺，以致好些人家收不到過年錢，狼狽不堪。吳雙熱不知巡城馬是什麼，認為死了一頭馬有什麼了不得，大驚小怪的報導一番，順手把它扔入字紙簍。怎知第二天廣州市各報都拿巡城馬被殺做頭條新聞，而《大同報》卻一字不提，銷路大跌。老板問吳雙熱為什麼不登這段新聞？他便把「傷人乎，不問馬」的孔子哲學大講一番。後來有人對他說巡城馬非馬，乃是人，所謂巡城馬者，往各鄉遞交信件、銀錢的專人，俗呼巡城馬。如果他虛心肯請教一下本地人，便不致開此笑話了。

吳雙熱喜作幽默詩詞，和他同到廣州的一個同事，剃鬚後穿西服攝影，居然翩翩少年，請雙熱題詩，他馬上題云：「有鬚那及無鬚好，有鬚形老無鬚俏。快快回鄉討老婆，廣東不要外江佬。」不久後，《大同報》日走下坡，快要關門大吉了。於是「廣東不要外江佬」那三四個外江佬也就回上海去。

范佩萸小傳是他的哥哥烟橋所作，很是簡略，略說他比菊高大三歲，能讀英文小說，英文幽默小品已譯了千多段，快要中學畢業了。

徐枕亞小傳是趙眠雲寫的：「海虞徐枕亞，名覺，別署東海三郎，近又號泣珠生。夫人名蕊珠，蓋其悼亡而誌痛也。……先生好治小說家言，曾為上海《民權報》主筆，撰《玉梨魂》說部。寫哀情能感動一切，讀者為之淚下。後印單行本，行銷至二十餘版不衰。又主辦《小說叢報》，銷數之盛，達一萬餘冊。旋以叢報內部有意見，乃脫離而別創書局曰清華，雖資本短促，未能大成其業，而社會人士之崇拜先生者，日日盼其新著不鮮。……」

周瘦鵑小傳，是許廑父所作的，摘錄如下：「今社會愛讀小說者，殆無不知有青年小說家周瘦鵑氏也。吳門人，六歲喪父，家貧甚，壁立如洗，母以賢孝著於一鄉，尤善女紅，賴十指所入，支持家用。然瘦鵑則賴以成立……年十七，始為小說家言，會當新劇萌芽時代，而瘦鵑出其新意，假暑期成《愛之花》劇本，售之商務《小說月報》，得十六金，以補家用，數雖微，自母氏視之，雖鉅富不啻矣。自此瘦鵑益信小說之文，可售以謀生，遂竭其心血才力，專注於稗文野史。性奇慧，富理想，其所為文，清靈秀麗，狀社會人事，能刻劃入微，每一篇出，不崇朝而萬人爭讀，數月之後版且再三矣。嘗主海上《新申報》之『自由新語』及《小申報》副刊筆政。繼入《申報》主『自由談』，復於其間主先施公司之《樂園日報》。入中華書局主編小說，其於雜誌方面，有與鈍根合纂之《禮拜六》，與苕狂合纂之《游戲世界》。至辛酉（按：民國十年，一九二一年）辦《半月》，尤風行一時，壬戌（一九二二年）夏，出其餘力，編個人小雜誌曰《紫蘭花片》。紫蘭花者，以瘦鵑生平所愛為紫羅蘭，其所居在上海西門，植名花甚夥。……瘦鵑今為二十九歲，待人和厚，雖享盛名，而謙恭益甚。生平無嗜好，每日治事十五小時，常自稱日文字之勞工云。」

一九一一年瘦鵑十七歲，便寫了那篇〈愛之花〉小說，後來他成名，上海各劇場把它改編為劇本，都很能叫座。他登在《星光》的這篇文字，雖名為「小說」，而卻是散文。題目叫作〈我想蘇州〉，全文都是談記憶中蘇州的風物。文章每一段都用「我想蘇州」四字開頭，例如有兩段說：

> 我想蘇州，我總要想到那鸞鈴琅琅的騾子，我曾和天虛我生父子、李常覺、丁悚、涂小巢等騎著過山塘街，騾夫跟在後面，則則的喊著。涂小巢是個胖子，卻騎著一頭瘦騾，我很替他們兩位仁兄担心。
>
> 我想蘇州，我總要想到李公祠中的臨時狼虎會，大家搶蟹吃，小蝶和他的老弟阿寶，坐在兩廡茶几上吃蟹，李常覺便調笑天虛我生說：你是華太史，你兩位令郎真像是華文華武

啊！大家都和著笑，連口中嚼的蟹肉都噴了出來。

文中的天虛我生、李常覺、丁悚早已謝世，涂小巢不詳，小蝶就是今日客居台北的陳定山，亦已八十二歲了。周瘦鵑在抗日戰爭後住在蘇州，專心園藝，文革時，被紅衛兵折磨，自殺身死，死時不過七十一歲。

許指嚴小傳，撰者署名鈕農，不知何人，據說是他的學生。現在摘抄如下：「許先生原名國英，字志毅，別署研耕廬主，江蘇武進人，余問業師也。初從事教育界，繼受商務書館聘任編輯，曾輯《中學國文》、《史學講義》等書數種。……光復初，幾以病廢，旋出應金陵高師聘，教授國文。……常以小說筆記自遣，以性嗜舊聞，乃羅掌故，課餘輒記其先人所述，成《南巡秘記》等數種，滬上書局得之，居為奇貨，時人咸慕盛名，索稿者接踵至。……」這位許指嚴先生所編的《國文讀本》四冊，我在舊制中學時代也讀過的，舊制四年畢業，每年一冊，由淺入深。這部書在民國元年至十七八年，在各中學校中很流行，再版至十數次。他的掌故筆記，也曾把我騙過了七八年，他的《南巡秘記》、《十葉野聞》，多道聽塗說之詞，甚至平空製造，羌無故實。《南巡秘記》記乾隆為海寧陳家子，和珅為雍正妃轉生，更是荒誕絕倫，毫無史學常識，鈕農還說他精於史事，真不知所云。當日的出版界因為他喜談掌故，便吹捧他稱為「掌故家」，拆穿了就覺得好笑。一九二二年，他因為貧極無聊，又等著錢買酒吃，世界書局送錢給他，請他寫部《石達開日記》我以為真是四川藩司衙門所藏的真本，買來一讀，才知是贋品。十幾年前我曾在《星島日報》作文辨正，並揭其偽了。

顧明道小傳，無署作者姓名。「顧明道先生字景程，別署正誼齋主，吳縣人也，年少才高，尤精西文，今執教鞭於吾蘇振聲中學校。……憂國事之紛紜，每乘課餘揮其健筆為小說，海上有名之月刊雜誌，類多見其著作。曾出版《明道叢刊》、《啼鵑》兩書風行海內。聞今歲受人之請，更撰武俠秘記及短篇小說。……」

顧明道的武俠小說，在一九二五年後，竟然風魔了大江南北的好此者，他的名作《荒江女俠》載《新聞報》副刊「快活林」，印單本後，出至六集，其它如《虎嘯龍吟錄》，《俠骨恩仇記》等，都能風行一時。香港武俠小說名手，大都能發財，但顧明道卻在抗日戰爭期間，貧病交迫而死，年尚未五十。

范菊高小傳是他哥哥烟橋作的：「壬戌長夏，移居吳門，新居涼爽，頗能述作，次弟菊高，以休假歸，偶為小說家言，來問瑕疵，近更肯用心作偵探小說，余愧未能焉。社友程小青殊許其有妙思，今年十有七，著述近十萬言。」范菊高現時還生存，已是七十二歲的人了，近年患癱瘓，不能行動。

程瞻廬名文棪，小傳是自作的：「吾在二十歲左右，肄業紫陽校士館，二十五歲左右，畢業蘇省高等學校，謬充該校中文學長，考試屢列前茅。三十歲左右，屢執教鞭，最長久的是景海女校的國文總教。吾對於教育事業，有些倦了，近十年來，最喜在各報各雜誌把拙作發表，已出版的單行本，商務印書館有長篇七部，中華書局一部。……程瞻廬自記。」

程瞻廬寫稿，也和包天笑先生那樣，用毛筆書寫，字體端正。不過他比包先生還要敬恭將事，包先生的稿，有時寫錯了就點去另寫，程先生卻不然，逐句加朱圈，遇佳句還加雙圈，有錯句錯字，一定要挖補後重寫，好像考進士舉人那樣，補得天衣無縫，所以他的手稿非常清晰，全篇著不見有塗改的地方，如果在香港這樣文綯綯的賣稿法，其不餓死者幾稀！

鄭逸梅小傳是趙眠雲所作：「鄭君逸梅，本姓鞠，出嗣外家，因姓鄭焉。名際雲，別署紙帳銅瓶室主。……肄業江蘇省立第二中學校，為文出儕輩上。……於書無不覽，博聞強記，尤酷嗜說部，因戲筆作小品。時《民權報》文藝，為海上各報冠，君郵稿去，以吳雙熱主任獎借，乃約君續撰文字以贊佐。……」

《星光》下集的作者十二人，到今日仍生存的，有范菊高、蔣吟秋、鄭逸梅三人，除范君病廢外，蔣吟秋年已八十二，體力衰頽，已少動筆，獨鄭逸梅還能時時外出訪友，常和海外朋友通信。他今年八十四歲了，十年前已退休，亦未受到四人幫迫害，每月還有豐富退休金領取，所以生活很是舒適。

蔣吟秋的小傳是自己寫的：「予平江人也，性閒靜，耽吟詠，有藝花癖。近在滄浪亭畔藉圖書以自娛。……無事輒閉門謝客，草小品文字以遣興。……蔣吟秋自述。」他今年已八十二歲，六七年前從蘇州的一所圖書館退休，他的自述中說「近在滄浪亭」云云，大概就是指他在圖書館工作，難道這一職務他幹了三四十年？

從文學觀點來說，這部《星光》的作品，實在是不敢恭維，雖然大部分都是用語體文寫的，但那種語體文，還是和舊式的章回小說一樣，常常用「彼」、「其」等字作第三人稱，至於內容貧乏，描繪技術低劣，則更為餘事。不過這二十多位作者，也曾在三五十年前的上海文壇活躍一時，他們的小傳尚可作文學參考材料罷了。書中還有些附屬品，我覺得很有趣，藉此可略見一九二三年前後，江南某些藝術家賣藝的情況。《星光》有幾段小補白（都是詩詞，作者有呂碧城、袁寒雲、張丹斧、胡石予等人）和十多張書畫家的筆單告白。現在從這些潤例中略談一下。

從這十多個書畫家的潤例，可見到大名家和小名家有怎樣的大分別，在當日未成名，十年後享大名的又怎樣，又可以從他們的題語中，略窺見他們的性情。

登告白的那十三位書畫家，嚴格說來，夠稱得上是書畫家的，不過六七人而已，其餘幾個，不過會寫幾筆字，靠著「小說家」或文人的銜頭，也學人家出個筆單，究其實，他們的書法是一無足觀的。這十三位書畫家是：顧鶴逸、翁印若、鄧鈍鐵、吳待秋、王西神、錢病鶴、胡石予。這七人的藝術都有相當水平（其中只有錢病鶴的畫較為庸俗），至於許指嚴、徐枕亞、徐天嘯、范君博、何海鳴五人的書法，比較上許指嚴的頗見工夫，范君博的字雖學北魏，但全是清道人面目（上海的小報《晶報》報頭，就是他的大手筆，不知道的人誤以為清道人所書）。何海鳴的字還不很俗，徐枕亞兄弟的就俗不可耐，簡直惡札。沈立之不知什麼人，他的書法從未見過，我曾問過鄭逸梅也不知他是何許人。現在我就跟著上列的人名次序，來談談他們的潤例。

顧鶴逸的潤例，題「顧鶴逸畫例」五字，小引云：

> 西律老矣，身既多病，目亦漸昏，而索畫者日趾相接，慮無以謝絕也。客謂盍高其價以卻之。顧自問所造，元明尚未知位置，況由宋而唐六朝？頗為嗜痂諸君不值也。客曰：「懷瓘好事，不著畫估，值不值固未易言，子如賈而欲贏而惡囂也，莫如予計善。」

遂改訂潤例如下：

他新訂的潤例，自說增高價值，從壬戌年（民國十一年，公元一九二二年）正月初一日起，改新例。以前的潤例多少，我不知，但自壬戌以後，的確漲得頗令人咋舌，計：摺扇每件二十四元，紈扇十六元，尺頁以一尺為率，每幅三十元，逾尺遞加。手卷同，限至六尺止。立軸每尺二十五元，至四尺止（橫幅加二成）。屏條每尺二十元。點品及青綠均加倍。收件處：蘇州護龍街本宅。

這個筆潤在當時頗為一般人所議論，認為貴得離譜，以立軸而論，每尺廿五元，以四尺計就一百元了，加一成磨墨費就是一百一十元。如果是青綠的，就是二百二十元，在五十五年前，以二百元請個現代畫家寫一幅畫，非富豪不辦。柴蕚在《梵天廬叢錄》中，對顧鶴逸這樣加價，大有微詞，他說林琴南因為吃飯的人多，增加畫潤，八尺的立軸，只取值四十八元，而顧鶴逸的八尺（其實限至四尺）要二百元，「兩相比對，林潤廉極矣。或云：五百年後，林畫之值，或高於顧，天下巨眼不多，一時高下，固未為定也。」這是說得很對的。其實不待五百年，林卒於一九二三年，顧卒於一九三〇年，以今日香港的市場而論，林琴南的畫較多人購買，價錢比顧的大許多。以畫的高下而言，兩人都是四王面目，絕無新意，不過顧的天份和功力比林稍高，而林的名氣比顧大，所以林畫比顧畫較易售出。

顧鶴逸名麟士，號西津，是名重江南的過雲樓主人。樓在蘇州鐵瓶巷，是他的祖父顧文彬建來收藏書畫的。文彬著有《過雲樓書畫記》，一九二七年鶴逸又著《過雲樓續書畫記》。

畫家翁印若，名綬祺，本是前清一個風雅官僚，當年為陸小曼推拿的翁瑞午，便是翁印若的兒子。他的潤例標題作：「翁印若癸亥年書畫潤格」，接著自題二絕句云：「性情剛愎不宜時，天與愚夫筆一枝，稅取硯田方寸地，好將饘粥慰棲遲。田園家計為官貧，福命齏鹽不可爭。贏得虛名清白吏，他年知己楮先生。」書例：紈、摺扇、冊頁，每件四元，對聯每尺一元半，屏條每尺二元，立軸每尺三元，堂扁每字五元，金箋、篆書均加倍。餘件另議。畫潤：紈、摺扇每件十元，冊卷每方尺十二元，屏條每尺八元，五尺以外每尺十元，立軸每尺十元，五尺以外每尺十四元。四五六尺全張堂幅，每尺十六元。青綠、點景、金箋均加倍。極大極小之件另議。書畫隨封均加一成，先潤後件。寓上海梅白格路鑫益里五百十二號，本社亦代收件。

近四十年享盛名的糞翁，當時還有姓，姓鄧，名鈍鐵，一九五〇年後，恢復原姓，去糞翁的怪名，名散木。癸亥是一九二三年，他出筆單時，書法、篆刻還未大有成就，不敢作怪，一九三〇年以後，他的藝術有了相當造詣，就去姓，以糞翁二字行。他的潤格題「鄧鈍鐵書刻約言」，開頭寫了一篇小序說：

「擲碎鐵如意，還我金叵羅」，此不慧自書聯語也。讀此聯者，知不慧之溺於酒也。固酒人

> 不自檢，分也，不慧畏檢，如畏就大辟，脫然縱放，幾得出乎常軌，謂將抱此金叵羅顛倒黃公壚畔以終耳。不慧鮮友，則客氣相擊戾使然，非能虛而谷受者，罔勿揮斥之千里而外。然而有好之者焉，以不慧為能書，以不慧為能刻。夫書若刻，藝人事也，世之藝人者，卑其辭氣，效為犇走，豢其藝比貿遷，藝之高下無論已，以為藝人，則世固無藝人；自酒人視之，直乞祭餘於墦墓者耳。不慧家甚貧，而自審其藝或小有異乎世之藝人者，則友好之好不慧藝，似乎在牝牡驪黃外矣！環顧四極，有木然如不慧者乎？鼓而自滿，約而自堅，誠不欲以木然此身與世相周旋。於是與諸君約，約曰：不慧非藝人，亦不樂為藝人，更不欲以藝事奸世，有固好不慧之書若刻，而期在必得者，請如左約。不慧雖貧，虀粥之供，差堪自給，彼儻來者，其或逼我，則將期之於醉鄉。
>
> 書約：楹聯每對五元，堂幅每幅十元，屏條四幅十元，齋額每件五元，堂額每件十元，橫幅每件五元，扇冊每頁二元。碑志另議，市招不書。（以上各件，不論大小皆如約。）
>
> 金石約：金章每字十元，石章每字五元。
>
> 來文立索不應，劣紙、劣石不應，一個月取件。收件處：上海三馬路蟫隱廬，浙江路清和坊，中外日夜印務局。本社亦代收件。

鄧鈍鐵那篇短文寫得很古雅，又風趣，把一肚皮不合時宜盡量吐出來，不愧藝人本色。鄧君這時候不過三十歲左右（似尚未滿三十），書刻兩藝，還未能和同時的陳師曾、童大年、吳昌碩比擬

（師曾是年秋間謝世），他的篆刻賣得這樣貴，固然是他自命不凡，但一般人就批評他荒謬了。他在上海也不是全靠寫、刻過活，是在華安人壽保險公司當文書的，一九二九年後，他才取名糞翁。他的書齋叫廁簡樓，又叫三長兩短齋，倒也很幽默。他到了晚年，移居北京，因病割去一腳，又自稱一足。

吳待秋的潤格，標題書「袌鋗廬山水潤格」，他是浙江石門人，單名一個徵字，父親名滔，在同治光緒間有名的畫家。他的筆潤是：堂幅三尺二十六元，四尺三十八元，五尺五十元，六尺六十八元，八尺一百二十元。條幅每張視堂幅減四成，加潤不及半者減二成。橫幅整張視堂幅加半，狹長者作手卷論。手卷每尺十元，不及尺者同，過尺加半。冊頁與手卷同。扇面每張八元。畫圖點品均加倍，著色加七成，冷金加倍，泥金加兩倍，摹古另議。佛像視山水加三成，著色不另加。花卉視山水減四成，梅花減二成，點品減二成。以上均外加磨墨費一成。石門吳待秋重訂。通訊處：上海閘北寶山路寶山里東四弄五十五號。

詞人王蘊章（西神）的筆潤標題「西神殘客鬻文書例」。例前他寫有一首〈沁園春〉當作小引，錄如次：

非人磨墨，乃墨磨人，莫笑詅癡，笑少年書劍後車誤中，半生鉛槧，覆瓿同嗤。蓮幕紅凋，荷衣緇化，畫盡蛾眉不入時。蹉跎處，試朝來看鏡，鬢已成絲。無端浮海乘桴，但盪氣迴腸感不支。算東塗西抹，前塵如夢，五張六角，許事誰知。江上秋心，人間哀曲，伴我窮愁只有詩。無聊甚，學板橋先例，賣賦陳詞。

在同時，他在周瘦鶴的《半月》雜誌的潤格前，亦以小詩當序，我記得是這樣的：「短墨磨人不自聊，秋心卷盡雪中蕉。家風遠媿紅鵝換，潤筆親題學板橋。」

王西神的文例是：壽序五十元，詩詞題件每首二元，序跋頌誄雜文每篇十元，碑誌一百元，楹聯每聯二元。價錢並不貴。書例是：壽屏每幅五元（篆書六元），楹聯四尺三元，加一尺一元。中堂四尺四元，扇冊每件二元，小楷工書倍值。磨墨費加一。收件處：滬江大學，電話東一百廿三號。蕁農王蘊章自訂，本社亦代收件。

錢病鶴以寫人物仕女著名海上，潤筆標題作：「錢病鶴人物仕女畫例」。堂幅：三尺六元，四尺八元，五冊十二元，六尺二十元，八尺三十元。屏條照堂幅減半。橫披整張同堂幅，對開同屏條。冊頁、手卷每尺二元，紈摺扇每面二元。點品工細、補圖、金箋等加倍。花卉、鳥獸、虫魚均七折，山水加半。潤筆先惠，約期不誤，遠道函寄，郵力自給。收件處：上海閘北公益里三衖二百六十七號。

南社健將胡蘊，筆潤標作「胡石予畫梅潤例」。屏條三、四尺每條一元，五、六尺每條二元，七、八尺每條四元，橫幅同，整張倍之。扇冊每件二元，先潤後畫，十天取件，磨墨加一。收件處：蘇州草橋中學，崑山蓬閬鎮。代訂者：姚石子、范君博、柳亞子、趙眠雲、高吹萬、范烟橋、余天遂、鄭逸梅。

胡石予號介生，崑山人，久任草橋中學教師，顧頡剛、葉紹鈞、江小鶼、吳湖帆、范烟橋、江紅蕉等都是他的高足。一九三九年抗日戰爭時，他避居安徽銅陵，因病逝世，年七十二歲（生同治七年）。這張潤例之後，有他所作的「石予戲題諸友代定畫梅潤例後」七古一章云：

鯫生畫梅三十年，題畫詩亦千百首，
用覆醬瓿糊敗壁，差堪勝任他否否。
乃者索畫人益多，禿盡霜毫如敝帚。
為勸潤例一再加，嗜痂逐臭來諸友。
都說此非造孽錢，可購書讀可沽酒。
荒荒世界萬花春，一笑從之忘老醜。
（他寫此時是五十六歲。）

許指嚴的潤例標題：「許指嚴癸亥鬻書直例」，首附一詩云：「海上蹉跎二十年，醉舒白眼望青天。兔毫禿盡身垂老，換得人間買命錢！」滿腹牢騷抑塞之氣，浮於紙上，文人至此，也可說不幸之至了，三年後，許君即下世。他的潤金頗高，楹聯八尺十二元，七尺十元，六尺八元，五尺六元。堂幅同楹聯。屏條以每條計，如楹聯減三分之一。橫幅，整幅同堂幅，半幅同屏條，扁額一尺以內每字二元，二尺每字六元，三尺每字十元。市招同扁額。扇面字二元，卷冊每尺二元。以上泥金加倍，蠟箋加半，楷隸篆均加倍。劣紙不書，潤資先惠，約日取件，墨費加一。上海收件處：北浙江路華興坊總街彈華閣文藝社，常州收件處：周線巷五十七號本宅。本社亦代收件。（彈華閣是他的寓所，收門徒教寫詩文小說的。）

「二徐書約」是徐天嘯、枕亞兄弟同訂的。扁額每字二元（以一方為度，過則遞加，市招加倍）。堂幅丈二尺八元，八尺五元，六尺四元，五尺三元。楹聯丈二尺六元，八尺四元，六尺三元，五尺二元。屏幅丈二尺每條五元，八尺三元，六尺二元。橫幅整幅與堂幅同，牛幅與屏幅同。炕屏每條一元。冊扇每件一元。（一）篆隸真草，任意指定。（二）對聯之字數及堂軸掛屏等之行數，索者如欲指定，潤須加倍。（三）壽屏、碑志等書潤另議。如有須撰述者，亦可酌議。（四）潤金先惠。（五）外埠函索，郵費自給。（六）金箋加倍，油光劣紙不書。（七）磨墨資每元加一角。收件處：上海交通路清華書局，本社亦代收件。

「范君博書例」是袁寒雲、宣古愚、張丹斧代定的。介紹幾句話：「吳門范君博先生，詩書畫三絕，尤工於書，北碑雁行清道人，楷法抗行趙聲伯。裙屐少年中第一書家也。同人爰為代定潤例如左」。扁額一尺見方，每字一元，堂幅四尺二元，對聯四尺二元，屏條四尺四元，扇面每面一元。以上大則照加，其餘壽屏等件面議，劣紙不書，市招不書，磨墨加一，潤資先惠，半月取件。收件處：蘇州察院場口范源泰顧繡莊。

何海鳴的潤例十分商業化，廣告的當中印一星，中有「優待券」三字。標題作「何海鳴書贈對聯」。楹聯四尺四元，逾一尺加一元，遠地外加紙費郵費半元。茲為優待《星光》閱者起見，凡剪下是券，照潤例減收一元，每對一券，並附贈《僑務旬刊》全年。收件處：北京崇文門內五老胡同十八號，衡陽何宅。

最後要談到的是沈立之，不知何人，題作「沈立之畫例」，畫題下有康有為介紹詞云：「沈中校立之，將軍不好武，而隱於畫，為鄭大鶴入室弟子，深得石田、四王之法，蓋湯雨生之後軌。大鶴仙去，畫不可得，盍求之沈君？南海康有為識。」他既是鄭文焯的學生，作品必有可觀，錢瘦鐵也是大鶴門人，也許和沈君相識，可惜未問過他。山水潤例：堂幅每尺二元，橫直一律。屏條減半，扇面冊頁，每件二元，青綠、泥金倍潤。手卷、補圖、點景另議。劣紙不畫，先潤動筆，磨墨加一成。收件處：蘇州護龍街德安里五號。

《星光》的作者大半已作古人，而刊登潤筆的書畫家，更無一人存在，他們之中，有幾個的藝術水平很低，他們的作品久已無人過問了，但人們讀到了這些潤例，還能指點其名字，那麼，《星光》對他們也算有些裨助吧。

前文中提到民國十二年癸亥（公元一九二三年）鄧散木所定的潤例，石印每字五元，說他的造詣萬不能和同時的吳昌碩、陳師曾比擬，定得這樣貴是會受人批評的。記得陳師曾這時候的篆刻潤例，每字似乎是四兩，和吳昌碩相同。現在找到一張吳昌碩親筆所寫的「缶廬潤格」，民國八年己未（一九一九年）重印的。潤格之前有一小詩和小引，盡錄如左：

衰翁新年七十六，醉拉龍賓揮虎僕。
倚醉狂索買醉錢，聊復爾爾曰從俗。

舊有潤格，鍥行略同坊肆書帙，今須再版，余亦衰且甚矣！深違在得之戒，時耶境耶？不獲自己，知我者亮之。

堂扁卅兩　齋扁念兩楹聯三尺五兩、四尺六兩、五尺八兩、六尺十二兩

橫直幅三尺十四兩、四尺十八兩、五尺廿四兩、六尺卅二兩

條幅視整張減半　琴條六兩

紈、摺、扇、冊頁每件四兩，一尺為度，寬則遞加。

山水視花卉例加三倍

點景加半　金箋加半

篆與行書一例

刻印每字四兩

題詩、跋每件卅兩

磨墨費每件二錢

每兩作大洋一元四角

己未元旦老缶自訂于癖斯堂

這張潤格單上有吳昌碩親書的「五尺絹本篆書一張，十二兩二錢，合洋十七元〇八分」字樣，下面還加蓋吳昌老的印章，可見老輩處事一絲不苟及認真一斑，也等於吳昌老親筆書寫的一張收條呢。

己未以前，吳昌碩的刻印潤金，似乎還是每字四兩。這四兩銀子，是吳昌碩所收的，並沒有加一成或二成之例，有之，就是代理他的潤例那些南紙店了。戊午年（一九一八年）十月，先叔父蘊琴先生往京滬游歷，先到上海住了一個多月，由童大年、趙子雲陪同往拜見吳昌碩。蘊琴公「幫襯」吳昌碩書畫篆刻已有年，這次還是初見面。蘊琴公的慣例，凡請當代名賢作書畫篆刻，一定照所訂的潤格加一致送，吳昌碩也知道的。一九四六年，我在上海和童大年相遇，他談到戊午年陪先叔往訪吳昌碩事。童大年對蘊琴公說：「聽說吳昌老明年起將增加潤例了，刻印每字五兩，您如要找他刻，應在年底以前送去，一過新年，就要貴好些了。」蘊琴公答他，貴多一二兩銀子，不是大事，不必急急。現在見吳昌老己未年所訂的潤例，仍是四兩，並沒有加價。又據童大年所說，這時候，吳昌老年邁，他們令子藏龕就乘機作亂，和某些南紙店、箋扇莊勾結，收到篆刻筆潤，由他假冒老子所作，把吳昌老的筆潤吞了五六成，有一次吳昌老發覺這個月少了許多生意，自歎倒霉，要緊束家用，怎知是他的少爺在搗鬼呢！

狀元女婿徐枕亞

傑克

本文為名作家傑克先生所撰寫；先生與民初著名小說《玉梨魂》及《雪鴻淚史》作者徐枕亞夙有交誼，本文所記述者即是徐與狀元女公子劉沅穎的一段戀愛史之過程。

傑克即黃天石先生的筆名，先生曾任香港「筆會」會長兼主編《文學世界》雜誌多年，享譽文壇已久。本文原作脫稿於一九六〇年，頃徇本刊之請，由先生重經整理後見畀。全文所敘，俱係真人真事，內容彌足珍貴。文中主人翁徐枕亞，曾被稱為「鴛鴦蝴蝶派」作家的代表人物。篇首之六絕句，是徐枕亞生前目睹《雪鴻淚史》一劇演出後所作，亦可略窺他的文筆之一斑。

情天刦後吟．徐枕亞．

不是著書空造孽，誤人誤己自猜疑；
忽然再見如花影，淚眼雙枯不敢開。

我生常戴奈何天，死別悠悠已四年；
畢竟殉情渾說謊，只今無以慰重泉。

今朝都到眼前來，不會泉臺會舞臺；
人世凄涼猶有我，可憐玉骨早成灰。

一番慘劇又開場，痛憶當年合斷腸；
如聽馬嵬坡下鬼，一聲聲罵李三郎。

電光一瞥可憐春，霧鬢風鬟幻似真；
仔細認來猶彷彿，不知身是劇中人。

舊境當年若可尋，層層節節痛予心；
夢圓一幕能如願，我愧偷生直到今。

生平不愛寫名人軼事一類的文章，困為相知不深，無從落筆。要了解一個人不容易，何況名人，更因接觸的機會不多，了解的機會極少，你知道他一生幹些什麼？他做了多少好事，又做了多少壞事？除了一些對社會有影響的公共行為外，他的私生活究竟怎樣？恐怕只有他自己知道。但是一般人偏愛尋根問底，查究名人的私生活，也許出於好奇，也許需要做茶餘酒後的談柄，從各種刊物上去搜羅那些動人的掌故。刊物為了應付這種需要，也就捕風捉影，盡量供給。我不贊成這樣的風氣！

原因是：不管他或她是名人，抑或非名人，都有每個人的獨立尊敬的人格！一字之褒，一字之貶，在你是筆端一滑，輕鬆之至，可是過情之譽，飛來之毀，在身受者其何以堪？不僅有損忠厚，抑且淆亂黑白，嚴格說起來，實在是「要不得」的，我希望今後的報章刊物，徹底澄清這種壞風氣。

那麼，我又何以要寫徐枕亞的戀愛史呢？理由很簡單，我是有感而發的。

徐枕亞是怎麼樣的一個人？

在民初，他是文壇的一尊偶像。

自從陳獨秀胡適之等創辦《新青年》雜誌，陳獨秀介紹馬克思的共產主義，胡適之提倡語體文運動，同時提出打倒「孔家店」的口號，盡量摧毀固有的文物制度，舊文人如嚴幾道、林琴南輩，都為他們的攻擊對象，所謂「桐城謬種，文選奴孽。」便是對舊文人的詛咒之詞。之以後，「左傾」文人為了要奪取東南一帶的文化堡壘，非推倒成名的舊文人不可，於是給徐枕亞扣上一頂帽子，叫做「鴛鴦蝴蝶派」，給王鈍根、周瘦鵑等扣上一頂帽子，叫做「禮拜六派」。

為什麼給徐枕亞扣上一頂「鴛鴦蝴蝶派」的帽子呢？

不知道那個名詞內涵的人，或許以為徐枕亞的小說裏充滿了哀情氣氛，以男女戀愛為題材。其實寫文藝以男女戀愛為題材的何止一個徐枕亞？西方的大文豪如莎士比亞、哥德等等，何嘗不以男女戀愛為題材？為什麼不指摘別人而單指摘徐枕亞呢？

那是一枝政治方面的冷箭！

可是那枝冷箭，當初的射擊目標，除了對人，同時也對他的文體。他愛做半散半駢的文言，「一雙蝴蝶，卅六鴛鴦」之類的四六，搖筆即來。徐枕亞的駢文胎息清代，文格不高，沒有什麼了不起之處。據枕亞自己說，當他撰寫《玉梨魂》，在上海《民權報》副刊按日發表之時，才二十五歲。以他這樣的年齡，忽然在文壇上一鳴驚人，可謂異數。《玉梨魂》之所以能轟動一時，有好幾種因素。第一是：《民權報》為革命黨人所辦的報紙中最暢銷的日報，當時的主筆為戴季陶，筆名天仇，社論主筆為何海鳴、徐天嘯，盡是二三十歲的知識青年，議論激烈，為急進者所擁護；副刊由吳雙熱主編，吳工於詞章，精力充沛，編輯工作極認真，在同時代的副刊中算得以嶄新姿態出視的。第二是：長篇小說在當時日報上還不多見，《申報》與《新聞報》兩大報的副刊，以諧文與漫畫為主，其次以筆記、軼聞、竹枝詞等充實篇幅，《時報》偶見包天笑，徐卓呆等譯著的短篇或中篇小說，以簡明樸素的語體文撰作，不尚詞藻，風格清新；至於林譯小說及何諏的〈碎琴樓〉則多先刊布於《東方雜誌》、《小說月報》、《教育雜誌》等，然後印行單行本。《民權報》以長篇小說為號召，實得風氣之先。第三是：那時候小說的作風，不是桐城派的古文，便是章回體的演義，以半駢半散的文體出現，以詞華勝，確能一新眼界。雖然我前面曾經說過，文格不高，但在學校課本正盛行《古文評註》、《秋水軒尺牘》的時代，《玉梨魂》恰好適合一般淺學青年的脾胃。時勢造英雄，徐枕亞的成名，是有他的時代背景的。第四是：《玉梨魂》這本書，寫得好不好是另一個問題。據文藝界的多數意見，估價並不太高，舊文學最講究派別，同是古文或駢文，尚有宗派體裁之分，否則便譏為「野狐禪」。此書非散非駢，在文學家的眼光中是左道旁門。但何以會風行一時呢？它是舊禮教壓迫下的一種呼聲，它是徐枕亞戀愛生活中重要的一頁。一個年輕寡婦，夫死再嫁，在今日看來，是天經地義，乃至談戀愛，亦屬正當行為。可是在當年卻為禮教所不容，徐枕亞處在他的時代，大胆地吐露他內心苦悶，自易爭取讀者的同情，同時因有事實背景，更使人發生真摯感。

《玉梨魂》一紙風行，徐枕亞風頭之勁，甚於大魁天下。

然而那朵藝圃的優曇花，一現便萎落了。

我是在那朵優曇花萎落之後才認識徐枕亞先生的。

因為我跟枕亞認識，不但認識，且有相當的了解，對於社會上種種的誤解與譏評，不能不說幾句公道話。

我最初聽到徐枕亞的名字，還在學生時代。那時他正大名鼎鼎，婦孺皆知。先姊天華，便是極愛讀他作品的一人。她介紹我看《玉梨魂》，也許我的國文程度太淺，只在懂不懂之間，說真實話，我不感覺興趣。可是讀到林琴南（紓）譯的《茶花女》，卻終宵不忍釋卷，非支撐睡眼，一口氣把它讀完不可。兩者相較，我纔悟到「文不可勝於質，詞不可浮於意」的行文原理。

不過我周圍既眾口一詞，稱讚《玉梨魂》是一部了不起的作品，自不便獨持異議，只有虛心地再三翻閱。

我始終玩味不出什麼來。

×××

我認識枕亞，是他大哥徐天嘯先生介紹的。

民國七年，天嘯南遊廣州，主辦《大同報》。我因友人黃鍊百先生任該報總經理，受聘為編輯，那時才十多歲。副總編輯吳雙熱先生，主編副刊，聲勢甚盛。徐、吳同為海上名報人，年齡都在四十上下，我在廣州雖也擔任過兩家日報的編輯，但懾於他們的聲望，對工作不敢不謹慎奮勉。幸而這兩位先生，不獨學問好，修養也好，氣度宏闊，不用私人，同事中如關楚璞、何公武等，都是富有青年朝氣的廣東報人。我們合作得很好，天嘯自編電訊，我編粵省要聞，公武編中外新聞；社論和時評由天嘯、楚璞、和我三人分日輪流撰述。

徐天嘯主編的報，卻不見他老弟徐枕亞的文章發表，讀者都認為遺憾。可是枕亞當時，正在上海經營他獨資創辦的清華書局，實在忙不過來。無論他大哥怎樣發函催迫，始終沒法交卷。後來他們兄弟兩函商的結果，指定我做枕亞的捉刀人，寫些短篇小說應付讀者的要求。我不會寫「鴛鴦蝴蝶派」的四六，那種駢韻並用的特殊文體，枕亞自成「一家言」。（左派文人後來又硬把這頂帽子扣在周瘦鵑、張恨水等頭上，實在不通之至！瘦鵑偶然也寫些文言的散文，多數還是用語體文寫的。恨水則追摹《水滸傳》、《紅樓夢》等，純屬民族固有形式的章回體。他們跟「鴛鴦蝴蝶派」全不相干。）我勉強應命，好在枕亞那時作風也在轉變，由絢爛而歸於平淡，漸漸走上文言散文的路子上去，我不用摹仿他的文體，魚目混珠，敷衍了一個短時期。

不久，雙熱因妻病危返常熟，任務由我接替。又不久，天嘯復因家務離粵，指定我代理他的職務。剩下我們幾個二十歲左右的青年，一直幹到粵軍回粵那一年，省城人心惶惶，《大同報》無法維持，才全盤出頂，由我經手辦交代，轉交新人陳大年（號蘿生）先生接收。

有人以為徐枕亞既以小說及詞章負盛名，他那位老兄天嘯，也許是同一路子上的人，那是極大的誤會！天嘯的思想十分新穎，廣州報界提倡新文化運動，他是首先倡導者；用白話文寫社論時評，他是首先倡導者；副刊增加「新文化」一版，用語體文介紹新思想，做白話詩，他是首先倡導者；還有廣州女子剪髮運動，也是《大同報》首先發起的。天嘯、楚璞寫的文章最多，特闢專欄鼓吹，不數月間，果然有許多女學生實行剪辮。天嘯工書法，擅金石，論文寫得極好，是個名士型的文人，卻努力於光明的新方向，這點精神是值得尊敬的。

我離開《大同報》後，在香港辦了幾年報，往昆明去玩了一次。民國十四年冬，因事赴長沙，路過上海，事前曾有信通知天嘯。他的通訊處是清華書局，我一到上海，把行李在旅館安頓後，先去找他，他是我在上海唯一的熟人。

這一次，我跟枕亞由神交而締結了友誼。

我到清華書局訪天嘯，店伙說他前幾天回鄉去了。我問枕亞在不在，店伙又說不在，反而向我盤問，找老闆有什麼事。原來枕亞性情孤高，平日不大愛見客。我告訴店伙，是遠道來的，那店伙才叫我次日午後再來。

次日，我會見了枕亞。

有人說他長得挺醜陋，我不知這那些造謠者內用心？枕亞固然不是宋玉潘安一流人物，可是長身玉立，不肥不瘦，面目端整，膚色白皙，怎樣也加不上醜陋兩字。他是舊式書生型，戴著深度的近視眼鏡，氣度溫醇，談吐木訥，穿一件灰綢長棉袍，斯斯文文的，藹然可親。說話還帶著滿口常熟土音，Nga呀Nga呀，（常熟人稱我音同Nga）十分有趣。他一見我，親熱得老朋友似的，當天請吃飯，又把他的摯友許廑父先生拉來，陪我到處閒逛。他那書局已基礎確立，營業也過得去，整天沒事，我們三人使天天玩在一起，無所不談，一扯便扯到《玉梨魂》的女主角問題。

枕亞的臥室，就在舖子後面間隔出來的一個小房間，佈置潔淨。他染有煙癖，床上時常擺著煙盤子，一燈如豆，對靠著談天，另有一種悠閒風味。我看他在斗子上燒紅了煙泡，用鐵籤兒戳個小孔，便呼呼地抽起來，雲霧迷漫，四散著醉人的香氣。我一生中，嘴唇從沒跟煙槍接過吻，但卻愛聞那股濃郁的煙味。那天我衝口問道：

「你那本《玉梨魂》究竟有沒有這回事？」

「有些是事實。」

「女主角梨娘，長得真像你書中所描繪的那麼美麗嗎？」

枕亞笑了一笑，放下煙槍，指著牆上懸掛的鏡框中一張放大照片道：「就是那個人。」

那影中人，我第一次跨進他的臥室時便注意到了，在我的直覺中早斷定她就是梨娘。如今經原著者點破，果然不出所料。記得我在廣州時，曾聽雙熱提及，梨娘並不很美，而且一足微跛。影中是全身照片，坐著攝的，足部有無毛病，當然看不出來，身穿黑色衣裙，儀態大方，一張杏仁臉兒，眉目端秀，雖不是絕色，絕不令人失望。我讚嘆道：「容姿不錯，據你書中所說，她的學問也很好？」

「還好。」

「現在這個人還在嗎？」我彷彿記起《玉梨魂》中似乎說梨娘是病死的，故有此問。

「還在。」

「在那裏？」

「在故鄉。」

我問得很起勁，枕亞答得很冷淡。不知道是否討厭我愛管閒事，抑或觸動了他那斷腸的回憶？我不便多問，沉默地看他打煙泡。枕亞嘆了一口氣道：「她並非我想像中那麼聖潔！」

那句含蓄之詞，包涵著許多隱痛。小說是一回事，事實是另一回事！小說盡管寫得多麼高潔，那是幻想；幻想可使肉體「神格化」，可是肉體終究是肉體！

「肉體是軟弱的，靈性是強固的。」聖經上不是這樣說過嗎？

從枕亞嘆息的聲音裏，我發生了些零零星星的感想：「我們這位詩人小說家所膜拜的戀愛偶像，也許移情別戀了。」

「梨娘的別戀是情理之常。一個青春寡婦，既沒為她亡故的丈夫終身守節的義務；更沒為她無法結合的過去戀人始終不貳的理由。她有她的生命，她有她怎樣發揮她生命力的權利！」

然而那樣的感想，對枕亞說有什麼用處呢？他的年齡比我雖只大十多歲，思想方面的時代距離是很遠很遠的。

我不是反對貞節，反過來說，我是讚美貞節的。

但是我之所謂貞節；跟傳統的「貞節觀」不同。

我認為貞節必須是自動的，對死者，有相從地下的決心；對生者，有矢志靡它的至誠；這種堂堂的人格尊敬，誰敢非議？但不是對方所能要求獲得的。

枕亞和他書中的女主角梨娘，（梨娘的真姓名，徐氏弟兄曾告訴過我，為了怕影響她的後人，不便公開。）既沒勇氣打破那一時代的禮教束縛，悲劇的終場是排定了的。以後兩個生命的各自演變，誰也不必對誰負責！這是我的看法。

我不曾因枕亞揭破那個人生之謎而掃興。幻想自幻想，現實自現實。《玉梨魂》在文藝價值方面的「悲慘美」，已有它相當的成就。美麗的現實雖毀壞了，美麗的幻思卻沒有破滅！

我對《玉梨魂》這部書的真實故事，已得到全面了解，更進而分析徐枕亞這個人。

枕亞是個忠厚的老好人。我這樣觀察，廑父也這樣說。

廑父原名典瀓，字棄疾，又字一厂，浙江蕭山人，他說的是滿口浙江音的上海話。我在廣州時，他正在財政廳當秘書，本已會過面的，卻沒有這次混得相熟。此公筆底下來得極快，通宵不睡，一口氣寫萬把字，習以為常。因為太愛花錢，回到上海後更拚命寫稿，不但多產，簡直是濫產了。有時他的文章賣不出去，便向枕亞打個招呼，借重他的「大名」一用，枕亞素重友道，從不拒絕，以後他索性問也不問了。猶憶若干年後，我無意中翻到一本小說，書名忘了，作者是徐枕亞，每章後面都有評語，大書特書「黃天石評」不用說，那又是廑父玩的鬼花樣了。

枕亞對朋友寬厚真摯，不僅對廑父如此；其他的朋友向他借錢借名，幾乎是有求必應。有些負義之徒，受了他的恩惠，日後碰到利害關頭，恩將仇報，造謠中傷，無所不至，枕亞一笑置之．絕不計較，朋輩中都佩服他的雅量。

國事如此，世道如此，枕亞的熱腸古道，怎能居今之世，行古之道呢？他的頹廢，真像他時常感慨地說的：「傷心人別有懷抱」，決不是自甘墮落。

其實，墮落那樣的字眼，根本加不到他的頭上。他不愛嫖，不愛賭，酒是喝的，當我跟他締交的時候，酒量也銳減，沒有從前那種狂飲豪氣。除了抽鴉片外，聲色犬馬，一無所好，抽煙在當時的士大夫之流，算不得一回事，他是頹廢，並不墮落，私生活尤其嚴謹，是個恂恂儒者。

我不久往長沙，住了一個多月，辦完公事，再回上海時，跟枕亞更熟悉了。那天傍晚，一腳跨進他的臥室，見枕亞正橫臥抽大煙，面對面靠著一個頗有風韻的中年女人，隔著煙盤兒談話。那女人一見我，慌忙起坐，枕亞立即介紹，她姓什麼，日久記不起了。

我當時以為她跟枕亞有什麼戀愛關係，後來許廑父向我說：「枕亞怎麼會看上那種女人！」

「那女人不算難看。」我帶些辯護口吻。

「我不是批評她的模樣，她身份太低賤。」

「從外面看，像是人家的太太。」

「是人家的太太，同時卻是個私娼。」

上海灘上，無奇不有，我一些也不驚奇；驚奇的是枕亞既然不會看上那個女人，何以形跡會如此親密？廑父說：「枕亞是同情她，這個人也確乎值得同情的。她出身是個妓女，十年前跟她現在的丈夫戀上了。那時她丈夫少年瀟灑，手邊也闊綽，無奈愛嫖成性，身體淘空了，荷包也淘空了，還染上性病，瞎了一雙眼睛，若是別的女人，早已另找出路去了。難得她夠義氣，有擔當，寧可犧牲色相，把皮肉賺得的錢養活那瞎子！」

「真難得！」我驚嘆。

「但是私娼賣春的代價很低，這半老徐娘，眼角已打了皺摺，春風一度，能得幾何？有時風雨連宵，找不到半個主顧，也很可憐。她跟枕亞是舊鄰居，生活過不去時，便來借貸。枕亞因同情她的遭遇，時常無條件的賙濟。這便是他們兩人的關係——借貸的關係！」

我對枕亞又多了一重了解。

我這次經過上海，玩了好幾天，並未發覺枕亞有什麼風流韻事。據廑父說，愛慕枕亞的女人確然不少，但這位才子，一些也不風流，多少還沾染些方巾氣。外間說他如何如何，純屬風影之談，一天，我直截地問他：「你為什麼不續絃？」

「那是……」枕亞囁嚅地說：「難得很！」

「你這樣一個人，還說難，別人都得出家做和尚了。」

「你不知道，我怕煩惱！」

「煩惱？」我不明白他所謂煩惱，是什麼意思？

「家母的脾氣太難搞……」

關於那一點，我早有所聞。他的母親，向有惡姑之名，天嘯和枕亞的妻子，皆因姑媳間不睦，鬧到被迫大歸，抑鬱病死，他們兄弟倆又都是孝子，鬱在心裏，已有好幾個年頭了。

我解慰道：「你續絃後，可另行組織小家庭，問題便解決了。」

「家母需要人服侍。」

「你不能再犧牲一個好女子；我不願你重蹈覆轍，抱著那種拘泥態度！」

「我也想，假如續絃的話，只好依你所說，另組小家庭，甘負不孝之名了。」

「凡事只求心安理得，有什麼孝不孝！你目前有無合意的對象？」

「有是有一位通訊的女朋友。」

枕亞吞吞吐吐的，竟有些臉紅。我問他是個怎樣的女子，他給我迫緊了，直說道：「亡室逝世後，我很哀慟，做了幾首悼亡詩，你大概也見過了。

有位不相識的女子，從遠道通訊，和韻弔唁，我覆信向她道謝，此後便通起信來，只能說是文字神交，別的還談不上，因為彼此從不曾會過面。」

「奇遇！她在那裏？」

「在北平。」

一南一北，悠悠神交，在文人的羅曼史上是不足為奇的。

枕亞鄭重地檢出那女子的信件和照片來給我看。信上的署名，是「沅穎」二字。信寫得很好，有的用文言，有的用語體，行文清婉，書法娟美，顯然是個書香閨秀。信中有一段，大意是：「我想告訴你一件事，你知道了準會妬忌。試猜猜，是什麼……」舉此一例，可見那女子是極幽默，極夠風趣的。我問枕亞，猜中了沒有？他搖搖頭。我說：「靈心慧舌，不愧女才人。不是得罪你，我看她的信，比你的寫得還好。」

他笑笑。我再看看照片，是站著的全身相，年約二十三四，眉目清善，姿韻嫵媚，不禁進一步問道：「是誰家的小姐？」

「姓劉，她的父親是劉春霖。」

劉春霖是遜清狀元，家學淵源，怪不得這位小姐充滿了書卷氣。

我認識劉春霖的大名，遠在中學時代，老師指定我們每天臨摹他的小楷半頁。法帖的名稱已記憶模糊，似乎是「劉殿撰書唐玄奘法師三藏聖教序。」殿撰是狀元的別稱，那時科舉已經廢止，狀元的榮銜對小孩子還殘留著若干誘惑性。

我當時聽說枕亞的愛人是狀元小姐，也認為一時佳話。

我是東西南北之人，在上海小作勾留，便返昆明，不數月赴日本視察，重經上海時，和枕亞暢敘別情。我問他什麼時候請喫喜酒？枕亞說：「你走後，我往北平走了一趟。」

「跟劉小姐會過面了？」

「我本不想去，她來信催迫得緊，只好走一遭了。」

聽他的語氣，純然是被動的。

依常例，男性多數站在主動地位，我頗怪枕亞缺乏丈夫氣概。枕亞帶著無可奈何的神情道：「她催得我緊，我匆匆就道。那是初次到北平，人生路不熟，在旅館歇下之後，立即打電話給劉小姐，問她什麼時候在家，以便拜訪。她悄悄的答說，家中尊長還沒有知道我們通訊的經過。我去找他固然不便，她來找我因我住在旅館裏，人言可畏，更不方便。商量的結果，約定在北海公園相見。」

是否北海公園，我已記不清楚，總之，他們倆初相會在公園裏是不會記錯的。他們用什麼暗號標誌，談些什麼私話，都因日久無法追憶，只有最重要的一段對白，卻還記憶猶新，是枕亞親口告訴我的：

枕亞：我的年齡比你大多了，你會不會感到不滿？

劉小姐：沒關係。

枕亞：你我雖交換照片，我的真人也許不如攝影，你見了我會失望嗎？

劉小姐：那些都沒問題。

枕亞：我很慚愧！

劉小姐：只要你是徐枕亞。

可見當年劉小姐對枕亞的觀念，純出於崇拜偶像的一片痴心。不管他老到怎樣，也不管他醜成怎樣，在劉小姐都滿不在乎。「只要你是徐枕亞！」那句話多麼令人感動。

枕亞因那一句話，下了大決心，進行婚事。

事情的進行並不順利。

先由劉小姐回家，向父親試探口氣。在劉小姐當做經典般背誦的《玉梨魂》，劉春霖竟連這部名著的書名也茫然，至於徐枕亞的大名自然更陌生了。

原來京派的名士，一向便瞧不起「海派」。這風氣，也跟戲劇界一樣。北方人所崇敬的譚鑫培（即小叫天），奉若泰斗，決非海派的小達子（後改名李桂春），麒麟童（後改名周信芳）所能望其項背。他們輕視海派的野狐禪作風。當時劉春霖聽女兒提到徐枕亞，又說是寫小說的，心裏便老大不以為然。在前一輩的士大夫心目中，稱小說為雜學，一位狀元小姐，怎能嫁給搞雜學的人？

劉小姐碰了父親的釘子，不敢再往下說了。

她把父親拒婚的意見，告訴徐枕亞。當初枕亞對於那段婚烟，本看得可有可無，成敗無所容心。及至會面之後，見到劉小姐情深一往，不勝知己憐才之感，當下便想到一位救星，那是樊樊山（雲門）。

樊樊山做過江寧布政使，民國後，以遜清遺老，居留北平，提倡風雅，主持壇坫，科名雖不及劉春霖，詩名與才氣之大，卻遠勝劉春霖。韓衮是唐代的狀元，但提起韓衮，很少人知道；如果談到他的祖父韓愈，則家喻戶曉，無人不知。劉春霖盡管大魁天下，一時也出過風頭，後任職總統府秘書，論到真才實學，在詩壇上聲望之隆，就不及樊樊山、易哭庵輩的名滿海內了。

枕亞想起樊樊山跟自己有過一段文字神交，便登門造謁，把年來跟劉小姐的相戀經過，坦白直說。

樊山原是個風流人物，晚境無聊，正跟易哭庵、羅癭公那班名士，大捧梅蘭芳、程艷秋，王克琴、鮮靈芝等伶人，寄託閒情。枕亞自身這段羅曼史，恰合樊山老人的脾胃。他抱著「願天下有情人都成眷屬」的宏願，慨然以冰人自任，為才子佳人作伐。

樊山為了此事，發柬讌客，替枕亞洗塵，陪客盡都是都下名流，劉春霖也被邀在內。

樊山在席上盛讚枕亞的才華，稱為後輩中崛起的江南才子。這一來，劉春霖少不得另眼相看了。枕亞於駢文詩詞，原有相當根底，書學山谷，蒼勁入古。再經老輩一捧場，把劉春霖的觀念完全轉變過來。

樊山以騷壇盟主，親身做媒，劉春霖當然沒有話說。

枕亞與劉小姐經過正式訂婚手續，然後南下，再擇期北上迎親。

那是枕亞向我親述的事實。

我到東京住了一年光景，因冬寒雨雪，氣候不適，醫生主張我回國調養。

那年雲南政變，我無意再往昆明，決定返香港寓居休養，舟經上海，登岸重訪枕亞。

他依然孤清清的住在清華書局內，一榻橫陳，孤燈如豆，生活一些沒有改變。

我問起他的婚事。

他只是皺眉嘆息。

「報上登出你結婚了，不是？」我問。

「婚是結過了！」枕亞嘆了一口氣。

看他神色頹唐，比往日更沒勁兒。

我疑惑又是他母親作梗，婆媳之間發生了嫌隙。枕亞道：「家母的脾氣，你是知道的。不過這一回的事，卻不能由老人家負責。」

「你跟劉小姐是自由戀愛，而後成婚的，問題當然不會出在你們自己身上。」

「所以世事難說得很！」

枕亞是不善於詞令的，言語囁嚅，敘述一件事，七牽八扯，先後倒置。他們結婚的經過，說得不大清楚，大致他們婚後，劉小姐曾到過常熟，謁見家姑，在上海也居住過一個極短的時期，便回北平去了。

「她既嫁你，應該跟你住在上海才是。你的事業基礎都在上海。」我說：「照道理應該如此的，無奈她的個性，很是倔強。」

「既經結婚，豈能一南一北？」

「她說在上海住不慣。」

我覺得那不成為理由。劉小姐在婚前對枕亞既如此傾心，婚後卻把他一個人孤零零的擱在上海，太不像話了，枕亞又道：「她從小在北平長大，生活習慣，完全是個北方人，厭惡南邊的一切。」

「可是為了戀愛，難道不可以遷就些嗎？」

「戀愛？」

他對戀愛這個名詞，像已失卻了信心。我忙問：「婚後的愛情……」

「所謂戀愛，只是婚前的幻想，婚後所接觸的都是現實。」

我摸不到那句話的真實意義。他所說的現實，決不會是生活問題。枕亞雖非富有，還是清華書局的老闆。那麼，他指的「現實」是什麼呢？

枕亞不加解釋，我也沒有詳問。

從他的神情語氣之間，他的婚烟並不如我們想像的那麼美滿。我當初以為才子佳人的結合，是天地間最圓滿的境界。如今看來，卻不十分可靠了！

枕亞說，她既過不慣南邊的生活，自己只好跟隨她北上了。

「但是你這時怎麼又一個人留在上海呢？」

「我過不慣北方生活，正如她過不慣南邊生活一樣。」

我搖頭失笑，枕亞又道：「那還不是最主要的理由。」

「你要照顧書局的業務？」

「都不是，我跟她意志不合。」

若是別家夫婦說：「意志不合」，我絕不驚異，出於枕亞之口，就可怪了！劉小姐對他視同偶像，他對劉小姐也認為紅顏知己。年餘通信，兩地相思，戀愛的基礎打得再穩固沒有了。婚前婚後，不該一變至此！我惘然嘆道：「這是從那裏說起？」

「我抛下書局的業務，陪她北上。她依然幹她的黑板粉筆生涯，我呢，閒得無聊，不知道怎樣打發日子？幾次想回南，她又不願……」

「戀愛期間，兩方面給熱情搞昏了，都說願意為對方犧牲，到了結婚之後，心情就兩樣了。你們只為了南北生活方式的不同，為什麼不彼此遷就些呢？」

「不僅如此，她嫌我有嗜好。」

「你原該戒掉才是！」

「我的身體吃不消。」

「不是我袒護劉小姐，她不滿意你抽煙，是理所當然。一個現代青年，怎忍坐視自己配偶染有毒癖呢？」

我所謂現代青年，是指劉小姐，枕亞並不在內。那時候的風氣，跟現在不同。現在三四十歲的人，口口聲聲，自稱青年，以為自己還是大孩子，默察他們的思想和言語行為，一派天真，稚氣十足，確實像個腦筋未生齊的娃兒模樣。那時候可大不相同，梁任公、汪精衛、胡展堂等，當二十多歲，便名滿天下；蔡松坡（鍔）、唐蓂賡（繼堯），護國功成，打倒袁世凱，還不過三十來歲。鄒容著《革命軍》才十七歲，戴季陶當上海《民權報》主筆是二十三歲。徐枕亞撰《玉梨魂》一書成名，在那時推算上去，不覺是十餘年前的事了。那一年，他大概正四十歲光景，文壇已共推前輩，稱他為青年太不合式，但劉小姐卻不愧現代青年。

枕亞欷歔地說：「我自知跟青年們合不攏來，就因為她年紀太輕了！」

「她勸你戒煙，是正當要求。」

「我也未嘗不想戒，不過不能操之過急。」

「要戒就該立刻下決心。」

「我答應她了。」

「我剛才見你還在抽。」

「我在北平時，也曾試過戒煙。」

「戒掉過沒有？」

「有一時期，似乎戒掉。但不能戒絕，就為了身體太壞……」

「你決心不夠。」

「決心是有的，但身體吃不消。」

枕亞的外表，不很衰弱，高個兒，不算瘦，抽的是上等煙，臉色也不怎樣難看。只是精神萎靡，生成舊讀書人的模樣，體魄本來還過得去，正當壯年，真要戒煙，何致吃不消？問題還在決心不夠。他最大的毛病，是多愁善感，無病呻吟，對人生戴著一副灰色眼鏡，流於消極與悲觀。他是這樣抽上鴉片的，也因這樣才無法下決心戒煙。

劉小姐婚前或許為了青春的苦悶，對他的作品表示共鳴。但是她所生的時代不同，所受的教育不同，對於枕亞這種頹廢思想，當新舊絕續之交，至多只能接受得一半，不能全盤接受。她起初一念慕才，後來發視時代的才人已改變了形式，枕亞不再是她的理想人物，再加上為時代所鄙棄的不良嗜好，於是她歷年所崇拜的偶像，從寶座上垮下了！

我勸枕亞立志戒煙，再吸收些新思潮。

關於吸收新思潮的話，不僅是為了戀愛問題，我認為枕亞既從事文藝工作，應該多讀書，新書固然要讀，舊書也要讀。學問如逆水行舟，不進則退。他過去僥倖成名，只可說是碰運氣，以後必須拿出真刀真鎗來，才能在文藝陣線前站得穩定。可惜枕亞始終沒有聽我的規勸，笑笑便了事。

他的前程，便在一潭死水裏終結。

花早開則早謝，是宇宙間的定理。枕亞有他的天才，惜乎成名太早，正當壯歲有為之年，一朶藝苑的奇葩，便飄然凋落了。

當時他又繼續述說跟劉小姐鬧鱉扭的詳情。

劉小姐因他屢誡不悛，先是拌嘴，夫婦吵架開不得頭，一開頭，就像家常便飯，永無寧日了。有一次，枕亞被迫為城下之盟，答應劉小姐，從此不再抽煙。但隔不多時，煙癮又發作起來，背著妻子，偷偷地在外面煙館裏過癮。

終於給劉小姐發視了。

「她怎麼會知道的？」我問。

「怎麼會不知道！」

「她派人跟蹤，抑或親自尋到煙館裏來，人贓並獲？」

「都不是，」枕亞搖搖頭，反問我：「一個偷喝酒的人，能保持秘密嗎？同樣的，偷抽煙也保持不了秘密。」

「怎麼樣？」

枕亞指指他的嘴巴說：「口裏的氣味，不肯替你守私密，抽過鴉片後，煙味歷久不散。」

「她發現後怎樣？」

「吃生活！」

吃生活這句上海土話，就是挨打的意思了。枕亞䬟䬟男子，人雖文弱，在文字中所表現的志氣，卻也心雄萬丈，如何肯給太太毆打？我不覺驚笑道：「她請你吃生活，你為什麼不反抗？大丈夫難道甘於挨打嗎？」

枕亞苦笑了一笑。

我譏笑他有季常之懼，高吟：「忽聞河東獅子吼，拄杖落地心茫然。」

「我不是怕她，實在打她不過！」

「打她不過？」

我愈覺不可思議。據劉小姐的照片看，嫵媚溫柔，婷婷嬝嬝的身段，不是什麼兇神惡煞。枕亞雖屬文弱書生，真的動起粗來，未必打不過一個女子。枕亞聳聳肩道：「你不知道，她是懂得技擊的。」

「怪不得。」

「我手無縛鷄之力，怎能敵得過她呢？」

「若是我，打她不過也要打，寧可拚了這條命！」我憤然說。

「我可沒有那樣的胆量。」枕亞說時，還有餘怖。

枕亞討到這位文武全才的太太，實際上只有痛苦，痛定思痛地說道：「平心而論，她也沒有什麼不好，不過太要『好』卻是毛病。求全之毀，世界上那有許多完人？」

我覺得枕亞所說，雖屬自辯之詞，包涵極大的智慧。「父子不責善，責善則離。」豈僅父子而已，兄弟也好，朋友也好，不責善則彼此還可馬馬虎虎的相處下去，責善則非離不可！

然而當時的我，是站在劉小姐一邊的，只怪枕亞的意志太脆弱，既然愛太太，為什麼沒勇氣戒絕鴉片？

枕亞坦白相告，他這次回南，等於逃難，確確實實是怕再挨打。

「你們還通訊嗎？」

「信是通的。」

「紙上談兵的談情說愛，比較實際生活來得夠味兒，是不是？」

枕亞一味苦笑。

我所親聞徐枕亞的戀愛與婚烟生活，到此為止。自從民國十六年回南之後，兩年間曾通過消息，但沒有隻字提及那樁不愉快事件。

生平不願披露朋友間的私生活，唯獨關於枕亞這一段戀情，卻老早想記述下來了。原因是他的名氣太大，報章雜誌，往往摭拾道聽途說，把他的軼事胡亂記載，毀多於譽。枕亞生性緘默，落落寡合，尤其私生活方面不肯隨便向人透露。因此外間妄相猜測，什麼「小說家計賺狀元女」之類的章回小說，將他污衊成一個輕薄無行的文人，殊可痛恨！

枕亞給我的印象，和他自述的戀情，至今猶歷歷在目。上面所記，全是他親口講述的事實，比較任何記載都可靠。這篇短文，不是為他辯護，他的人格皎然，無需乎旁人代辯。我只是忠實地紀錄他的行誼，使後世徹底了解徐枕亞究竟是怎樣一個人而已！

三十年代上海「藝社」的活動

任博

一九三六年，上海「中國左翼文化總聯盟」解散之後，上海的左翼電影戲劇界人士組織了一個名叫「藝社」的團體。這個團體是以當時已經解散的「中國左翼戲劇家聯盟」（即「劇聯」）的影評小組為核心，加以擴大的。它正式成立的日期，大概在一九三六年六月中旬。其時，同時在上海成立起來的文藝團體，還有：「上海劇作者協會」、「戲劇聯誼社」、「歌詠社」等等。

「藝社」的陣容比較強大，主要的成員幾乎都是電影戲劇界和評論界的知名人士，如夏衍（現任中共「文化部」副部長，正挨中共當局批評）、張庚（現任中共《戲劇報》總編輯，正受中共批評）、鄭君里、沈西苓、柯靈、陳鯉庭、趙丹（現均在上海）、司徒慧敏（現任中共「文化部電影事業管理局」副局長）、蔡楚生（現任中共「電影工作者協會」主席）、陳白塵（現任北平《人民文學》月刊副主編）等。

宣揚「國防文學」的重要

「藝社」的社址最初設於上海北京路（浙江路偷雞橋附近），該社的一切經費都由社員根據各人稿費收入的多少自認成數負担。社內設常務委員，負責主要的社務活動，他們多半是過去「劇聯」影評小組的人。該社的一切活動，可說是由共產黨員、電影評論工作者塵無直接控制，他住宿在「藝社」的社址內。

「藝社」的存在，為時很短，前後衹有十四個月的光景。「藝社」的活動幾乎都是圍繞著中共的「國防文學」口號的宣傳。

「藝社」當時是利用公開合法的手段，去影響上海的電影輿論，並對各報刊的影評陣地進行滲透工作。凡是對他們有利的影片，他們採取集體聯合的方式予以推薦；凡是對他們不利的，他們便採取集體聯名方式集中力量給予打擊。有時他們還約定各報影刊在同一日發表同樣的評論，以造成浩大的聲勢。

總的說來，當時「藝社」的中心政治工作和組織工作有四個方面：

一、開展中國電影題材問題的討論，要求把一切電影題材統一於國防電影的旗幟之下。

二、向電影製片人進行「統戰」工作，爭取他們投靠於左翼電影陣地。

三、爭取電影輿論，將「藝社」社員盡量滲透到立場不同的上海各大小報紙的影劇版編輯部門中，擴大和鞏固它的宣傳陣地。

四、集中輿論推薦他們認為有宣傳價值的影片，攻擊軟性電影。

「藝社」對「國防文學」口號的鼓吹，可以宋之的「懷昭」〈論國產影片的製片傾向〉一文為代表，這篇文章是奉「藝社」之命為紀念中共成立十五周年而作，發表於一九三四年七月一日《民報》「影譚」。這篇文章猛烈地攻擊軟性電影——諸如肉感片、偵探片之類，號召上海電影工作者和製片商人服從於「國防」的口號。

儘管「藝社」一再鼓吹「國防電影」，但「藝社」圈子中的文藝工作者，有不少卻對電影前途感到悲觀，退出左翼的陣線，如當時由中共地下組織輸送到各電影公司的演員王瑩（明星公司演員，演過《女性的吶喊》等片）去日本讀書了，艾霞（明星公司演員，演過《春蠶》，編過《現代一女性》等）自殺了，胡萍（藝華公司演員，編過《姊妹的悲劇》等）疏遠了「藝社」。

第一次公開座談會

一九三六年七月十五日，「藝社」假座上海市南京路大三元酒家二樓茶室，公開召集了一次座談會，題目是「中國電影題材問題」。參加座談會的有：張庚、鄭君里、沈西苓、許幸之、史東山、柯靈（高季琳）、塵無、魯思、李之華（李一）、左明、凌鶴、莫思（毛羽）、陳鯉庭（陳思白），以及部份製片人共二三十人。討論的中心為：（一）國產電影的題材真是缺乏嗎？（二）偵探片、武俠片、肉感片、神話片是國產電影的新出路麼？（三）電影的題材與生意眼；（四）國產電影應如何選擇題材？

座談會的紀錄整理後，原準備同在七月三十日於上海各報發表，但後來全文發表的僅《民報》「影譚」一家。

座談會的主持人魯思（上海《民報》電影副刊「影譚」的主編），對座談會的結果並不十分滿意，覺得出席者的談話很散亂，離題的很多，當然那次座談會沒有得出一致的結論。

不過，第一次座談會以後，「藝社」即廣泛地拉攏一些有影響力的藝人參加電影創作題材問題的筆談，「藝社」的社員則進一步深入宣傳其「國防電影」的口號。當時較具代表性的文章有歐陽予倩的〈作品與生意眼〉（刊《明星》半月刊第六卷第一期，一九三六年七月十六日出版），以及魯思發表於《明星》半月刊和《民報》「影譚」的二篇文章。

第二次公開座談會

一九三六年八月九日，「藝社」假座上海南京路冠生園酒家三樓茶室舉行第二次座談會，討論國防電影的製作問題。出席的計有：鄭君里、柯靈、沈西苓、未名（劉群）、塵無、凌鶴、魯思、唐納、莫思、伊明、李一等二三十人。

那次座談會事先印發了討論提綱，提出了三個討論要點：（一）國防電影是什麼？（二）國防電影在現階段的任務；(三) 怎樣製作國防電影？

座談會的紀錄，後來並未在上海各報刊發表，不過，會後凡與「藝社」有關係的各報影劇副刊都加強了對「國防電影」的討論和宣傳。其中較重要的文章有：李韶的〈關於國防電影〉，未名（劉群）的〈論國防電影題材和製作〉，應雲衛的〈國防電影我見〉。

影片《狼山喋血記》座談會

「國防電影」的口號，可說是中共中央在一九三六年通過周揚（現任中共中央宣傳部副部長、「文聯」副主席）提出來的，而「藝社」則是當時受中共地下組織控制的文藝團體，因此「藝社」在短短一年又二個月中曾召集幾次座談會推薦他們認為成功的「國防影片」，或有利於「國防電影」口號的影片，其中以捧《迷途的羔羊》與《狼山喋血記》最賣力。

《迷途的羔羊》，係左翼影人蔡楚生（現任中共「文化部電影局」局長）編導之影片，主演者有黃佐治、陳娟娟、黎灼灼、鄭君里等。《迷途的羔羊》座談會，原打算以「藝社」的名義召開，但因社員對該片的看法很不一致，改用上海《大晚報》「剪影」編輯部的名義召開（實由「藝社」主持）。參加座談會的有張庚、蔡楚生、鄭君里、司徒慧敏、安娥、艾思奇（現任中共中央高級黨校副校長）等。座談會紀錄由張庚整理後發表於一九三六年八月二十一日的《大晚報》。

《狼山喋血記》一片係上海聯華影業公司產品，由費穆導演，黎莉莉、劉瓊（現居上海）、藍蘋（即毛澤東現任太太江青）主演。「藝社」召集的關於《狼》片的座談會的地點在上海南京路大三元酒家，時間約為一九三六年十一月底或十二月上旬。「藝社」捧《狼》片的主要目的，是想爭取導演費穆靠攏左翼電影陣線。

「藝社」在召集《狼》片的座 會之前，還組織過各報影刊編輯或影評工作者李一、唐納、伊明、懷昭（宋之的）、陳白塵、柯靈、于伶（尤競）、張庚、魯思、淩鶴，于雯（即現任廣州「作家協會」主席的歐陽山，他近年所寫之長篇小說《三家巷》和《苦門》正挨中共嚴厲批判）等三十三人聯合推薦《狼》片，推薦文章刊於一九三六年十一月二十二日上海各報。

「藝社」除集中精力宣傳所謂「國防電影」之外，還十分注意上海的各種小型電影刊物，把他們的骨幹份子滲透進去。例如《影迷周報》在一九三六年秋復刊時，「藝社」即派了核心份子陳鯉庭和李之華，打入該刊編輯部；同時，亦將他們的成員周伯勛打入《青青電影》雜誌社。爭取右翼文人接近他們的組織，亦是「藝社」的一項活動，當時《申報》的張一華、《社會日報》的陳靈犀、《時事新報》的朱曼華等，就是「藝社」爭取的對象。

「藝社」與軟性電影論者的明爭暗鬥

早在「藝社」成立之前，劉吶鷗和黃嘉謨等就辦了《現代電影》雜誌（約創刊於一九三三年三月），鼓吹軟性電影理論，認為電影是供人娛樂，給人快感的一種藝術，是「眼睛吃冰淇淋，心靈坐沙發椅」，而不是宣傳政治說教。他們指責左翼影人編導的影片總是鼓吹階級鬥爭，是失去電影藝術的意義。

當時，上海的左翼文人對軟性電影論，予以強硬的反駁，一九三四年六月以後，左翼文人更以魯思主編的《民報》「影譚」為陣地，猛烈向軟性電影論者開火。

一九三五年下半年，上海藝華影片公司老板嚴春堂擺脫了當時中共外圍組織和左翼文人的牽制，接納了黃嘉謨、黃天始、劉吶鷗等人的軟性電影理論，並吸收他們進藝華影業公司。一九三五年底「藝華」改組，熱衷於宣傳階級鬥爭的中共暗藏份子被逼放棄了在「藝華」的陣地，而左翼電影工作者史東山、應雲衛、魏鶴齡亦被逼出「藝華」。

這件事激怒了當時在上海的中共地下組織，他們既無法再像滲透「明星」影業公司那樣滲透「藝華」，也就只好向「藝華」採取報復工作。這種工作主要倚賴後來成立的「藝社」同人進行。

當時「藝社」曾組織在各報担任影刊編輯或影評人的社員尤競（于伶）、唐納、柯靈、魯思、于雯（歐陽山）、張庚、伊明、塵無、李一、莫思等三十二人聯名發表了一封題為〈敬告藝華公司〉的長達一千言的公開信，攻擊「藝華」影片公司拒絕宣傳階級鬥爭，專拍軟性電影。這封公開信於一九三六年十一月二十二日刊載於上海各報。

公開信發表之後，「藝華」影業公司曾覆信指責「藝社」同人惡意漫罵，接著「藝社」再度組織張庚、陳白塵、懷昭（宋之的）、凌鶴、尤競等三十二人聯合在上海報刊上發表〈再為藝華公司進一言〉（公開發表於一九三六年十二月十三日）一文，繼續漫罵「藝華」影業公司的影片及製片人員。

同時，「藝社」的成員利用他們各自的地盤，經常對「藝華」影業公司的影片，予以挑剔、貶抑，甚至無理取鬧。其中《化身姑娘》（黃嘉謨編劇、方沛霖導演，袁美雲、王引、周璇主演）、《花獨之夜》（徐蘇靈編劇，岳楓導演）、《喜臨門》（黃嘉謨編劇、岳楓導演）等影片，受到「藝社」同人最猛烈的攻擊。

為蘇聯影片效勞

「藝社」曾經發動過若干次簽名運動。一九三六年六月二十六日，「藝社」組織過張庚、尤競、唐納等二十人，聯名抗議上海公共租界工部局禁止實驗小劇場和螞蟻劇團演劇。一九三七年二月間，也曾在一項「為反對意國水兵罪行宣言」的簽名運動中，替蘇俄影片在上海租界的上映奔忙。

「藝社」為蘇俄影片積極搖旗吶喊，這是當時特別明顯的事實。由於蘇俄影片多以宣揚階級仇恨與階級鬥爭為其內容，正迎合了當時中共「國防電影」的口號的宣傳需要，但其時上海各國租界對於蘇俄影片多感懼怕，有時不能不對政治色彩過濃的蘇俄影片予以干涉。這些現象，自然成了以蘇俄為「老大哥」的中共的攻擊對象，一九三六年七月十八日，蘇俄駐上海領事館假座上海大戲院招待試映過的長紀錄片《為基耶夫而戰》，受到租界的外國當局干涉。為此，中共即責成「藝社」為蘇俄影片呼喊。

「藝社」的首要工作，是組織在各報主持影劇副刊編輯工作的社員，假借讀者的名義要求有關當局准許蘇俄影片《為基耶夫而戰》公開放映，當時特別激烈的文章有李之華化名壓哥，魯思化名漢在《民報》「影譚」等報刊發表的「讀者投書」一類的稿子。他們為「史大林爺爺」的說教影片的効勞，當然算是不遺餘力了。

一九三七年「八一三」之後，上海的業餘劇社有如雨後春筍，一些左翼劇社都歸附到由中共控制的「上海業餘劇團聯誼會」的組織中。此時，「藝社」便正式結束了活動，但不久出現的「上海市副刊作者編者聯盟會」的組織，實際即局「藝社」的後身，雖說會員的對象與活動方式有變動，然而它的領導權仍專握在前「藝社」的骨幹中。

談上海的小型報

劉豁公

中國之有報紙，是在勝清咸豐年間，由上海的《申報》開始的。據老輩說：那時《申報》的篇幅，也是四開的一張，若以現代尺度來衡量，也可說是小型的，不過當時並沒有第二種，當然談不到什麼大型小型。

後來營業鼎盛，新聞的來源日益加多，方才擴充為對開的一大張，粗具大報的規模，未幾更進為一張半而兩張，於是論說、短評、要聞、電報，以及本外埠新聞、報屁股（即副刊）等，五花八門，應有盡有。未幾又有《時報》、《新聞報》、《神州日報》等先後誕生，篇幅都是對開的大報，只有《繁華報》是四開的，這可算是中國第一個正式的小型報。

據說《繁華報》篇幅雖小，但各大報所有的資料它也全有，而它那屁股上所刊的小說，例如李伯元的《官場現形記》，孫漱石的《上海繁華夢》，張春帆的《九尾龜》，都曾轟動一時，為各大報小說所不及。但它所刊的詩，多為「這番看得渾真切，蝴蝶當頭茉莉邊」。「記得花陰携手夜，不曾真個也銷魂」。那一類型的歪詩，卻也有些那個。

該報是李伯元、孫漱石兩先生先後主持的，後來漱石先生被《新聞報》聘請為主筆，《繁華報》無人主持，遂致壽終正寢，這樣消沉了一個漫長時期，直至民十以後才又有小型報的產生。

《晶報》

最初產生的名叫《晶報》，原是《神州日報》變相的副刊；因為三日一出，所以定名為晶，主辦者為錢芥塵、余大雄，編輯之責，亦由大雄負之。特約寫稿者有袁寒雲（即所謂洪憲皇子袁克文，文學造詣甚深，同時又為崑亂兼擅的名票。）、步林屋（章五，係袁盟兄，文極淵博，詩詞尤佳。）、張丹翁（為一資深之名記者，同時又為邛江八怪之一）、孫癯猨，（亦名記者），宣古愚（寒雲之師，亦邛江八怪之一。）、馮小隱（念詒，別署尊譚室主，為當時有名譚迷。）、馮叔鸞（小隱之弟，筆名馬二先生及知白，係一戲迷報人。）、張春帆，筆名漱六山房，係《九尾龜》小說之著者。）、貢少芹（亦小說家兼報人）等二十餘人。

大雄的文筆不夠理想，但對於編排頗有心得，他把一張四開的小報分為四版，第一版悉照大報的辦法，除限於篇幅，捨論說而用短評外，餘如電訊、國際形態、國內要聞、社會新聞（按說該就是本埠新聞，然而不然，因為他所選登的都是一般大報所不願登的社會秘聞，說得明白些，即是軟性的黃色新聞，不過文筆典雅，絕無粗鄙淫穢的字樣，這是最易受人歡迎，也是向它學步的小型報萬萬做不到的。）什麼的；應有盡有，真所謂「麻雀雖小，五臟俱全」。

第四版全登廣告，二三兩版刊登各式各樣的小品文字，其最受人歡迎者，計有丹翁突梯滑稽的「短評」（例如說：「千夫所指，無疾而死，張勳受眾指摘，幾於體無完膚，「不謂於今尚存。……」」），瘤猨的〈活佛秘史〉（係以典雅之文，狀當時蒙古活佛驕奢淫佚的生活。），寒雲與馮氏兄弟的〈戲談〉（這三位談戲完全根據本身習戲的經驗，對於藝人唱念做打的技巧，雖小至一字一音，及一舉手一投足，都能分晰其優劣，與一般道聽途說強作解人的劇談，根本是不同的。），古愚對金石書畫古玩的「評介」，林屋山人的「詩詞」（詩宗老杜，詞似香山），春帆、少芹的「小說」（一寫花叢逸事，一狀社會百態，極為讀者所稱許）等等，總而言之，無一篇不是人們愛讀的！而它的排版也很新穎，有長行亦有短行，更有不長不短的中行，又有長短揉雜的特行，有直排的，也有橫排的，更有斜著排的；標題或在文前，或在文後，或橫列文字之上，或嵌入文字中央。形形色色，不一而足。這在晚近書報上不足為奇，但在當時，卻是很少見的。

是一個奇蹟

《晶報》係由《神州報》產生，前面已說過了，他自呱呱墜地後即隨著《神州》附送，並不單獨發行，後來為便利讀者起見，特地加印一千，備人們自由購閱。這一千報到了賣報人手裡，不費吹灰之力，很快的全數賣光。大雄等喜不自勝，於是隨著讀者的踴躍逐期加印，由一千加到一萬以上，仍舊有供不應求之勢，而它的母報《神州報》，依舊迴旋於三千份上，再多便賣不出，這也是一個奇蹟。

《晶報》的不脛而走，紙貴洛陽，誠如前文所述。此外還有兩點，好像也有一述的必要：

蘇揚兩派的筆戰

一是吳門包朗生，筆名叫天笑生，是個多產的名小說家，他所譯著的小說，不論長短，同樣受到廣大讀者的歡迎，即如我輩同文，也不例外。祇有好事的老丹，專門吹毛求疵，對於包的作品，往往表示不滿，甚至發表諷刺的批評。這當然使包先生感到充分的不快，於是反唇相譏，在老丹的弱點上，重重打了一下，由此激起蘇揚兩派（因為包是蘇州人，張是揚州人）的筆戰！站在天笑一面的，有周瘦鵑、王鈍根、孫漱石、徐卓呆、張舍我、江紅蕉、汪仲賢、畢倚虹等（按畢亦揚州籍，因與蘇派接近，所以站在那邊。），站在老丹一面的，有孫癯猨、李涵秋、錢芥塵、張慶霖、貢少芹、貢芹孫等，接觸的地點，遍及大小各報，真可說是一次大規模筆戰！但我與寒雲非蘇非揚，且與雙方皆友好，根本沒有介入某方理由，不知怎樣我們的袁二哥似乎神經錯亂，突然自動的加入揚派，而以我為蘇派，採取不宣而戰的方式，向我開起砲來。原因是我所寫的某文中引用司馬子長「作作有芒」的成語，他因忽略了它的出處，認為我此句不通，特地寫了一篇「作作有芒」，盡量的橫加譏笑。我祇很簡單的反笑他說：「號稱博學多才的袁二皇子，連《史記》都未讀過，還要說人不通，真是咄咄怪事。」同時寫了幾首打油詩，記得有一首說：「新華宮冷不成春，煮豆燃萁迹亦陳，今日儲君師仗馬，阿雲何事尚披鱗！」這無疑是打擊寒雲的氫彈，但是未及施放，已經由步林屋、劉山農兩先生出為調解，這事才得告一段落。然而《晶報》的銷場，竟憑添了數千份，這可是意外的。

評量色藝皆遊戲

又一是馬二先生馮知白，與第一臺唱老生的羅筱寶，是很要好的朋友，羅的摩譚（鑫培），是一般的顧曲家所公認為登堂入室的，與他同台的麒麟童（周信芳）藝術遠不如他，卻高據第一把交椅，並把他的密友棒槌老生石月明，石膏花旦王靈珠，故意棒得高高的，壓在筱寶頭上，筱寶當然很不舒服，知白兄尤為不平，於是在報紙上發表一些打擊周與王、石的「戲談」。老丹與舒舍予（這是真正的舒舍予，不是筆名老舍投降秧歌王朝的舒舍予）是捧王靈珠的，因之對知白發生反感，同時遷怒於羅，經常加以無情的譏誚。知白不甘示弱，當即發動大規模反攻，於是形成同室操戈的渾戰。我以老友的資格出作調人，並做了一首解紛詩說：

劇談原不礙模糊，紙醉金迷竟舍予，
知白眼中含筱寶，老丹腹內孕靈珠；
評量色藝皆游戲，辯難形聲太執拘，
何若老劉多豁達，獻詩解得此紛無。

雙方因礙於我的情面，終於罷戰言和，復歸於好！可是《晶報》的銷場，由此更加多了。有人說：「晶報諸人之喜開筆戰，是有計劃、有步驟、有作用的，證以歷屆筆戰的結果，同樣為《晶報》添闢銷場，相信這話是真實的。

小型報滿街飛

由於《晶報》以如此這般的姿態突飛猛進，幾欲駕大報而上之，遂使文藝圈裡的朋友見獵心喜，相率起而效之，三日一出的小型報，就此滿街飛矣。

就我記憶所及，在那一時期中，上海出版的小型報，不下三十餘種，如果逐一評介，那就非數萬言不為功，事實上既不許可，我也不勝其煩。讓我擇其有意義有價值的酌為評介於下：

一《金鋼鑽》

是以醫師兼報人的大塊頭施濟群，與廣東雞嚴芙蓀（按嚴係老報人獨鶴先生的堂姪，原籍浙江桐鄉，因為生得矮小，人們替他取了這個廣東雞徽號。）合力創辦的，編撰排版一切，完全仿照《晶報》的模樣，尤以談戲的文字為然。某天報上，又登了一篇戲談，標題是〈天蟾舞臺的怪劇〉，小標題是「上海諸葛亮城樓發瘋，江北黃天霸開打吃癟。」內容是對海派老生楊鼐儂（係天蟾案目頭腦楊華田之子）的《失空斬》，票友武生顧月波（係天蟾臺主顧竹軒之子）的〈天霸招親〉大肆譏評；老實說，楊鼐儂的老生，雖是海派，唱兩聲也還不錯，就是臉上沒戲，做工尤其粗糙，拿著一把鵝毛扇，在城樓上搖頭晃腦手忙腳亂的，的確不像寧靜致遠空城卻敵的 龍先生，但也不至於發瘋；顧月波習武生戲並不久，貿然登臺，唱起〈天霸招親〉來，「起打」時手足不夠靈活則有之，但也沒有被夫人打倒，說是吃癟，未免言過其實。因之引起顧、楊的高度憤恚，不及履行函請更正的手續，逕帶帶領全武行，跑到《金鋼鑽》報社，逢人必打，遇物即摔，除濟群兄本身捱了一頓拳腳外，還有兩個文友，也吃了些無名的耳光，當時引起報界的公憤，口誅筆伐，群起而政。聞人黃老板（金榮）也對顧、楊的動武不以為然，幸得雙方的友好竭力排解，結果，決由顧、楊在「大西洋」（菜社名）請客，向施及其友道歉，楊並停三日以謝罪，至被搗毀的什物，則由報社自理，不再向顧、楊索賠，這也可算小型報紙的一樁趣史。

二《福爾摩斯》

是胡雄飛、吳微雨、吳農花三人合辦的，大體上亦以《晶報》為模型，但對於社會新聞特別重視，故以偵探小說中主人翁之名為名。雄飛曾經向我索稿說：「請先生多多賜教，任是什麼得罪人的稿子，人家不肯登不敢登的，我們一律歡迎！乾脆說，人家辦報怕鬧亂子，我卻惟恐不鬧亂子，因為越鬧亂子，報紙的銷場越大，我又何樂而不為呢」？我說：「是的，只可惜我這文壇小卒，非但不比歇洛克福爾摩斯，連他的助手華生也比不上，祇好有違尊命。……」雄飛知道我有書獃子脾氣，只得乘興而來，敗興而返，但也並不因此就放棄他的計劃；搜集社會新聞及所謂鬧亂子的文稿更為努力，因之該報的銷數直線上昇。一時無兩大名鼎鼎以售補藥致富的A醫生，就有一節傷心的秘史，被它揭發出來，標題是「名門閨秀上韓莊，氣得老阿爹鬍鬚直翹！」內容是上海地方，有一種類於妓院而非妓院的特種組織，名曰韓莊，是專為登徒子尋芳獵艷而設的。女魔鬼薛大塊頭，是組韓莊的第一能手，她所經營的莊，輝煌高敞，富麗堂皇，很像一個闊人的寓邸，而其實是貨肉的！她備有活動的相片夾，夾著許多鶯鶯燕燕的倩影，你若看中了誰，只須向那照片上一指，她就很快的給你召來，絕不會錯。這種相片簿共有數冊，對某一人給他某一本看，這裡面大有分別，不是胡亂來的！其非相片簿中所有者，即使是有身份的大家閨秀，你若假以時日，她也能運用特殊方法誘致她來，雖不能盡如人願，多半是可能的。以製補藥著名的A醫生，也是薛家老顧客之一，每次前去，例由大塊頭親自出招待商洽一切。昨天不巧，A醫士到達那裡，大塊頭剛出去了，當由她的副手阿金姐代為招待，照例把相片簿遞過去，A醫生也習慣的接過來，笑迷迷的翻看，不想翻到中間，竟發見了自家掌珠的玉照，這可把A醫生真氣苦了，但又不願讓外人知道，於是用理智克服感情，很溫和的指著照片說：「你給我找她來吧」。阿金如奉綸音的應聲而去，A醫生獨自靠在沙發上，憂傷、憤恚、驚奇、迷惘的思潮，此來彼往，不斷的襲擊他的心弦，「這件事很難處理，大有考慮的必要，家醜不可揚，還是暫時擱起，慢慢的想辦法吧。」他一面想一面起身走出。剛走到樓梯口，他的掌上珠已經來了。「你是做什麼來的！」A像瘋了一樣的向他的女兒怒吼！「唔媽叫我來尋你」。A小姐非常機警，在萬分的急切中，居然尋出這一鋒利的答話。A醫生給虎住了，睜大了眼睛，愣了一下才說：「好！我們回去。」走出大門沒多遠，司機早把摩托卡開來。「不長進的東西，你到底來做什麼？是不是阿金姐叫你的？」A醫生跨上汽車，忍不住厲聲責罵，同時摑了他女兒兩個耳光。A小姐把手絹蒙看臉，哇的一聲哭了。「你這有娘養無娘管的瘟丫頭，還不給我死去！」A醫生回到家裡，再度給他女兒一個嚴厲的庭訓。「什麼事呀？這樣吵，也不怕隣居笑話」。A夫人很驚訝的追著問，A醫生先是不理，後來被問急了，便把事實的經過，做了一個簡單的說明。A夫人聞聽之下，不由的柳眉倒豎，杏眼圓睜，拍的一聲，就把一隻玻璃杯擲的粉碎。「我把你這個老渾蛋，這樣一把年紀，還要跑那些混賬地方去游魂，你不怪自己作孽，還要說我不管女兒，我倒要問你，該怎樣管法？難道我也好跟你一樣，上那些混賬地方去嗎？邊說邊向A醫生撲來，大有動武之意，A醫生感到事態非常的嚴重，連忙逃了出去。截至現在為止，還沒有回去，相信這事祇可以不了了之。」

這一傳奇性花邊新聞，在發生後不到半小時，即已成了街談巷議的資料，職司採訪的外勤記者們，當然知之更詳，但因事涉閨閫，又與A醫生聲譽有關，大家礙於情面，只好裝聾作啞，一字不提，祇有《福爾摩斯》把它徹頭徹尾的揭載如右，這也足見該報的強硬作風。

三《立報》

是繼《福爾摩斯》後，創立於北平，移植於上海的，它也具有《福爾摩斯》同等的強硬作風，有聞必錄，敢說敢言，但主幹人張恨水，言行並不一致。當朱毛稱兵作亂宣傳共產邪說時，他也曾隱隱的作中共的應聲蟲，並曾一度以民主人士姿態，希圖向中共靠攏，結果，是遭中共的揚棄，並沒收其報紙的資產，迫得他在路邊上擺書攤糊口。但中共們，還不就肯輕放他，每隔一二日，必要到他的攤上，去作「訪問」一類的麻煩，現在是否還在「訪問」，或已置之死地，那就不可知了。

四《大報》

是老作家步林屋先生獨力經營的，當時雖有幾個門弟子幫同執筆及採訪，可是每一新聞及文稿，都經過他的修正，等於是他一個人做的。該報的篇幅是小型的，內容卻與大型並無二致，命名《大報》，可謂名副其實。步先生別無嗜好，就是喜歡喝酒，所喝的是斧頭牌三星白蘭地，其他的任何美酒概不沾唇。他喝酒不是小盞，而是大玻璃杯，同時也不需菜，因為他是以酒為茶隨時取飲的，每天約非三四瓶不辦，這對健康上無疑的頗有影響，因之他每一手指的指頭都特別的肥大。據名醫師余雲岫先生說：「這是飲酒過多，影響到各部血管，將次爆裂的象徵，希望他從速戒酒。……」但步先生善其言而不能從，卒致以腦溢血病逝世，《大報》亦因而停刊，這是最堪惋惜的。

五《小日報》

在上述的三日刊小型報外，還有一些日刊的小型報，《小日報》便是其中最好的一個，它是黃光益獨資創立，請尤半狂主編的。內容大致與《晶報》相仿，但半狂的小評論，輕鬆流利，特為讀者所歡迎。在我未來臺前（即卅八年孟春前），它是我每日必讀的小報之一，只可惜來臺以後，便不再看得到它。聽說它在上海淪陷時，即已遭到封閉的命運，黃、尤則被中共們指為文特，派兵抓去，光益當被槍殺，半狂關在監牢裡消息全無，相信他的命運，也是很可悲的。

六《大世界》與《新世界》

也是日刊，不過它們發刊的動機，旨在發表所有的游藝節目（例如劇坊的戲目，雜耍場的登場人名及時間等。）等同時發為文章，對於某些游藝，盡量的宣傳鼓吹，以廣招徠，其他的小品文字，概由游券換來，祇可聊備一格，好是談不到的。

此外還有《滬報》、《新游戲》、《圖畫劇場》等等，也不知誰辦的，內容大半有高山滾鼓之風，每天只印百來張報，少數送給登有廣告的商店，多數交與報攤子陳列，也止於陳列而已，要人家出錢去買，可能性恐怕是很少的。

秀威經典 PC1104

歷史留痕

原　　著 / 秦嶺雲等
主　　編 / 蔡登山
責任編輯 / 周政緯
圖文排版 / 陳彥妏
封面設計 / 王嵩賀

出版策劃 / 秀威經典
發 行 人 / 宋政坤
法律顧問 / 毛國樑　律師
印製發行 / 秀威資訊科技股份有限公司
114台北市內湖區瑞光路76巷65號1樓
電話：+886-2-2796-3638　傳真：+886-2-2796-1377
http://www.showwe.com.tw
劃撥帳號 / 19563868　戶名：秀威資訊科技股份有限公司
讀者服務信箱：service@showwe.com.tw
展售門市 / 國家書店（松江門市）
104台北市中山區松江路209號1樓
電話：+886-2-2518-0207　傳真：+886-2-2518-0778
網路訂購 / 秀威網路書店：https://store.showwe.tw
國家網路書店：https://www.govbooks.com.tw

2023年8月　BOD一版
定價：490元

讀者回函卡

國家圖書館出版品預行編目

歷史留痕 / 秦嶺雲等原著 ; 蔡登山主編. -- 一版. -- 臺北市 : 秀威經典, 2023.08
面； 公分
BOD版
ISBN 978-626-97571-0-7(平裝)

1.CST: 民國史 2.CST: 軍事史 3.CST: 文集

628.07 112011361